南京市社区老年人户外体力活动建成环境研究

王厚雷　著

NANJINGSHI SHEQU LAONIANREN
HUWAI TILI HUODONG
JIANCHENG HUANJING YANJIU

河海大學出版社
HOHAI UNIVERSITY PRESS
·南京·

图书在版编目(CIP)数据

南京市社区老年人户外体力活动建成环境研究 / 王厚雷著. -- 南京 : 河海大学出版社，2021.9

ISBN 978-7-5630-6973-6

Ⅰ. ①南… Ⅱ. ①王… Ⅲ. ①社区－老年人－体育锻炼－研究－南京 Ⅳ. ①G812.48

中国版本图书馆 CIP 数据核字(2021)第 094493 号

书　　名 南京市社区老年人户外体力活动建成环境研究
书　　号 ISBN 978-7-5630-6973-6
责任编辑 周　贤
责任校对 卢蓓蓓
封面设计 徐娟娟
出版发行 河海大学出版社
地　　址 南京市西康路 1 号(邮编:210098)
电　　话 (025)83737852(总编室)
(025)83722833(营销部)
经　　销 江苏省新华发行集团有限公司
排　　版 南京布克文化发展有限公司
印　　刷 广东虎彩云印刷有限公司
开　　本 718 毫米×1000 毫米　1/16
印　　张 12.25
字　　数 242 千字
版　　次 2021 年 9 月第 1 版
印　　次 2021 年 9 月第 1 次印刷
定　　价 54.00 元

前言

PREFACE

在人口老龄化和城市化进程的双重压力下，面对老年人日益增长的体力活动需求，城市建成环境发展滞后的问题日益突出，引起了全社会的持续关注。本书基于老年人户外体力活动的微观个体分析，以城市住区为空间载体，以南京市为实例，将社会生态学模型等多学科理论的基本原理运用到体力活动建成环境领域。采用体力活动客观测量方法，了解老年人户外体力活动水平与空间特征，为引导老年人合理利用活动空间、促进其户外体力活动与健康提供客观依据。并基于测量的建成环境感知数据与客观建成环境数据，探索城市社区建成环境与老年人户外体力活动、健康之间的关联性，对主观与客观建成环境构成要素的重要性进行排序，以期为老年人户外体力活动建成环境的优化发展建言献策。

研究抽取南京市 5 个市辖区 32 个小区内 878 名 60～80 岁的老年人作为受试者。体力活动水平利用 ActiGraph GT3X＋型加速度计进行测量，体力活动空间数据利用 GPS 定位器进行测量，将所得数据与老年人的家庭住所信息、调查小区交通区位图、户外体力活动日志相匹配，获取户外体力活动数据。客观建成环境数据的处理及分析均采用 ArcGIS 10.2 软件完成，采用多阶层线性模型对客观建成环境与老年人户外体力活动进行分析和评价。建成环境感知数据利用老年人体力活动建成环境调查问卷进行收集，采用灰色关联模型对建成环境感知与老年人户外体力活动进行分析和评价。在此基础上，采用结构方程模型对理论模型与研究假设进行实证分析。

本书综合运用加速度计、全球定位系统（GPS）与地理信息系统（GIS）等工具测量老年人户外体力活动及与建成环境的相关性数据，多学科、多领域交叉融合，实现了研究方法的创新。其中，体力活动水平利用 ActiGraph GT3X＋型加速度计测量，体力活动空间数据利用 GPS 定位器进行测量，客观建成环境数据的处理及分析均采用 ArcGIS 10.2 软件完成。同时，灰色关联模型、多阶层线性模型和结构方程模型等多种方法并用，深入探讨城市社区建成环境与老年人户外体力活动之间的关系，使研究更为深入、可靠。借鉴国内外各学科已有研究成果，梳理影响老年人户外体力活动的主客观建成环境指标，综合主观与客观两方面探讨城市社区建成环境对老年人户外体力活动的影响。提出老年人户外体力活动相关建成环境理论模型，并对该理论模型进行实证研究，为评价城市建成环境对老年人体力活动的影响提供证据。

建成环境对体力活动的影响较为复杂，未来研究可融合城市学、建筑学、技术科学、人文科学等多学科知识，将受试者心理特征、社会属性等因素共同纳入研究框架，深入发掘不同建成环境因素影响体力活动的背后机制。目前，体力活动建成环境研究基本采用横向研究，缺乏深度的纵向研究，建成环境特征与特定类型体力活动之间难以建立因果关系。考虑到纵向研究的成本和难度较高，未来研究可通过搬迁研究、队列研究及准实验研究，探讨建成环境与居民体力活动之间的关系，进一步深化体力活动建成环境领域的研究。未来研究可在采用全球定位系统（GPS）、加速度计等测量仪器的基础上，结合城市遥感、行为制图等技术方法，使研究者详尽观察受试者户外体力活动的空间轨迹，进而提高研究的准确性。此外，中国与西方发达国家在国情和发展阶段存在较大不同，通过国内、国外典型城市之间的比较研究，可吸取国外的经验教训，为我国城市建成环境建设提供借鉴。

目录

CONTENTS

第一章 导论

第一节　研究背景

一、人口老龄化程度加剧带来的严峻挑战

近年来，人口老龄化已成为全球性的社会问题。目前，世界上已有1/3的国家和地区步入老年型国家行列。截至2015年底，我国总人口达13.75亿，其中60岁以上人口占总人口比例为16.1%，超过国际上10%的老龄化标准；65岁以上人口占总人口比例为10.5%，已经超过国际上7%的老龄化标准。我国人口在平均预期寿命增长的同时，人口的不健康预期寿命也有增长的趋势。而且，随着国民物质生活水平的提高和卫生条件的改善，我国的疾病流行模式也正在从以传染病和寄生虫病为主转向以慢性病为主。卫计委统计显示，我国60岁以上老年人有70%以上患有1种或几种慢性病，老年人消耗的卫生资源是全部人口平均消耗卫生资源的1.9倍，超重与肥胖问题已经成为影响我国老年人群体质的突出问题。预计到2050年，我国老年人口将达到4亿人，并长期保持4亿人的规模，人口老龄化将超前于现代化，“未富先老”和“未防先老”的特征日益凸显。人口老龄化对养老资源提出巨大挑战的同时，也给经济和社会发展带来严峻影响，如何通过体力活动促进健康老龄化成为亟待解决的现实问题。

二、体力活动不足成为慢性病的重要诱因

目前，体力活动不足对老年人健康造成的负面影响已被大量的研究实践所证

实，WHO在世界卫生报告中指出，每年全球27%的糖尿病、30%的缺血性心脏病、超过20%的乳腺癌与结肠癌的发病率都与体力活动不足密切相关①。缺乏足够的体力活动可增加患直肠癌、乳腺癌、高血压、血脂异常、骨质疏松、抑郁症和焦虑症的危险性。面对疾速到来的老龄化社会，西方发达国家的医疗模式已从"有病治病"的生物医学模式转变为以"干预为主"的预防医学模式。预防医学以"环境-人群-健康"为基本模式，以预防为指导思想，其目的就是疾病预防和健康促进。研究表明，体力活动作为预防医学的重要手段具有显著的健康效益②。尽管体力活动的健康效益显而易见，但是世界各国老年人体力活动不足(Physical Inactivity)的问题仍然十分严重。为了获得和维持良好的健康状态，老年人被建议每天进行至少30分钟中等强度的体力活动，然而，从欧洲和美国的调查发现，老年人能够满足该活动建议的比例仅为16.2%和17.4%；通过中国的调查发现，城市老年人能够满足该活动建议的比例为37.44%，农村老年人能够满足该活动建议的比例为55.79%③④。

三、城市化进程中建成环境问题日益突出

伴随着城市化进程的快速推进，城市居民的居住环境已面临着前所未有的巨大挑战，如人口密度过高、交通拥挤、健身场地设施严重不足等，这些均不利于城市居民从事体力活动尤其是户外体力活动，成为时刻影响甚至威胁人类健康的重要因素⑤。针对全球快速的城市化进程给人类健康带来的严重威胁，WHO提出了"健康城市"运动，以期改善城市环境，扩大其资源，使城市局面能互相支持，发挥最大的潜能。目前，该项目在欧洲开展得最为深入和充分。从1987年起，欧洲WHO健康城市工程的发展以5年为一个阶段，各有特定的目标和成果要求，其中从1993年起强调更具有行动导向性、健康的公共政策和总体的健康城市规划。

作为城市化发展的先驱，美国的城市建成环境正逐步由"为增长而规划"的增长方式转变为"为人而规划"的增长方式。2000年，美国规划师协会(APA)联合60家公共团体组成了"美国精明增长中心"(Smart Growth America)。2003年，APA

① 乔玉成，王卫军. 全球人口体力活动不足的概况及特征[J]. 体育科学，2015(8)：8－15.

② 李文川. 身体活动干预与老年人健康促进研究进展[J]. 中国体育科技，2010，46(6)：129－137.

③ 王东敏，武继磊，南希·莫罗·霍威尔，等. 我国城市老年人体力活动状况及环境影响因素分析[J]. 西安体育学院学报，2018，35(3)：300－308.

④ 王东敏，南希·莫罗-豪厄尔，武继磊，等. 我国农村老年人体力活动状况及其环境影响因素研究[J]. 人口与发展，2017，23(3)：76－83.

⑤ 杜雯翠，朱松，张平淡. 我国工业化与城市化进程对环境的影响及对策[J]. 财经问题研究，2014(5)：22－29.

在丹佛召开规划会议，确定精明增长的核心内容是用足城市存量空间，减少盲目扩张；加强对现有社区的重建，重新开发废弃、污染的工业用地，以节约基础设施和公共服务成本，城市建设相对集中，密集组团，生活和就业单元尽量拉近距离，减少基础设施、房屋建设和使用成本。然而随着研究的深入，许多学者和科研机构对精明增长的界定原则中无不将步行和自行车等有利于体力活动展开的规划设计纳入其中。在“精明增长”理论的引导下，“精明增长社区”成为研究焦点，提出对土地实行混合运用；采用紧凑型的建筑设计，避免建筑面积浪费；完善公共交通系统等政策。近期，伴随着快速城市化进程中建成环境压力加大，人们非机动出行方式（自行车、步行）呈下降趋势，人均 BMI（身体质量指数）值和慢性疾病人群急速上升。为此，一项“设计下的积极生活”（ALBD）由美国“RWJF”基金会倡导，由北卡罗来纳大学公共健康学院管理，旨在通过探寻社区设计等拓展生理行为的新途径，营造适合社区居民行为与心理的人工环境，以支持积极的生活方式。

为缓解日益突出的建成环境问题和人口老龄化所带来的健康隐患，2016 年 6 月，国务院印发《全民健身计划（2016—2020 年）》，明确提出，地方各级人民政府应当依法保障公民参与健身活动的权利，按照配置均衡、规模适当、方便实用、安全合理的原则，科学规划和统筹建设全民健身场地设施。推动公共体育设施建设，着力构建县（市、区）、乡镇（街道）、行政村（社区）三级群众身边的全民健身设施网络和城市社区 15 分钟健身圈。推进老年宜居环境建设，统筹规划建设公益性老年健身体育设施，加强社区养老服务设施与社区体育设施的功能衔接，提高使用率，支持社区利用公共服务设施和社会场所组织开展适合老年人的体育健身活动，为老年人健身提供科学指导①。同年 10 月，中共中央、国务院印发《“健康中国 2030”规划纲要》，明确提出，统筹建设全民健身公共设施，加强健身步道、骑行道、全民健身中心、体育公园、社区多功能运动场等场地设施建设。到 2030 年，基本建成县、乡、村三级公共体育设施网络，人均体育场地面积不低于 2.3 平方米，在城镇社区实现 15 分钟健身圈全覆盖。制定实施老年群体的体质健康干预计划，加强科学指导，促进老年人积极参与全民健身②。

四、体力活动建成环境相关研究亟待加强

早在 20 世纪 80 年代，研究人员已经开始探讨体力活动与健康的关联，此后的

---

① 国务院.国务院关于印发全民健身计划（2016—2020 年）的通知（国发〔2016〕37 号）[Z].

② 中共中央 国务院印发《“健康中国 2030”规划纲要》[EB/OL].（2016-10-25）[2020-10-20]. http://www.gov.cn/zhengce/2016-10/25/content_5124174.htm.

相关研究逐渐将体力活动作为中间载体，进而研究建成环境与健康之间的关系。建成环境与体力活动关系的研究主要体现在体力活动建成环境测量方面。早期国外的体力活动建成环境研究主要集中在“易达性”测量指标方面，Sallis 等尝试探索不同人群中，社区体育设施的便利程度对休闲性体力活动的影响①。与此同时，城市规划研究者利用现场评定（公共休闲区域环境评估工具、步行适宜性评定表、高级步行环境评定工具、体力活动资源评估工具、城市体力活动相关建成环境现场评价问卷等）和地理信息系统，研究土地利用混合与交通方式之间的联系，其后测量的建成环境因素不断丰富、测量方法持续创新②。

近年来，国外众多学者从不同的领域和视角对体力活动与建成环境相关性进行了研究，尝试探索建成环境与不同人群体力活动之间的关系，提出了诸如“设计下的积极性生活”“城市精明增长”等有利于促进居民体力活动的城市空间营造理论，并对其进行实证研究。目前，较多研究发现环境安全、目的地可达性、美学感知、土地利用混合度和居住密度等与老年人体力活动具有相关性。

历经多年的发展，国外对体力活动建成环境的研究愈发深入全面，目前该领域的研究成果不仅能为城市规划提供科学的决策指导，而且有效地提升了国民的体力活动水平，获得了巨大的社会效益。美国从 1980—2010 年共发布了 4 个“健康公民计划”，在政策层面上加强精明增长理论对建成环境促进公共健康的导向作用，涵盖了包括城市规划、交通出行、建筑设计、教育科研、医疗卫生、环保绿化、土地使用等领域；并通过重视定量评估，推进建成环境促进公共健康的立法工作，促进了城市建成环境的可持续性发展。澳大利亚推崇“循证依据”，所制定的《活跃澳大利亚蓝图》战略行动基于大量研究佐证，改善建成环境可促进老年人等各类人群参与健身活动，进而推动社会经济、健康和环境全面发展。

比较而言，国内对体力活动建成环境的研究起步较晚。翁锡全等通过分析建筑环境对居民体力活动和健康的影响，构建起建筑环境影响居民体力活动和健康的研究模型③；陈佩杰向国内运动健康促进领域系统地介绍体力活动建成环境领域的研究内容和研究进展；张莹介绍了国内外体力活动及其相关环境研究背景，并分析了体力活动相关环境领域的研究视角与贡献；贺刚应用 GIS 技术对香港儿童

---

① Sallis J F, Hovell M F, Hofstetter C R. Predictors of adoption and maintenance of vigorous physical activity in men and women[J]. Preventive Medicine, 1992, 21(2):237－251.

② Saelens B E, Sallis J F, Frank L D. Environmental correlates of walking and cycling: findings from the transportation, urban design, and planning literatures[J]. Annals of Behavioral Medicine, 2003, 25(2): 80－91.

③ 翁锡全，何晓龙，王香生，等. 城市建筑环境对居民身体活动和健康的影响——运动与健康促进研究新领域[J]. 体育科学，2010(9):3－11.

体力活动与住所周围建成环境进行初步研究；全明辉基于GPS和加速度计对儿童青少年体力活动空间特征进行追踪研究。“十三五”时期，杭州、北京、上海等城市全面启动建设健康城市工作。2016年，经国务院同意，全国爱国卫生运动委员会印发了《关于开展健康城市健康村镇建设的指导意见》，提出我国健康城市发展的目标和方向，全面推进健康城市建设的实践。

国内体力活动建成环境的研究主要借鉴西方发达国家的经验。西方尤其是北美地广人稀，城市化进程基本完成，需要应对的是低密度郊区化蔓延带来的过度依赖私人汽车、能耗增加、健康状况恶化的问题；国内由于城市规模和人口密度较大，土地资源有限，需要应对的是高密度人口和有限资源带来的医疗卫生不足、食品安全威胁、自然环境污染等问题。但中国与西方国家在国情和发展阶段上都存在很大不同，我们需要立足本国国情，科学、审慎地借鉴并加以改造。

环境因素对行为的影响范围更广且效果持久，近年来，国外学者开始积极探索建成环境对老年人体力活动的影响。但我国对该领域的研究尚处在起步阶段，针对本国国情的实证研究还非常匮乏。此外，现有老年人体力活动建成环境影响因素的研究主要针对老年人总体体力活动水平及活跃出行行为，针对特定空间内体力活动尤其是户外体力活动的研究较少。截至目前，综合运用加速度计、GPS和地理信息系统（GIS）等客观工具测量中国老年人户外体力活动及其建成环境影响因素的相关文献未见有报道，客观建成环境与建成环境感知融合的研究也较少，老年人户外体力活动建成环境研究亟待加强。

第二节　相关概念界定

一、户外体力活动

体力活动（Physical Activity，PA）于1985年被Caspersen定义为由于骨骼肌的活动所产生的任何消耗能量的身体动作（any bodily movement produced by skeletal muscles that results in energy expenditure）①。体力活动不仅包含Exercise（健身锻炼）和Sport（运动）等常见的组织化的活动形式，还包括日常生活中大

① Caspersen C J, Powell K E, Christenson G M. Physical activity, exercise, and physical fitness: definitions and distinctions for health-related research[J]. Public health reports, 1985, 100(2): 126.

量的非结构化的活动形式(如做家务、上下楼梯),主要包含持续时间、强度、频率和类型四个核心要素。

体力活动强度的不同可带来不同的健康效益,根据这一功效体力活动强度可分为基线体力活动(baseline physical activity)和健康促进体力活动(health-enhancing physical activity)。基线体力活动是指强度较低的体力活动,如慢走、下棋、手提轻物体;健康促进体力活动强调不仅通过健身锻炼和运动竞赛获得健康水平的提高,还要关注步行、骑车、跳舞、提重物等安全风险较小,又能够带来健康效益的基线水平以上的日常体力活动行为。虽然基线体力活动也有可能具备一定的健康益处,但体力活动研究及体力活动指南中提及的体力活动通常指的是"促进健康的体力活动"这一能够带来明显健康益处的体力活动概念①。由此可知,体力活动可理解为"任何骨骼肌收缩引起的能量消耗高于基础水平的身体活动"。

国际上,欧洲、北美洲、澳洲、亚洲等各个大洲不同研究机构推荐各年龄段居民适宜体力活动量,宣传养成锻炼习惯的益处,众多研究发现大多数国家的老年人体力活动量不足,这一现象随年龄增长愈加明显。但在亚洲,这种现象却略有不同。Wai 等研究认为,亚洲老年人的体力活动,尤其是休闲性体力活动明显高于中青年人②。Bauman 等调查了 6 大洲 20 个国家和地区,与年轻人相比,除中国和中国香港外,其他国家或地区的老年人均随着年龄增长体力活动呈下降趋势③。

有关体力活动的分类较多,如根据体力活动发生的时间和目的,世界卫生组织将体力活动分为职业性体力活动、交通性体力活动、家务体力活动、休闲性体力活动四种类型④。也有研究根据需要,将体力活动分为户外体力活动和室内体力活动⑤⑥。随着户外环境因素被学者证明是影响老年人体力活动的关键因素,越来越多的学者开始关注老年人户外体力活动领域,主要聚焦于:①老年人户外体力活动

---

① 王超. 中国儿童青少年日常体力活动推荐量研究[D]. 上海:上海体育学院,2013.

② Wai J P M, Wen C P, Chan H T, et al. Assessing physical activity in an Asian country: low energy expenditure and exercise frequency among adults in Taiwan[J]. Asia Pacific journal of clinical nutrition, 2008, 17(2): 297 - 308.

③ Bauman A, Bull F, Chey T, et al. The international prevalence study on physical activity: results from 20 countries[J]. International journal of behavioral nutrition and physical activity, 2009, 6(1): 21.

④ World Health Organization. The world health report 2002[R]. Geneva: World Health Organization, 2002: 61 - 62.

⑤ Herbolsheimer F, Mosler S, Peter R, et al. Relationship Between Social Isolation and Indoor and Outdoor Physical Activity in Community-Dwelling Older Adults in Germany: Findings From the ActiFE Study [J]. Journal of aging and physical activity, 2017, 25(3): 387 - 394.

⑥ Zimring C M, Joseph A, Harris-Kojetin L D, et al. Presence and visibility of outdoor and indoor physical activity features and participation in physical activity among older adults in retirement communities [J]. Journal of Housing For the Elderly, 2006,19(3-4).

水平调查研究；②老年人户外活动场地规划设计研究；③户外公共空间与老年人体力活动关系研究；④老年人对户外环境中的体力活动机会感知研究。本书研究的户外体力活动主要是指城市老年人在住所之外“就地就近”范围进行的体力活动，包括健身休闲、购物、私事、其他活动等类型。

二、建成环境

建成环境（built environment）一词来源于 Rapoport 的名著 *The Meaning of the Built Environment：A Nonverbal Communication Approach*，黄兰谷教授将 Built Environment 译为“建成环境”。依据 Rapoport 的观点，建成环境由固定、半固定和非固定元素组合而成。固定元素包括地基、墙体、立柱、栏杆、台阶和阶梯等，基本不会发生变化；半固定元素包括花园、树木、绿地、盆景和装饰等；非固定元素主要是指人的活动、行为等[①]。这三种元素形成的组合体在环境的空间组织中发挥着重要作用，将物质性的环境和非物质性的习惯、需求等联系在一起。

Bronfenbrenner 认为，建成环境是指城市规划环境，包括土地利用混合度、建筑密度和强度、街道连通性、城市美观感知等[②]。Cervero 等认为，建成环境是指与自然环境相对应的城市景观，包含人行道、住区商业设施等城市公共领域的物理环境[③]。陈佩杰等结合 Handy、Ewing、Ferreira 等人的观点，提出建成环境主要指城市规划环境，尤其是可以通过相关政策、人为行为改变的环境，是土地利用混合度、建筑密度和强度、街道连通性、景观审美质量和区域空间格局等一系列要素的组合[④]。

建成环境涉及城市规划、建筑学、环境学、行为学等多种学科，在不同语境中被赋予不同的含义，是一个多面性的术语。因此，建成环境的内涵也较为广泛，既包含实质内容（建筑物、场所和各类实体环境等）又包括非实质内容（景观感知、环境安全感知等）[⑤]。与建筑环境相比，建成环境这一概念的外延更广，不仅包含建筑环境所强调的物质性和空间性，还包含社会性和文化性等向度。本书研究的建成

---

① Rapoport A. The meaning of the built environment：a nonverbal communication approach[M]. Tucson：University of Arizona Press，1990.

② Bronfenbrenner U. The ecology of human development：experiments by nature and design[M]. Cambridge，MA：Harvard University Press，1979：1－27.

③ Cervero R，Kockelman K. Travel demand and the 3Ds：density，diversity，and design[J]. Transportation Research Part D：Transport and Environment，1997，2(3)：199－219.

④ 陈佩杰，翁锡全，林文弢. 体力活动促进型的建成环境研究：多学科、跨部门的共同行动[J]. 体育与科学，2014(1)：22－29.

⑤ 曹新宇. 社区建成环境和交通行为研究回顾与展望：以美国为鉴[J]. 国际城市规划，2015，30(4)：46－52.

环境主要是指人为建设改造的各种建筑物和场所，是能够影响居民身体活动行为的土地利用模式、交通系统及与城市设计相关的一系列要素的组合。

目前，国内外已有诸多学者从不同研究视角对建成环境相关问题进行探讨：从研究视角的维度，可以分为多维视角和单一视角；从空间形态尺度上看，主要有宏观、中观和微观研究。从宏观整体层面对建成环境的研究已取得丰硕的成果，当前研究更加关注中观、微观层面。在实际研究中，为了配合统计模型的使用，通常选择较为具体的建成环境指标，如人口密度、住宅密度、建筑密度、土地利用混合度、街道交叉口密度、到公交站点距离等。

早期建成环境的研究过程中，这些指标通常被以字母“D”开头的词语命名。1997 年，Cervero 和 Kockelman 将建成环境指标统称为 D 变量(D variables)，并按照建成环境指标关注的维度，将他们分为密度(density)、多样性(diversity)和设计(design)3 个维度，即“3D”理论。随着对建成环境理解的逐渐加深，Ewing 等①又增加了目的地可达性(destination accessibility)和到公共站点距离(distance to transit)2 个维度，即“5D”理论，如图 1.1 所示。

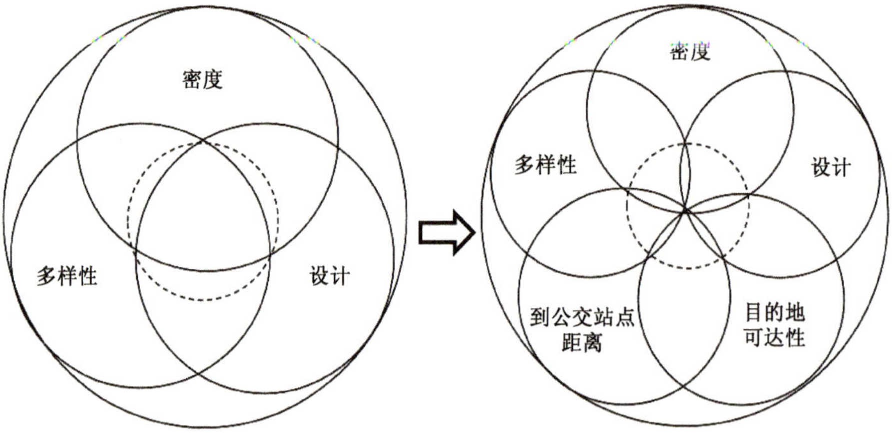

图 1.1　建成环境“3D”要素向“5D”要素扩展示意图

密度主要用来衡量城市建成环境中活动分布的密集程度，其度量指标包括人口密度、住宅密度、建筑密度、就业密度等②。多样性主要用来衡量建成环境中不同活动的种类及分布情况，如土地利用混合度。设计主要是指城市建成环境中所展现出来的设计元素，如街道交叉口密度。到公共站点距离主要用来衡量公共交

① Ewing R, Cervero R. Travel and the built environment: a meta-analysis[J]. Journal of the American planning association, 2010, 76(3): 265 - 294.

② 丁川. 考虑空间异质性的城市建成环境对交通出行的影响研究[D]. 哈尔滨：哈尔滨工业大学，2014.

通服务设施的便利程度，一般是指到常去的公共交通站点的距离①。目的地可达性主要是指到达非住宅性目的地的邻近程度，如步行或骑自行车到健身场所、商业场所的可达程度。事实上，密度、多样性、设计、到公共站点距离、目的地可达性这些要素并不完全互斥，5D维度之间经常互相包容。

三、体力活动建成环境

体力活动建成环境(built environment for physical activity)，是指能够影响居民体力活动行为的土地混合利用模式、交通系统、城市建筑及其周围的空间特征，尤其是可以通过相关政策、人为行为改变的环境②。居民体力活动行为受客观环境的影响，行为的变化与其所处的特定地点有关。某些场所可能促进体力活动行为，如篮球场、健身俱乐部、人行道、广场、健身路径等，但这些场所也可能因为维护不及时、设计不科学或缺乏安全感而影响人们的体力活动行为，如健身路径缺乏维护、人行道与自行车道没有分设、小区经常有犯罪人员出没等。而另外一些场所却是为满足久坐行为而设计的，如学校教室、电影院、咖啡厅、办公室等。诸如此类，一切影响居民体力活动行为的场所及其特征构成了体力活动建成环境。

学界认为体力活动建成环境是体力活动环境(environment for physical activity)的组成部分，与体力活动社会环境(social environment for physical activity)一起构成了体力活动环境③。研究体力活动建成环境的一个重要目的就是识别对居民体力活动影响较大且较易改变的建成环境因素，便于后期通过干预建成环境因素来诱发居民行为的改变以促进身体健康。本书研究的体力活动建成环境主要是指能够影响老年人户外体力活动行为的城市社区建成环境。

从研究尺度上看，建成环境对体力活动的影响主要有宏观、中观和微观三个层面。宏观层面的体力活动建成环境研究是从全社会、整个国家或城市的视角出发，侧重于城市扩展策略、基础设施布局等方面对居民体力活动的影响。中观层面的研究一般是以局部区域、一个或多个街道(或社区)为研究对象，主要关注密度、土地利用混合度、街道连通性等对居民体力活动的影响。微观层面的研究是以对某一个或多个体力活动建成环境因素进行的具体研究。研究者采用微观研究，其目的在于对具体的建筑及其选址对居民体力活动的影响进行更为具体、详细的解析。

---

① 谭少华，王莹亮，肖健. 基于主动式干预的可步行城市策略研究[J]. 国际城市规划，2016，31(5)：61－67.

② Giles-Corti B, Timperio A, Bull F, et al. Understanding physical activity environmental correlates: increased specificity for ecological models[J]. Exercise and sport sciences reviews, 2005, 33(4): 175－181.

③ 陈庆果，林家仕. 体力活动建筑环境测量方法评述[J]. 北京体育大学学报，2013(2)：71－78.

目前，关于建成环境对体力活动影响的研究方法可归纳为三类：①相关分析法。其是指对建成环境特征与体力活动的关系进行研究，通过多层线性模型、Peason 相关分析法、Logistic 回归、泊松回归(Poisson Regression)等数理统计方法，获得相关系数，评估建成环境对体力活动的影响。相关分析法容易获取相关数据、计算也较为便捷，因而该方法的应用较为广泛，但它难以解释建成环境影响体力活动的机制。②横向比较法。其是指在其他建成环境要素基本相同的条件下，选择特定的建成环境要素(如土地利用混合度等)，研究其对体力活动的影响。如对社区(或街道)的比较研究，可以对不同类型社区的建成环境特征形成直观鲜明的认识，但是社区建成环境中的内部差异往往被归纳为某一个变量因素，忽略了建成环境要素之间的复杂交互关系。③纵向比较法。其是指建成环境在不同时间里的变化情况对体力活动的影响。该研究方法比较了建成环境改变前后的体力活动行为，对因果关系的验证更为直观；但相关数据难以获取，对其他因素的影响难以控制。

四、社区

目前，社会学家对“社区”的定义有 140 多种，最早可以追溯到德国社会学家斐迪南・滕尼斯所提出的社区概念，是指具有相同价值取向、人口同质性较强的“社会共同体”。尽管随着社会的发展、经济的繁荣、文化的变迁，社区的内涵、外延、形态也随之日益复杂化，但对其认识具有诸多共同点，认为社区的构成要素应该包括一定范围的地域、一定数量的人口、一定规模的设施、一定特征的文化、一定类型的组织五个部分，学界认为社区概念应反映出社区的本质和基本特征，即“社区是以一定地理区域为基础，由具有相互联系、共同交往、共同利益的社会群体、社会组织所构成的一个社会实体”[①]。就本书而言，应在城市范围内对社区进行理解，认为社区是聚集在居委会辖区范围内的人们所组成的社会生活共同体。

社区的分类标准较多，按规模划分，可以分为巨型社区、大型社区、中型社区、小型社区和微型社区；按社区居民收入水平划分，可以分为高级别墅区、上层居住社区、中上阶层社区、中低收入阶层社区和城市贫困阶层社区；按功能划分，可以分为工业社区、商业社区、生活社区和文化社区等；按城市社区的空间分布划分，可以分为城市中心区社区、城乡接合部社区和农村社区；按形成方式划分，可以分为法定社区和自然社区；按居住与生产之间的关系划分，可以分为传统街坊社区、混合式综合社区、单一式单位社区和演替式边缘社区……

中华人民共和国成立以来，我国特殊的政治、经济、文化背景，塑造了不同的城

① 周沛. 社区社会工作[M]. 北京：社会科学文献出版社，2002：6.

市社区类型，呈现出独特的分布特点，概括起来主要有四类居住地带：①老城区旧居住地带（传统社区）；②以单位社区为主的混合居住地带（单位社区）；③新居住地带（综合社区）；④城乡接合部与城市里的村庄（边缘社区）[①][②]。本书依据城市居住地带的分布特点将社区划分为四类：传统社区、单位社区、综合社区和边缘社区。

(1) 传统社区。

这类社区是以城市旧城区的老街坊为主的社区。多位于明城墙以内，具有较长的历史，是中华人民共和国成立前南京市居民居住的核心地区，中华人民共和国成立后在原有基础上充分利用空间建设了部分住房。住房建筑形式以平房、低层为主；建筑密度较高，住房陈旧、拥挤，环境和卫生条件差；很多老年人是在南京居住了多年的老居民，社区内有较多租房人员，以商业、服务业从业人员为主；由于传统社区都集中在市中心区，在一定距离范围内老年人还可以充分利用市中心的各种生活服务设施。

(2) 单位社区。

这类社区主要是指在中华人民共和国成立后至改革开放前（现在也有，但数量较少）建成的社区。居住区按照“居住区-居住小区-组团”规划理念进行布局，工业、企事业单位自己建房，主要由本单位职工居住，单位居住区内居住、就业功能重合；早期单位居住区的住宅以 4～6 层单元房为主，20 世纪 90 年代以来新建了部分小高层、高层住宅；配套设施较齐全，居住环境较好；居住在单位社区的居民绝大多数为工业、行政机关、科研教育单位的职工及其家属。

(3) 综合社区。

20 世纪八九十年代之后，南京开发建设了大量的商品房居住区，以居住区的形式而非单位形式为主开发，就业地与居住区分离；房屋类型以多层、小高层、高层为主；居住分化明显，有高收入人群购买的花园式别墅和高级住宅，也有单位和政府组织的旧城改造、城市建设搬迁来的和低收入人群购买的经济实用型康居工程。依据社区建设标准可将其分为高档社区和低档社区，高档社区主要位于交通条件便利、环境条件优越、配套设施完善、社区规划先进的区域，社区居民以高收入群体为主；低档社区多位于郊区或较偏远的区位，配套设施以及管理相对较差，房价偏低，居住者多为中低等收入人群。

(4) 边缘社区。

20 世纪 90 年代以来，随着南京的郊区化发展，政府为解决低收入家庭住房问

---

① 王凯珍. 中国城市不同类型社区居民体育活动现状的调查研究[J]. 北京体育大学学报，2005，28(8)：1009 - 1013.

② 柴颜威. 空间行为与行为空间[M]. 南京：东南大学出版社，2014：52.

题，建设了大量的政策性住房居住区。由于政府在建设方面采取了利润控制等措施，政策性住房的价格低于商品房，满足了低收入家庭的住房需求。边缘社区居民部分为城市动迁居民，部分为原地居住安置的农民，此外还有数量较多的流动人口，呈组团状镶嵌或位于城乡接合部。

第三节　相关研究梳理

一、影响体力活动的建成环境指标

1. 国外相关研究

通过对国外体力活动建成环境研究文献的总结，选取使用频率较高的体力活动建成环境指标，作为本研究指标选取的重要依据。Saelens 等研制了社区步行环境量表，其指标主要包括居住密度、土地混合利用-多样性、土地混合利用-可达性、街道连通性、步行/骑自行车设施、美学、行人/汽车交通安全、犯罪安全①(见表 1.1)。

表 1.1　Saelens 的社区步行环境指标

一级指标	二级指标
居住密度	1. 住所附近常见的住房类型是独栋房屋 2. 住所附近常见的住房类型是联排房屋或公寓式住房
土地混合利用-多样性	1. 从住所步行至附近杂货店的时间
	2. 从住所步行至附近邮局的时间
	3. 从住所步行至附近音像店的时间
	4. 从住所步行至附近餐馆的时间
土地混合利用-可达性	1. 当地商店可以购买到我想购买的绝大部分物品
	2. 在当地购物区停车很困难
街道连通性	1. 住所附近街道上基本上没有死胡同
	2. 住所附近交叉路口之间的距离很短

① Saelens B E, Sallis J F, Black J B, et al. Neighborhood-based differences in physical activity: an environment scale evaluation[J]. American journal of public health, 2003, 93(9): 1552－1558.

续表

一级指标	二级指标
步行/骑自行车设施	1. 住所附近的人行道设施很好
	2. 住所附近的人行道有草坪/污垢将其隔离
美学	1. 住所附近有许多迷人的自然景观(如绿化、景点)
	2. 住所附近有有吸引力的建筑/房屋
行人/汽车交通安全	1. 附近街道车速较为缓慢(低于 30 英里①/小时)
	2. 您所在社区的主要街道有人行横道线和行人信号
犯罪安全	1. 住所附近犯罪率较高
	2. 住所附近晚上街道灯火通明

Alfonzo 依据马斯洛的"生理需要、安全需要、社会需要、尊重需要和自我实现"需要层次理论,将影响步行的建成环境因素归为五个层次(见图 1.2),由低到高依次为:可行性(feasibility)、可及性(accessibility)、安全性(safety)、舒适性(comfort)、愉悦性(pleasurability)②。

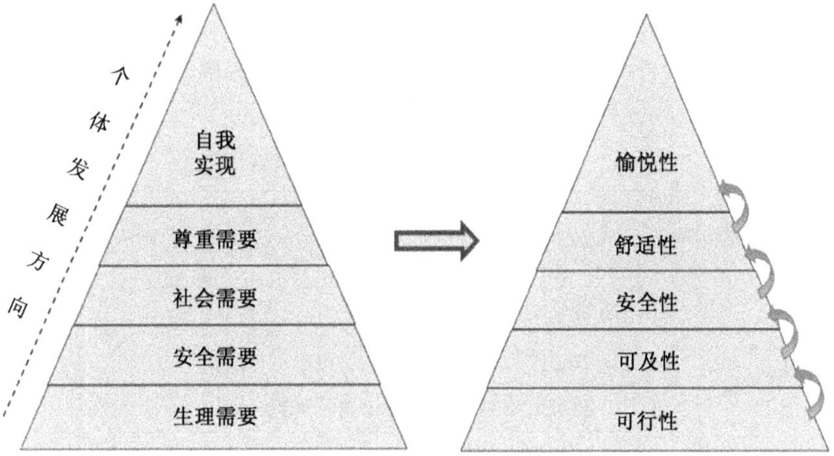

图 1.2　Alfonzo 步行的需要层次理论

层次 1(可行性),影响因素包括移动、时间、责任。其具体操作指标包括每个家庭的成年人数量,每个家庭的儿童数量,照顾儿童的责任,年龄、健康程度或身体

① 1 英里=1 609 米。

② Alfonzo M A. To walk or not to walk? The hierarchy of walking needs[J]. Environment and Behavior, 2005, 37(6): 808-836.

移动能力。

层次 2(可及性),影响因素包括邻近活动的模式、数量、质量、种类,连接使用程度,步行相关基础设施。其具体操作指标包括人行道网络是否存在、人行道网络的完整程度,障碍物是否存在、障碍物的数量,至目的地的距离、目的地的数量。

层次 3(安全性),影响因素包括与体力活动不足相关的城市设计特征和犯罪恐惧感、土地混合利用、他人的存在。其具体操作指标包括涂鸦、乱丢垃圾、废弃建筑物等,有酒吧、卖酒的商店,存在有威胁或乱逛的闲人等。

层次 4(舒适性),影响因素包括与行人和机动车交通相关的城市设计特征、与人行道和街道网络系统相关的城市设计特征、舒适的城市设计。其具体操作指标包括交通警示功能(如环形路、中间分离带等),街道的宽度、街道的长度、人行道的宽度、人行道上的缓冲区、街道树木等,街道装饰、拱廊、檐篷、喷泉等。

层次 5(愉悦性),影响因素包括多样性和复杂性、活动水平、建筑连贯性和规模、审美旨趣。其具体操作指标包括各类街区、混合利用、建筑元素、建筑物历史或特色、色彩等,公共空间的存在,他人存在、街头小贩,户外餐厅等。

Mujahid 等调查了美国 3 个地点(Baltimore, Maryland; Forsyth County, North Carolina; New York, New York)5 088 名居民,将搜集的社区环境信息分为 7 个维度,其中与建成环境有关的维度包括审美质量(aesthetic quality)、步行环境(walking environment)、健康食品的获取(availability of healthy foods)、安全(safety)、暴力(violence)①(见表 1.2)。

表 1.2 Mujahid 的建成环境指标

一级指标	二级指标
审美质量	1. 我所在街区的街道上有很多垃圾
	2. 我家附近有很多噪音
	3. 我家附近的建筑物和房屋维护情况良好
	4. 我家附近的建筑物和房屋很有趣
	5. 我所在的街区很吸引人
	6. 我所在的街区有许多有趣的事情去做
步行环境	1. 我所在的街区提供了许多身体活动的机会
	2. 本地体育俱乐部和其他设施给我们街区提供了许多锻炼的机会

① Mujahid M S, Roux A V D, Morenoff J D, et al. Assessing the measurement properties of neighborhood scales: from psychometrics to ecometrics[J]. American journal of epidemiology, 2007, 165(8): 858-867.

续表

一级指标	二级指标
步行环境	3. 在我家附近散步很舒心
	4. 我家附近的树木能提供足够的树荫
	5. 在我家附近散步很方便
	6. 我经常看到有人在我所住的街区步行
	7. 我经常看到有人在我家附近锻炼(如慢跑、骑自行车等)
	8. 我所在的街区交通很拥挤
	9. 在我家附近散步时需要穿越繁忙的公路
健康食品的获取	1. 我家附近选择新鲜的水果和蔬菜很方便
	2. 我家附近新鲜水果和蔬菜的质量很好
	3. 我家附近有大量的低脂产品可供选择
	4. 我家附近有很多购买快餐食品的机会
安全	1. 无论白天还是夜晚,在我家附近步行都很安全
	2. 我家附近没有暴力行为
	3. 我家附近没有犯罪事故
暴力	1. 你们街区附近有人打架时会使用什么武器?(在过去6个月内)
	2. 有帮派在你们街区附近争斗吗?(在过去6个月内)
	3. 你们街区有性骚扰或强奸案件吗?(在过去6个月内)
	4. 你们街区有抢劫或盗窃案件吗?(在过去6个月内)

Sallis 等设计了一项体力活动居住环境量表(PANES),用于研究和监测体力活动相关社区环境,其具体指标有 17 项,涉及可达性、安全性、街道连通性等多项内容①(见表 1.3)。与 NEWS 量表(社区环境步行量表)相比,体力活动居住环境量表所设置的题目较为精简,在实际操作过程中效率较高。

表 1.3　Sallis 的体力活动居住环境量表

序号	内容
1	住所附近房屋的主要类型

① Sallis J F, Kerr J, Carlson J A, et al. Evaluating a brief self-report measure of neighborhood environments for physical activity research and surveillance: Physical Activity Neighborhood Environment Scale (PANES)[J]. Journal of physical activity and health, 2010, 7(4): 533-540.

续表

序号	内容
2	从住所步行出发，去商店、百货店、超市等买东西很方便
3	从住所出发，10～15 分钟就能步行到达交通站点（如公交车、火车、地铁等）
4	住所附近的大部分街道都有人行道
5	住所附近有便于骑自行车的地方，如专门的自行车道和骑行共用的路径
6	住所附近有免费或廉价的娱乐设施，如公园、步行道、自行车道、公共游泳池等
7	住所附近治安情况不好，晚上出去散步不安全
8	住所附近道路交通拥堵，以至于在家附近散步不太方便
9	住所附近有很多人参加健身活动，如散步、慢跑、骑自行车或者体育比赛等
10	住所附近步行环境不错
11	你们家有几辆可以正常使用的机动车（如汽车、摩托车、电动车）
12	住所附近有许多十字路
13	住所附近的人行道维护情况良好
14	住所附近自行车道维护情况良好
15	住所附近道路很拥挤，以至于在家附近骑自行车很不方便
16	住所附近治安情况不好，以至于白天出行不安全
17	从住所出发，步行去很多地方都很方便

Eichinger 等借鉴德国的欧洲环境问卷（ALPHA-Long），将建成环境指标体系分为至当地设施的距离、自行车/步行基础设施的使用与维护、连通性、交通安全、犯罪安全、住宅整体质量 6 个维度①（见表 1.4）。

表 1.4　Eichinger 的建成环境指标

一级指标	二级指标
至当地设施的距离	1. 到当地商店的距离
	2. 到超市的距离
	3. 到当地服务场所的距离，如邮局、图书馆

① Eichinger M, Titze S, Haditsch B, et al. How are physical activity behaviors and cardiovascular risk factors associated with characteristics of the built and social residential environment? [J]. PloS one, 2015, 10 (6): e0126010.

续表

一级指标	二级指标
至当地设施的距离	4. 到餐厅/酒吧的距离
	5. 到快餐店的距离
	6. 到公共汽车站/火车站的距离
	7. 到休闲/体育设施的距离
自行车/步行基础设施的使用与维护	1. 附近人行道的可用性
	2. 附近行人专区/路径的可用性
	3. 附近自行车道的可用性
	4. 邻近交通路段循环路线的可用性
	5. 邻里人行道的维护
	6. 邻里周边路径的维护
	7. 附近游乐场/公园的维护
连通性	1. 在邻近地区骑自行车比开车便捷
	2. 附近街道路口的密度
	3. 在附近地区从某处到达其他地方有不同的步行/骑自行车线路
交通安全	1. 安全穿越繁忙街道的可能性
	2. 因交通而导致步行不安全
	3. 因交通而导致骑自行车不安全
犯罪安全	1. 因犯罪问题白天活动不安全
	2. 因犯罪问题夜间活动不安全
	3. 街上的垃圾或涂鸦
	4. 未维护建筑物的存在
住宅整体质量	1. 在附近步行/骑自行车很舒心
	2. 附近的树木提供足够的树荫

近年来，体力活动相关建成环境的成果也较为丰硕，现将文献中涉及的体力活动建成环境指标整理如表 1.5 所示。

表 1.5　体力活动相关建成环境的主要研究成果

文献	个体因素	建成环境指标	因变量/主要结果变量
Huang, Kung, & Hu, 2018①	性别、年龄、文化程度、配偶、就业、吸烟、饮酒、疾病	公园/绿地/广场、游乐场和体育场馆、学校	体力活动
Hawkesworth, Silverwood, & Armstrong, 2018②	性别	道路质量得分、交通、美学、商店和服务、绿地、经济收入、犯罪、步行、人口密度	轻体力活动、中到大强度体力活动、每天总步数
McCormack, 2017③	性别、年龄	人口密度、绿地比例、路径/自行车道长度、商业密度、公交车站密度、城市管理树密度、人行道长度、公园类型组合和休闲目的地组合	交通步行、休闲步行、中等强度和大强度体力活动
Zhou, Grady, & Chen, 2017④	性别、年龄、教育程度、收入、身体质量指数、血压、老年综合症、慢性疾病	公寓站点的活力、公寓站点至目的地的最短距离	体力活动

① Huang N C, Kung S F, Hu S C. The relationship between urbanization, the built environment, and physical activity among older adults in Taiwan[J]. International Journal of Environmental Research and Public Health, 2018, 15(5):836.

② Hawkesworth S, Silverwood R J, Armstrong B, et al. Investigating associations between the built environment and physical activity among older people in 20 UK towns[J]. J Epidemiol Community Health, 2018, 72(2): 121 - 131.

③ McCormack G R. Neighbourhood built environment characteristics associated with different types of physical activity in Canadian adults[J]. Health Promotion and Chronic Disease Prevention in Canada: research, policy and practice, 2017, 37(6): 175 - 185.

④ Zhou P, Grady S C, Chen G. How the built environment affects change in older people's physical activity: A mixed-methods approach using longitudinal health survey data in urban China[J]. Social Science & Medicine, 2017, 192: 74 - 84.

续表

文献	个体因素	建成环境指标	因变量/主要结果变量
Timmermans, Schaap, & Visser, 2016①	性别、年龄、是否有伴侣、教育程度、身体质量指数、慢性疾病的数量、焦虑、抑郁	街道连通性、到医疗保健资源的距离、到零售点的距离、到会议地点的距离、到公共交通站点的距离	轻体力活动、中到大强度体力活动
Oreskovic, Perrin, & Robinson, 2015②	年龄、性别、种族/民族、体重状况、父母教育	土地利用分类(家庭、学校、公园、游乐场、街道和人行道、其他)	久坐、中到大强度体力活动
Eichinger, Titze, & Haditsch, 2015③	经济收入、受教育程度、年龄、身体质量指数、吸烟行为、营养行为	到当地设施的距离、附近的步行/自行车基础设施及其维护、邻里安全、步行/骑自行车网络、家庭环境和工作场所/学习环境	体力活动
de Sa, & Ardern, 2014④	身体质量指数、教育程度、经济收入、种族、吸烟状况、年龄、性别	建筑面积、公园/绿地面积、住宅密度、交叉口	散步/骑自行车(分钟/天)、休闲时间每日能源消耗(KKD)、散步/骑自行车(休闲)、散步/骑自行车(交通)

① Timmermans E J, Schaap L A, Visser M, et al. The association of the neighbourhood built environment with objectively measured physical activity in older adults with and without lower limb osteoarthritis[J]. BMC public health, 2016, 16(1): 710.

② Oreskovic N M, Perrin J M, Robinson A I, et al. Adolescents' use of the built environment for physical activity[J]. BMC public health, 2015, 15(1): 251.

③ Eichinger M, Titze S, Haditsch B, et al. How are physical activity behaviors and cardiovascular risk factors associated with characteristics of the built and social residential environment? [J]. PloS one, 2015, 10(6): e0126010.

④ Sa E D, Ardern C I. Associations between the built environment, total, recreational, and transit-related physical activity[J]. BMC public health, 2014, 14(1): 693.

续表

文献	个体因素	建成环境指标	因变量/主要结果变量
Carlson, Sallis, & Conway, 2012①	性别、民族、教育程度、家庭成员数量、居住时间、家庭机动车数量、婚姻状况	步行指数(包括居住密度、零售面积比、交叉路口密度、土地利用混合度),公园数量,私人娱乐设施数量	体力活动
Maddison, Vander Hoorn, & Jiang, 2009②	年龄、身高、体重	娱乐设施,公园等类型和位置,休闲设施(健身房、体育俱乐部、游泳池等)的地址,绿色空间,土地利用,无障碍指数,步行指数等	体力活动
Liu, Colbert, & Wilson, 2007③	肥胖、健康情况	犯罪密度、街道连通性、居住人口、交通数量和限速、人行道密度	运动、跳舞、行走
Ewing, Brownson, & Berrigan, 2006④	年龄、性别、种族/民族、吸烟者、工作、教育、看电视、运动、食用水果和蔬菜	扩展(sprawl)指数	步行

① Carlson J A, Sallis J F, Conway T L, et al. Interactions between psychosocial and built environment factors in explaining older adults' physical activity [J]. Preventive medicine, 2012, 54(1): 68 - 73.

② Maddison R, Vander Hoorn S, Jiang Y, et al. The environment and physical activity: the influence of psychosocial, perceived and built environmental factors[J]. International Journal of Behavioral Nutrition and Physical Activity, 2009, 6(1): 19.

③ Liu G C, Colbert J T, Wilson J S, et al. Examining urban environment correlates of childhood physical activity and walkability perception with GIS and remote sensing[M]//Geo-Spatial Technologies in Urban Environments. Berlin Heidelberg: Springer, 2007: 121 - 139.

④ Ewing R, Brownson R C, Berrigan D. Relationship between urban sprawl and weight of United States youth[J]. American journal of preventive medicine, 2006, 31(6): 464 - 474.

续表

文献	个体因素	建成环境指标	因变量/主要结果变量
Nelson, Gordon-Larsen, & Song, 2006①	收入/财富、种族/民族、社会经济地位	道路类型、连通性、犯罪情况、住宅地址、娱乐设施	体力活动(家务、交通、休闲),运动,静坐行为
Hoehner, Ramirez, & Elliott, 2005②	年龄、经济收入	土地混合利用、交通环境、娱乐设施、美感	与交通、娱乐相关的活动
Frank, Andresen, & Schmid, 2004③	年龄、教育程度、家庭收入、身体质量指数	土地混合利用、人口密度、街道连通性	交通性体力活动:(1)汽车时间;(2)行走距离/肥胖
Ewing & Schmid, 2003④	肥胖、身体质量指数、高血压、糖尿病和冠心病	扩展(sprawl)指数	步行

① Nelson M C, Gordon-Larsen P, Song Y, et al. Built and social environments: associations with adolescent overweight and activity[J]. American journal of preventive medicine, 2006, 31(2): 109-117.

② Hoehner C M, Ramirez L K B, Elliott M B, et al. Perceived and objective environmental measures and physical activity among urban adults[J]. American journal of preventive medicine, 2005, 28(2): 105-116.

③ Frank L D, Andresen M A, Schmid T L. Obesity relationships with community design, physical activity, and time spent in cars[J]. American journal of preventive medicine, 2004, 27(2): 87-96.

④ Ewing R, Schmid T, Killingsworth R, et al. Relationship between urban sprawl and physical activity, obesity, and morbidity[J]. American Journal of Health Promotion, 2003, 18(1): 47-57.

续表

文献	个体因素	建成环境指标	因变量/主要结果变量
Berrigan & Troiano, 2002①	性别、种族、年龄、教育、家庭收入	房龄、城市或农村状况	步行
Giles-Corti & Donovan, 2002②	年龄、性别、家庭收入、教育、家庭儿童数量、就业状况和对机动车的使用	娱乐设施空间利用、社区吸引力、安全和利益(感知)、交通及其事故、人行道、街道照明、公共交通、步行至公园或商店的距离(感知)	身体活动行为(包括充足的活动、交通性步行、娱乐性步行和剧烈活动)
Dieleman, Dijst, & Burghouwt, 2002③	家庭类型、家庭收入、汽车保有量、教育水平	市区的城市化水平	交通方式划分(步行、自行车、公共交通、驾驶和其他)
Ball, Bauman, Leslie, & Owen, 2001④	年龄、教育程度、性别、身体和心理健康状况、出生地	美学、安全和便利的设施	步行

① Berrigan D, Troiano R P. The association between urban form and physical activity in US adults[J]. American journal of preventive medicine, 2002, 23(2): 74－79.

② Giles-Corti B, Donovan R J. Socioeconomic status differences in recreational physical activity levels and real and perceived access to a supportive physical environment[J]. Preventive medicine, 2002, 35(6): 601－611.

③ Dieleman F M, Dijst M, Burghouwt G. Urban form and travel behaviour: micro-level household attributes and residential context[J]. Urban Studies, 2002, 39(3): 507－527.

④ Ball K, Bauman A, Leslie E, et al. Perceived environmental aesthetics and convenience and company are associated with walking for exercise among Australian adults[J]. Preventive medicine, 2001, 33(5): 434－440.

续表

文献	个体因素	建成环境指标	因变量/主要结果变量
Black, Collins, & Snell, 2001①	家庭的汽车数量、就业类型、个人责任和影响、环保意识、汽车中心论	至目的地(学校)的感知距离	模型的选择(步行与开车)
Ståhl, Rütten, & Nutbeam, 2001②		接触体育活动设施的意愿	体力活动(个人)
Booth, Owen, & Bauman, 2000③	年龄、性别、工作状况、婚姻状况、生活状况、出生地、对身体活动的态度、自我效能、健身设备	运动或娱乐设施可达性、白天在社区行走的方便程度与安全性	剧烈的运动,步行(分组锻炼、休闲性步行和至目的地的步行),中等强度活动
Hess, Moudon, & Snyder, 1999④	性别、年龄	社区类型(城市和郊区)聚焦在人行道系统、停车、人口密度及土地利用类型和组合总值(控制)	步行至社区中心

① Black C, Collins A, Snell M. Encouraging walking: the case of journey-to-school trips in compact urban areas[J]. Urban studies, 2001, 38(7): 1121-1141.

② Ståhl T, Rütten A, Nutbeam D, et al. The importance of the social environment for physically active lifestyle -results from an international study[J]. Social science & medicine, 2001, 52(1): 1-10.

③ Booth M L, Owen N, Bauman A, et al. Social - cognitive and perceived environment influences associated with physical activity in older Australians [J]. Preventive medicine, 2000, 31(1): 15-22.

④ Hess P, Moudon A, Snyder M, et al. Site design and pedestrian travel[J]. Transportation Research Record: Journal of the Transportation Research Board, 1999 (1674): 9-19.

续表

文献	个体因素	建成环境指标	因变量/主要结果变量
Moudon, Hess, & Snyder, 1997①	性别、年龄	社区类型(城市和郊区)集中在各个街道的宽度和网络特点、行人设施、步行设施的完整和安全(笔直的行人路线)、人口密度和土地利用混合度(控制)	步行至社区中心
Cervero & Radisch, 1996②	年龄、年薪、家庭车辆数量、家庭大小	社区类型(新型与传统)	交通方式划分(步行、骑自行车、驾驶、拼车和公共交通)
Handy, 1996③	年龄、就业状况、教育、成人家庭、家庭的儿童数量、房屋所有权、住宅类型、住宅的家庭汽车数量	社区类型(传统与现代)集中在目的地可达性、社区内和周边地区可达性	步行(目的地—商业场所—散步)
Friedman, Gordon, & Peers, 1994④		社区类型(传统与郊区)	模型选择(开车、交通、骑自行车、散步、其他)
Frank & Pivo, 1994⑤	家庭类型、驾照所有权、就业状况、可用的车辆、车辆数量、年龄	就业密度、人口密度、土地利用混合	交通方式划分(驾驶、交通和步行)

① Moudon A, Hess P, Snyder M, et al. Effects of site design on pedestrian travel in mixed-use, medium-density environments[J]. Transportation Research Record: Journal of the Transportation Research Board, 1997 (1578): 48－55.

② Cervero R, Radisch C. Travel choices in pedestrian versus automobile oriented neighborhoods[J]. Transport Policy, 1996, 3(3): 127－141.

③ Handy S. Methodologies for exploring the link between urban form and travel behavior[J]. Transportation Research Part D: Transport and Environment, 1996, 1(2): 151－165.

④ Friedman B, Gordon S P, Peers J B. Effect of neotraditional neighborhood design on travel characteristics[J]. Transportation Research Record, 1994, 1466: 63-70.

⑤ Frank L D, Pivo G. Impacts of mixed use and density on utilization of three modes of travel: single-occupant vehicle, transit, and walking[J]. Transportation research record, 1994, 1466: 44－52.

2. 国内相关研究

周热娜等借鉴简约版步行环境量表(NEWS-A),将影响中国城市社区居民步行的建成环境分为配套生活设施便利情况、道路情况、美化情况、交通情况和治安情况5个维度[①](见表1.6)。

表1.6 中国城市社区居民步行环境量表

维度	项目
配套生活设施便利情况	①家至商店的距离在可步行范围内 ②家至公交车站或地铁站的距离在可步行范围内 ③家至公园的距离在可步行范围内 ④总体上看,家至配套生活设施的距离在可步行范围内
道路情况	①住所附近道路绿化情况 ②住所附近道路卫生情况 ③住所附近道路照明情况 ④住所附近街道路面很平坦,不会影响您的步行 ⑤住所附近专门用于步行锻炼的场所的数量
美化情况	①住所附近自然环境很好,使得您乐于外出行走 ②住所附近的建筑物很吸引人,使得您乐于外出行走
交通情况	①住所附近交通事故频发致使您不愿意外出散步 ②住所附近街道上的车辆行驶速度一般小于50 km/h ③住所附近有很多障碍不利于出行(车辆占道、宠物粪便等)
治安情况	①住所附近周边治安很好 ②住所附近白天治安很好,使得您放心外出行走 ③住所附近晚上治安很好,使得您放心外出行走

张莹结合《国家环境保护模范城市》考核指标,构建了体质健康型人居环境指标体系[②]。其客观指标包括交通环境(街道连通性、住所至河流/公园/广场的距离、人均道路面积),生态规划(人均绿地面积、土地混合利用),建筑环境(人口净密度、住宅类型);其主观指标包括自然及生态环境(绿化、卫生、噪声、空气质量、光线、照明、饮用水质、景观水质、扬尘),环境污染物来源(周围工厂、垃圾回收场地、辐射源),环境设计(人文设施、休息设施、通达性),环境安全(小区治安、活动环境安全),交通环境(道路设计、街道路面、交通量、交通安全、道路拥挤、穿越马路),居住环境(居住密度、用地结构),用地可达性(健身场所、广场/公园/绿地、超市/商场、学校、商业街、便利店、银行、交通站点等)。

① 周热娜,傅华,罗剑锋,等. 中国城市社区居民步行环境量表信度及效度评价[J]. 中国公共卫生,2011,27(7):841-843.

② 张莹. 城市体质健康型人居环境建设研究[D]. 上海:东华大学,2011.

杜宇坤等借鉴Brownson的体力活动建成环境指标，结合中国城市建成环境特点，确定了居住密度、街道连通性、可及性、步行适宜度、骑车适宜度、美观性6个建成环境评价维度①②(见表1.7)。

表1.7 体力活动相关建成环境现场评价问卷

维度	项目
居住密度	①1～3层联排别墅;②4～6层普通住宅楼或公寓;③7～12层普通住宅楼或公寓;④13层以上的普通住宅楼或公寓
街道连通性	①岔路口数目;②是否有交通换乘站;③交通换乘站数目
可及性	①西式或中式连锁快餐;②除上述快餐店以外的其他餐厅饭馆;③便利店/小型杂货店/中小型超市;④大型超市;⑤大型购物中心;⑥咖啡厅、茶室、酒吧;⑦其他零售店;⑧其他服务场所;⑨其他娱乐场所;⑩步行道/自行车道;⑪室内健身娱乐场所;⑫露天运动场地;⑬居民社区/小区内的免费健身器材;⑭对外开放体力活动场地或设施的学校;⑮区属和社区公园;⑯市属公园;⑰公共休憩空间;⑱湖泊、京杭运河等;⑲停车场、停车库;⑳废弃或空置的建筑、空地;㉑铁路、桥梁;㉒隧道、高速公路、立交桥
步行适宜度	①配备步行道情况;②步行道宽度;③步行道维护;④步行道坡度;⑤步行道路障碍;⑥"避让行人"标识、"减速慢行"标识
骑车适宜度	①配备自行车道情况;②自行车道维护;③自行车道坡度;④机动车道是否有限速标识;⑤降低车辆行驶速度的道路设计;⑥帮助行人/骑车人过马路的设施;⑦自行车道上行驶/停放机动车;⑧逆行的骑车人或穿行的步行者;⑨自行车道阻碍
美观性	①增加街道吸引力的人文设施/地点;②增加街道吸引力的自然设施/地点;③整个或破碎的酒瓶或罐头等;④丢弃的烟头、烟盒等;⑤各种垃圾、碎玻璃，墙壁、地面上粘贴的小广告、各种涂鸦;⑥无人看管的/迷路的动物。

Li等基于中国南京的现场调查发现，物理环境因素与骑自行车者的主观感知显著相关。骑行环境的相关变量包括道路长度、宽度、坡度，汽车站的存在，周围的土地使用，自行车流量，机动车流量等③(见表1.8)。

① Brownson R C, Hoehner C M, Brennan L, et al. Reliability of Two Instruments for Auditing the Environment for Physical Activity[J]. JPAH, 2004, 1(3): 191-208.

② 杜宇坤，苏萌，刘庆敏，等. 城市体力活动相关建成环境客观评价工具的信度和效度研究[J]. 中华疾病控制杂志，2012，16(7)：551-555.

③ Li Z, Wang W, Liu P, et al. Physical environments influencing bicyclists' perception of comfort on separated and on-street bicycle facilities[J]. Transportation Research Part D: Transport and Environment, 2012, 17(3): 256-261.

表 1.8 骑行环境问卷

维度	条目
舒适度	骑车者的舒适感觉
道路设计	①自行车道长度(km) ②自行车道宽度(m) ③路缘带宽度(m) ④1(存在上坡)/0(水平) ⑤1(车辆通过安全带分离)/0(车辆通过障碍物分离) ⑥1(物理上与行人分离)/0(没有物理分离)
环境条件	①自行车到路旁建筑的距离(m) ②1(有公交车)/0(无公交车) ③1(停车场占用超过 50%) ④1(停车占用率低于 50%)/0(无靠边停车) ⑤住宅用地 ⑥商业用地 ⑦1(官方用地)/0(绿地或围墙)
交通条件	①自行车流量 ②电动自行车的比例 ③车辆流量

何晓龙等认为,城市蔓延影响青少年体力活动的建成环境指标主要有:①居住-就业平衡性;②居住密度、住宅密度、平均居住高度;③土地利用多样性、土地适宜性;④紧凑度、破碎度、轴带扩展度;⑤出入口连通性、一般连通性、道路密度、街道可及性;⑥学校通达性、体育设施通达性、地铁/公交站通达性、公共空间通达性;⑦学校可及性、体育设施可及性、地铁/公交站可及性、公共空间可及性;⑧景观多样性、景观渗透度、景观离散度、景观破碎度①。

贺刚编制了一份适用于香港儿童的社区环境调查问卷(the neighborhood environment walkability scale for Chinese children),该问卷由 67 个题目组成,测量了居住密度、土地混合利用、通达性、交通安全、社区治安、道路连通性、美观、行人设施、休闲场所和污染等 10 个方面的社区环境。在此基础上,选取住所至公园/花园距离、住所至康乐设施距离、住所至学校距离等客观指标分析建成环境与体力活

① 何晓龙,陈佩杰,庄洁,等.城市蔓延影响青少年体力活动研究的地理信息指标分析[J].体育科学,2013,33(3):38-48.

动之间的关系[①]。

Su 等利用中国城市建筑环境扫描工具评估杭州成年人休闲性体力活动相关社区建成环境，其指标主要有：① 居住密度；② 商业场所和健身活动场所可达性：最近场所的步行距离；③公共设施可达性：主要指邻近购物区可达性、公共交通站点可达性、步行道路障碍；④ 街道连通性：街道连接情况、交叉路口之间的距离和路线选择；⑤人行道/自行车道质量：人行道/自行车道可用性、维护、隔离和障碍；⑥美学：道路绿化、有吸引力的建筑物和附近的自然景观；⑦交通和犯罪安全：交通量、行车速度、穿过街道的设施、街道照明、白天和夜间安全感[②]。

刘正莹从邻里建成环境点(设施)、线(道路)、面(土地)、域(空间)等 4 个空间维度入手，认为影响老年人购物活动出行的建成环境因素主要有城市住区内设施网点的分布与形式、街道网络的密度与连接、土地利用的多样性与尺度、公共空间的质量与界面；影响老年人休闲活动出行的建成环境因素主要有城市住区内户外场所的环境品质与空间视域、街道网络的密度与连接、土地利用的模式与多样性、街道空间的连接度与选择度[③]。

Gao 等认为，影响中国老年人休闲性体力活动的建成环境因素主要有美学质量和步行环境[④]。美学质量具体指标包括：①我所在街区的街道上有很多垃圾；②我家附近有很多噪音；③我家附近的建筑物和房屋维护情况良好；④我家附近的建筑物和房屋很有趣；⑤我所在的街区很吸引人；⑥我所在的街区有许多有趣的事情去做。步行环境具体指标包括：①我所在的街区提供了许多身体活动的机会；②本地体育俱乐部和其他设施给我们街区提供了许多锻炼的机会；③在我家附近散步很舒心；④我家附近的树木提供了足够的树荫；⑤在我家附近散步很方便；⑥我经常看到有人在我所住的街区步行；⑦我经常看到有人在我家附近锻炼(如慢跑、骑自行车等)；⑧我所在的街区交通很拥挤；⑨在我家附近散步时需要穿越繁忙的公路。

何晓龙等基于 GIS 技术探讨了家至学校距离、居住区周边绿化、学校周边绿化、交叉路口密度、开敞空间分布、户外运动场地和设施等建成环境因素与上海市

---

① He G. Neighborhood built environment and physical activity in primary schoolchildren in Hong Kong [D]. Hong Kong: The Chinese University of Hong Kong, 2013.

② Su M, Tan Y Y, Liu Q M, et al. Association between perceived urban built environment attributes and leisure-time physical activity among adults in Hangzhou, China[J]. Preventive Medicine, 2014, 66: 60-64.

③ 刘正莹. 邻里建成环境对老年人活动出行的影响研究[D]. 大连：大连理工大学，2014.

④ Gao J L, Fu H H, Li J, et al. Association between social and built environments and leisure-time physical activity among Chinese older adults-a multilevel analysis[J]. BMC Public Health, 2015, 15(1): 1-11.

儿童青少年中到大强度体力活动之间的关系①。

二、体力活动及其建成环境的测量方法

1. 体力活动测量方法

体力活动测量主要有体力活动行为测量和能量消耗测量两种途径。体力活动行为既可以通过直接观察法系统地评价体力活动,又可以通过计步器、加速度计等运动传感器来记录活动时的速度等参数,以评估体力活动情况。体力活动评估最为准确的方法是运用双标水法或间接测热法测定活动时的能量消耗,但价格昂贵且难以提供体力活动时的详细信息,故以上两种方法常作为心率监测、体力活动问卷、体力活动日志等方法的效标使用。研究过程中,通常将体力活动测量方法分为主观测量方法和客观测量方法两类。

(1) 主观测量方法。

主观测量方法主要包括体力活动问卷、记录与日志。体力活动问卷涉及的内容主要包括工作、家务、休闲、交通等,针对的人群也不尽相同。适用于老年人的问卷包括耶鲁体力活动量表(Yale Physical Activity Scale)、休闲活动问卷(Leisure Time Activity Questionnaires)、国际体力活动问卷(International Physical Activity Questionnaires)、老年人体力活动量表(Physical Activity Scale for Elderly)等。体力活动问卷的优点主要是成本较低、操作方便,适宜于大样本调查,对容易回忆、结构化的体力活动,问卷调查的效率非常高。该方法测量体力活动的最大挑战来自其可靠性和有效性,Chinapaw 等检查了 61 份不同版本的体力活动问卷,只有 7 份问卷与标准测量方法间信度结果正向相关。体力活动问卷的缺陷显而易见,发展具有良好可靠性和有效性的体力活动问卷成为研究人员亟待解决的课题。

体力活动日志需要受试者将每天的体力活动详细记录在预先设计的表格中,报告某一特定时期内的体力活动详细情况。与体力活动问卷相比,体力活动日志的回忆性偏倚小,其估算的能量消耗结果更为准确。但是由于记录烦琐,每日记录会占用受试者大量时间,同时,每天重复填写活动情况,可能会影响受试者体力活动习惯。

(2) 客观测量方法。

客观测量方法主要包括双标水法、直接热量测量法、间接热量测量法、心率监测、计步器、加速度计等测量方法。①双标水法。优点是测定结果较为准确,取样

① 何晓龙,庄洁,朱政,等.影响儿童青少年中高强度体力活动的建成环境因素——基于 GIS 客观测量的研究[J].体育与科学,2017,38(1):101-110,51.

方便且对受试者的正常活动基本没有干扰，适用于不同种类人群[①②]；缺点是分析仪器价格昂贵，对分析人员要求较高，不适用于大范围人群测量，不能提供体力活动的持续时间、强度、频率等具体信息，难以了解某一时间段的能量消耗模式。②直接（间接）测热。其测试成本较高，该方法不适于长时间、大范围的人群调查[③④]。③心率监测。随着技术的发展，心率记录设备体积变小，受试者佩戴非常方便，可以记录不同时间的心率，并对体力活动的时间、强度、频率和总的能量消耗进行分析，其有效性已得以验证[⑤]。④计步器。不足之处在于：首先，计步器只能简单地记录步数而不能记录运动类型、运动间歇和运动强度；其次，计步器不能记录上肢运动和肌肉等长运动，不能准确记录游泳、自行车、负重等运动；最后，计步器在步行速度过快和过慢时，测量精度会降低，因缺乏准确的预测方程，难以估算能量消耗[⑥]。

除以上测量方法外，加速度计也在体力活动测量中得到广泛认同。加速度计的优点是小巧便携，长时间佩戴不会影响日常体力活动，能够提供受试者体力活动的持续时间、强度、频率、总量等必要信息[⑦]；其缺点是价格昂贵，使用相对复杂，对部分体力活动不敏感，未形成统一使用标准导致不同研究间难以进行比较。基于以上缺陷，研究人员提出了相关建议。贺刚等[⑧]建议采用应用较广的加速度计进行不同研究间比较；考虑到舒适性，加速度计应佩戴于右侧髋部，建立有效测试口标准的同时，也可根据受试者的习惯采用个性化的标准；体力活动强度界值的选择要考虑不同受试人群的特性。近年来，有研究者开始采用先进的全球定位系统（GPS）与加速度计对不同人群进行体力活动追踪，收集其时空信息，确定各种环境下的体力活动情况。该方法有助于研究人员了解受试者各类体力活动在不同空间类型的分布特征；对于探寻不同群体日常活动空间半径、制定体育公共服务设施配

① Qin Z, Rui S U N, Gou L Y, et al. Total energy expenditure of 16 Chinese young men measured by the doubly labeled water method[J]. Biomedical and Environmental Sciences, 2013, 26(6): 413 - 420.

② Westerterp K R. Body composition, water turnover and energy turnover assessment with labelled water[J]. Proceedings of the nutrition society, 1999, 58(4): 945 - 951.

③ Zakeri I, Adolph A L, Puyau M R, et al. Multivariate adaptive regression splines(MARS) models for the prediction of energy expenditure in children and adolescents[J]. Journal of Applied Physiology, 2009, 108(1):128-136.

④ Armstrong N, Welsman J R. The physical activity patterns of European youth with reference to methods of assessment[J]. Sports Medicine, 2006, 36(12): 1067 - 1086.

⑤ Melzer K, Lazzeri M, Armand S, et al. Validation of the Actiheart for estimating physical activity related energy expenditure in pregnancy[J]. e-SPEN Journal, 2012, 7(1): e5 - e10.

⑥ Corder K, Ekelund U, Steele R M, et al. Assessment of physical activity in youth[J]. Journal of applied physiology, 2008, 105(3): 977 - 987.

⑦ Corder K, Ekelund U, Steele R M, et al. Assessment of physical activity in youth[J]. Journal of applied physiology, 2008, 105(3): 977 - 987.

⑧ 贺刚，黄雅君，王香生. 加速度计在儿童体力活动测量中的应用[J]. 体育科学，2011，31(8)：72 - 75.

置标准等具有重要的研究价值[①]。

2. 建成环境测量方法

在研究体力活动相关建成环境时，国外采用各种问卷（量表）、电话采访、空间扫描统计技术，部分研究辅助地理信息系统（Geographic Information System，简称 GIS）、全球定位系统（Global Positioning System，简称 GPS）。国内相关研究较少，21 世纪初，国内外部分学者将国外相关领域的研究成果和城市规划介绍到中国。受此启发，翁锡全等对健身环境进行分析，探讨健身场所面积、器械安全性和项目配置等对健身的影响，并通过分析建筑环境对居民体力活动和健康的影响，构建起建筑环境影响居民体力活动和健康的研究模型[②③]。朱为模、吕筠、董晶晶等人将国外先进方法、设计理念等引入国内，为后续体力活动建成环境领域的研究奠定了良好的基础。建成环境的主观测量方法主要为自填问卷（量表）、现场评定，客观测量方法主要为 GIS 法。此外，还有电话调查、个案访谈、GPS 等辅助方法。

（1）自填问卷（量表）。

目前，对体力活动相关建成环境测量主要采用自填问卷量表方法，通过回收分析受试者填写的问卷，得出相关结论。自填问卷量表简单易行、便于大样本调查，因纵向调查（longitudinal survey）时间跨度大、跟踪调查难，建成环境问卷通常采用环境卫生学中的横断面调查（cross-sectional survey）。

建成环境相关测量问卷（量表）中使用较为广泛的是社区环境步行量表（Neighborhood Environment Walkability Scale，简称 NEWS）和体力活动与体适能测量工具（Instruments for Assessing Level of Physical Activity and fitness，简称 ALPHA）。前者共有 8 个因素、68 个条目，包括中国在内的多个国家的学者结合本国实情对 NEWS 进行修订，为该量表的广泛推广提供了科学依据。后者分为长版量表（49 个条目）和短版量表（11 个条目），该量表已在欧洲广泛使用。此外，建成环境相关测量问卷（量表）包括地理信息系统；美国人口普查局（United States Census Bureau，USCB）；老年人社区健康活动模型项目（Community Healthy Activities Model Program for Seniors，CHAMPS）；社区步行问卷（Neighborhood Walkability Questionnaires，NWQ）；国际体力活动环境问卷（International Physi-

---

① Boruff B J, Nathan A, Nijënstein S. Using GPS technology to(re)-examine operational definitions of 'neighbourhood' in place-based health research[J]. International journal of health geographics, 2012, 11(1): 22.

② 翁锡全，裴立新，林文弢，等. 广东省城镇社区健身环境服务现状的调查分析[J]. 中国体育科技，2007，43(4)：23 - 26.

③ 翁锡全，何晓龙，王香生，等. 城市建筑环境对居民身体活动和健康的影响——运动与健康促进研究新领域[J]. 体育科学，2010(9)：3 - 11.

cal Activity Questionnaires Environment-Module，IPAQ-EM）；亚洲环境扫描工具（Environment in Asia Scan Tool，EAST）；全球定位系统；加拿大社区健康调查（Canadian Community Health Survey，CCHS）；归一化差值植被指数（Normalized Difference Vegetation Index，NDVI）等。

问卷（量表）测量的主要优点：①简单易行、成本较低、便于开展，适合于大样本的测试；②问卷（量表）获取的是主观环境感知，是评价步行/自行车环境最直接的方式。问卷（量表）测量的主要缺陷：①自填问卷（量表）主要获取的是主观感知，易受被调查者主观因素干扰，从而降低信效度；②大部分问卷条目繁多，影响了被调查者的配合程度；③各国经济、文化、地域等因素迥异，建成环境问卷难以实现通用，需要对外来问卷反复修订。

（2）现场评定。

研究者开发了现场评定体力活动相关建成环境的工具。评定表的理论框架类似于自填问卷，经专家讨论和信效度检验后，研究者亲赴现场按评定表上的内容依次对环境因素进行编码或评分。现场评定对调查员的要求较高，需经过前期严格培训已具备相应的专业知识和评判技能。

目前，美国等发达国家已有多种现场评定工具，分别针对一项或多项内容进行评定，包括土地利用多样性（居住用地、商业用地等），街道和交通（交通流量和速度），人行道和自行车道（宽度、坡度、路面质量等），公共设施（休息座椅等），安全（流浪狗、涂鸦的存在）……①常用的体力活动建成环境现场评定工具包括公共休闲区域环境评估工具（the Environmental Assessment of Public Recreation Spaces）、步行适宜性评定表（Walking Suitability Assessment Instrument）、高级步行环境评定工具（Senior Walking Environmental Assessment Tool）、体力活动资源评估工具（Physical activity resource assessment）、城市体力活动相关建成环境现场评价问卷（urban built environment evaluation tool for physical activity）。

现场评定体力活动建成环境方法的可靠性较高，研究人员可以身临其境收集诸如健身设施数量、材质等详细数据，为后续的深入研究奠定了坚实基础。现场评定方法的局限性在于：①耗时量大，调查员必须选好研究区域、建立评价标准，亲赴现场收集大量数据并进行数据录入和数据处理；②对调查员的专业知识和评判能力要求较高，现场评定前需要进行前期专业培训；③部分问卷条目繁多，影响了被调查者的配合程度；④测量工具主要针对城市社区，针对休闲性体力活动建成环境

① Brownson R C，Hoehner C M，Day K，et al. Measuring the built environment for physical activity：state of the science[J]. American journal of preventive medicine，2009，36(4)：S99－S123. e12.

的评定工具较少①。

(3) GIS测量。

GIS是指在计算机硬件、软件系统支持下,对地球表层空间中的地理分布数据进行采集、存储、管理、运算、分析、显示和描述的技术系统②。随着GIS理论研究逐渐走向成熟,利用GIS技术不但可以查询、描述空间信息,还可以揭示事物之间较为深刻的内在特征及其规律,相关应用范围也越来越广。在体力活动研究领域,基于GIS的建成环境测量主要是指从地理信息系统数据库中提取与体力活动水平密切相关的空间数据并进行空间分析的过程。基于GIS测量的建成环境变量主要有居住密度、娱乐设施可达性、土地利用混合度、步行指数、街道连通性、人均道路面积、住房年龄、街道照明、交通、犯罪、绿化率等③。

①居住密度。其是指居住区(缓冲区)内的人口数或住房套数与居住区面积之比。此外,评估居住密度的指标有单位面积住宅单位人口数与雇佣者数量、单位面积住宅单位的普查计数、单位面积的居民和就业岗位数量、缓冲区内的平均居住密度。

②娱乐设施可达性。受娱乐设施(recreational facilities)定义影响,不同研究之间的设施类型差距较大,主要体现在是否包含学校设施,设施属于公共还是私人,设施使用免费还是付费。这限制了不同研究间的横向比较。大部分研究通常是计算健身/娱乐设施的数量或住所至最近健身/娱乐设施的距离。近年来,有学者尝试在至设施距离的基础上加入其他指标,并将多个指标拟合成一个娱乐设施可达性综合指数。

③土地利用混合度。这是指特定的地理区域内存在不同用途的土地利用或多样性。根据目的不同可以将土地分为居住用地、工业用地、商业用地等,某一特定区域的土地利用多意味着不同目的地和活动场所间交通便捷,可能会增加居民积极出行的概率。Frank等把不同用途的用地进行归类统计,按土地用途具体划分为residential、commercial、office、institutional四部分,把不同用途土地的面积带入固定公式,计算出土地混合利用结果④。Salvador等用公园、广场、步行空间、体育馆、俱乐部、运动场所、足球场、公交车站、火车站、健康中心、药店、教堂或寺庙、面包房、银行、酒吧、自由市场、食品杂货店、超级市场等目的地类型来评价土地利

① 陈庆果,林家仕.体力活动建筑环境测量方法评述[J].北京体育大学学报,2013(2):71-78.

② 汤国安,刘学军,闾国年.地理信息系统教程[M].北京:高等教育出版社,2007.

③ Brownson R C, Hoehner C M, Day K, et al. Measuring the built environment for physical activity: state of the science[J]. American journal of preventive medicine, 2009, 36(4): S99-S123. e12.

④ Frank L D, Andresen M A, Schmid T L. Obesity relationships with community design, physical activity, and time spent in cars[J]. American journal of preventive medicine, 2004, 27(2): 87-96.

用混合度[①]。Hanibuchi 等用目的地数量(number of destinations)来衡量土地混合利用,结合前人研究和日本实际情况,选择了银行、书店、咖啡馆、服装店、社区中心、便利店、牙医诊所、电器商店、快餐店、美发沙龙、医院、洗衣房、办公室、药房、邮局和超市 17 种类型[②]。张莹借鉴 Frank 的土地混合利用计算方法,将土地用途划分为居住用地、工业用地、仓储用地、公共建筑用地、交通用地五部分[③]。

④步行指数是一种度量环境可步行性的方法,主要反映了一定步行范围内各种日常服务设施配置状况,进而得到单个点(面)步行性得分。步行指数日益成为城市步行性排名、城市房价参考和城市街区步行性实时查询的重要指标。Carr[④]、Duncan[⑤] 等利用 GIS 技术验证了步行指数用于衡量社区步行性的有效性,该指标已在美国、英国、澳大利亚等国广泛应用。吴健生等借鉴国外步行指数方法推算出深圳市福田区步行指数,并对其日常生活设施配置合理性进行评估[⑥]。构建的步行指数相关设施分类表(权重总和为 15)所包含的 13 类设施及其权重为:餐馆(2.5)、咖啡店(0.75)、酒吧(0.75)、便利店(3.0)、商场(0.5)、书店(0.5)、公园(1.0)、娱乐场所(1.0)、学校(1.0)、银行(1.0)、邮局(1.0)、理发店(1.0)、药店(1.0)。

⑤街道连通性。目前,较多研究认为街道连通性越好,越有利于到达目的地,从而鼓励居民更多地选择步行或自行车等积极性交通方式,减少对汽车的依赖[⑦]。街道连通性与街道网络设计有关,Handy 等研究发现,与郊区蔓延式街道网格布局相比,规则式街道网格布局更易促进居民采用积极性交通方式[⑧]。其原因可能有:①规则式街道网格布局中两点之间的路程更短;②规则式街道网格布局有利于居

---

① Salvador E P, Florindo A A, Reis R S, et al. Perception of the environment and leisure-time physical activity in the elderly[J]. Rev Saude Publica, 2009, 43(6): 972 - 980.

② Hanibuchi T, Kawachi I, Nakaya T, et al. Neighborhood built environment and physical activity of Japanese older adults: results from the Aichi Gerontological Evaluation Study (AGES) [J]. BMC Public Health, 2011, 11(1):657.

③ 张莹. 城市体质健康型人居环境建设研究[D]. 上海:东华大学,2011.

④ Carr L J, Dunsiger S I, Marcus B H. Walk score™ as a global estimate of neighborhood walkability [J]. American journal of preventive medicine, 2010, 39(5): 460 - 463.

⑤ Duncan D T, Aldstadt J, Whalen J, et al. Validation of Walk Score® for estimating neighborhood walkability: an analysis of four US metropolitan areas[J]. International journal of environmental research and public health, 2011, 8(11): 4160 - 4179.

⑥ 吴健生,秦维,彭建,等. 基于步行指数的城市日常生活设施配置合理性评估——以深圳市福田区为例[J]. 城市发展研究,2014,21(10):49 - 56.

⑦ Berrigan D, Pickle L W, Dill J. Associations between street connectivity and active transportation [J]. International journal of health geographics, 2010, 9(1): 20.

⑧ Handy S, Cao X, Mokhtarian P. Correlation or causality between the built environment and travel behavior? Evidence from Northern California[J]. Transportation Research Part D: Transport and Environment, 2005, 10(6): 427 - 444.

民识别方向;③规则式街道网格布局让居民步行或骑自行车可选择的线路更多。通常评估街道连通性的指标有:①单位面积的交叉路口数量;②单位面积超过3个节点交叉路口的数量;③交叉路口为死胡同的百分比;④目的地之间的直线和路网距离间的比值。近年来,有研究指出,连通性好的街道机动车辆也会增多,反而不易于居民步行或骑自行车,建议研究街道连通性要和交通等其他变量配套进行测量。

GIS测量方法的优点包括:①能测量的因素较多,如土地混合利用、步行指数、街道连通性、人均道路面积、居住密度、娱乐设施可达性、住房年龄、街道照明、交通、绿化率等;②许多数据可直接从地理数据库中获取,效率高、误差小,基本可以代替程序烦琐、成本较高的现场数据收集;③个人地理位置从某一区域准确到某一点,大幅度提高了测量的精度。GIS测量方法的局限包括:①GIS原始数据来源匮乏,其标准尚未实现统一;②测试方法对研究人员的要求较高,需要具备一定的GIS知识背景;③GIS数据库并不完整,诸如绿化率等重要指标难以获取,相关环境质量也难以准确获知。

总之,研究者采用何种方法研究体力活动及其建成环境,主要取决于测试目的、样本量、受试者配合度、测试经费和研究团队知识储备等因素。目前,在老年人体力活动建成环境领域,研究者主要采用以下测量方法(见表1.9)。

表1.9 老年人体力活动建成环境相关文献(部分)

作者	年份	国家/地区	样本量	被试年龄	PA测量方法	BE测量方法
Huang 等①	2018	中国/台湾	2 904	65岁以上	主观	主观
Zhou 等②	2017	中国	3 094	55岁以上	客观	客观
Timmermans 等③	2016	荷兰	247	65岁以上	客观	客观
Ribeiro 等④	2015	葡萄牙	532	65岁以上	主观	客观

① Huang N C, Kung S F, Hu S C. The Relationship between urbanization, the built environment, and physical activity among older adults in Taiwan[J]. International journal of environmental research and public health, 2018, 15(5):836.

② Zhou P, Grady S C, Chen G. How the built environment affects change in older people's physical activity: a mixed-methods approach using longitudinal health survey data in urban China[J]. Social Science & Medicine, 2017, 192: 74-84.

③ Timmermans E J, Schaap L A, Visser M, et al. The association of the neighbourhood built environment with objectively measured physical activity in older adults with and without lower limb osteoarthritis[J]. BMC public health, 2016, 16(1): 710.

④ Ribeiro A I, Pires A, Carvalho M S, et al. Distance to parks and non-residential destinations influences physical activity of older people, but crime doesn't: a cross-sectional study in a southern European city[J]. BMC public health, 2015, 15(1): 593.

续表

作者	年份	国家/地区	样本量	被试年龄	PA 测量方法	BE 测量方法
Mcmorris 等①	2015	加拿大	18 474	60 岁以上	主观	主观
Gao 等②	2015	中国	2 783	60 岁以上	主观	主观
Kolbe 等③	2015	南非	44	50 岁以上	客观+主观	主观
Cain 等④	2014	美国	367	65 岁以上	主观	客观
Van 等⑤	2014	比利时	438	65 岁以上	主观	客观
Cerin 等⑥	2013	中国	484	65 岁以上	主观	主观
Saito 等⑦	2013	日本	1 508	65 岁以上	主观	主观
Kramer 等⑧	2013	荷兰	4 121	65 岁以上	主观	主观
Hoehner 等⑨	2013	葡萄牙	580	65 岁以上	主观	客观
Carlson 等⑩	2012	美国	718	65 岁以上	主观	客观+主观

① McMorris O, Villeneuve P J, Su J, et al. Urban greenness and physical activity in a national survey of Canadians[J]. Environmental research, 2015, 137: 94 - 100.

② Gao J, Fu H, Li J, et al. Association between social and built environments and leisure-time physical activity among Chinese older adults-a multilevel analysis[J]. BMC public health, 2015, 15(1): 1317.

③ Kolbe-Alexander T L, Pacheco K, Tomaz S A, et al. The relationship between the built environment and habitual levels of physical activity in South African older adults: a pilot study[J]. BMC public health, 2015, 15(1): 518.

④ Cain K L, Millstein R A, Sallis J F, et al. Contribution of streetscape audits to explanation of physical activity in four age groups based on the Microscale Audit of Pedestrian Streetscapes(MAPS)[J]. Social Science & Medicine, 2014, 116: 82 - 92.

⑤ Van Holle V, Van Cauwenberg J, Van Dyck D, et al. Relationship between neighborhood walkability and older adults' physical activity: results from the Belgian Environmental Physical Activity Study in Seniors(BEPAS Seniors)[J]. International Journal of Behavioral Nutrition and Physical Activity, 2014, 11(1): 110.

⑥ Cerin E, Lee K, Barnett A, et al. Objectively-measured neighborhood environments and leisure-time physical activity in Chinese urban elders[J]. Preventive Medicine, 2013, 56(1): 86 - 89.

⑦ Saito Y, Oguma Y, Inoue S, et al. Environmental and individual correlates of various types of physical activity among community-dwelling middle-aged and elderly Japanese[J]. International journal of environmental research and public health, 2013, 10(5): 2028-2042.

⑧ Kramer D, Maas J, Wingen M, et al. Neighbourhood safety and leisure-time physical activity among Dutch adults: a multilevel perspective[J]. International journal of behavioral nutrition and physical activity, 2013, 10: 11.

⑨ Hoehner C M, Ribeiro I C, Parra D C, et al. Physical activity interventions in Latin America: expanding and classifying the evidence[J]. American journal of preventive medicine, 2013, 44(3): e31 - e40.

⑩ Carlson J A, Sallis J F, Conway T L, et al. Interactions between psychosocial and built environment factors in explaining older adults' physical activity[J]. Preventive medicine, 2012, 54(1): 68 - 73.

续表

作者	年份	国家/地区	样本量	被试年龄	PA 测量方法	BE 测量方法
Tsunoda 等①	2012	日本	421	65 岁以上	主观	主观
Corseuil 等②	2012	巴西	1656	60 岁以上	主观	主观
Cauwenberg 等③	2012	比利时	48879	60 岁以上	主观	客观
Hanibuchi 等④	2011	日本	9414	65 岁以上	主观	客观
Gómez 等⑤	2010	哥伦比亚	1966	60 岁以上	主观	客观
Wang 等⑥	2010	美国	114	65 岁以上	主观	客观
Salvador 等⑦	2009	巴西	385	60 岁以上	主观	主观
Sugiyama 等⑧	2008	英国	286	65 岁以上	主观	主观
Nagel 等⑨	2008	美国	546	65 岁以上	主观	客观
Berke 等⑩	2007	美国	936	65 岁以上	主观	客观
Huang 等⑪	2018	中国/台湾	2904	65 岁以上	主观	主观

① Tsunoda K, Tsuji T, Kitano N, et al. Associations of physical activity with neighborhood environments and transportation modes in older Japanese adults[J]. Preventive medicine, 2012, 55(2): 113-118.

② Weber Corseuil M, Hallal P C, Xavier Corseuil H, et al. Safety from crime and physical activity among older adults: a population-based study in Brazil[J]. Journal of environmental and public health, 2012.

③ Van Cauwenberg J, Clarys P, De Bourdeaudhuij I, et al. Physical environmental factors related to walking and cycling in older adults: the Belgian aging studies[J]. BMC public health, 2012, 12(1): 142.

④ Hanibuchi T, Kawachi I, Nakaya T, et al. Neighborhood built environment and physical activity of Japanese older adults: results from the Aichi Gerontological Evaluation Study (AGES)[J]. BMC public health, 2011, 11(1): 657.

⑤ Gómez L F, Parra D C, Buchner D, et al. Built environment attributes and walking patterns among the elderly population in Bogotá[J]. American journal of preventive medicine, 2010, 38(6): 592-599.

⑥ Wang Z, Lee C. Site and neighborhood environments for walking among older adults[J]. Health & Place, 2010, 16(6): 1268-1279.

⑦ Salvador E P, Reis R S, Florindo A A. A prática de caminhada como forma de deslocamento e sua associação com a percepção do ambiente em idosos[J]. Revista Brasileira de Atividade Física & Saúde, 2009, 14(3): 197-205.

⑧ Sugiyama T, Thompson C W. Associations between characteristics of neighbourhood open space and older people's walking[J]. Urban forestry & urban greening, 2008, 7(1): 41-51.

⑨ Nagel C L, Carlson N E, Bosworth M, et al. The relation between neighborhood built environment and walking activity among older adults[J]. American journal of epidemiology, 2008, 168(4): 461-468.

⑩ Berke E M, Koepsell T D, Moudon A V, et al. Association of the built environment with physical activity and obesity in older persons[J]. American journal of public health, 2007, 97(3): 486-492.

⑪ Huang N C, Kung S F, Hu S C. The relationship between urbanization, the built environment, and physical activity among older adults in Taiwan[J]. International journal of environmental research and public health, 2018, 15(5):836.

续表

作者	年份	国家/地区	样本量	被试年龄	PA 测量方法	BE 测量方法
Zhou 等①	2017	中国	3094	55 岁以上	客观	客观
Timmermans 等②	2016	荷兰	247	65 岁以上	客观	客观
Ribeiro 等③	2015	葡萄牙	532	65 岁以上	主观	客观
Mcmorris 等④	2015	加拿大	18474	60 岁以上	主观	主观
Gao 等⑤	2015	中国	2783	60 岁以上	主观	主观

三、体力活动与建成环境相关性研究

早在 20 世纪 80 年代，研究人员已经开始探讨体力活动与健康的关联，此后的相关研究逐渐将体力活动作为中间载体，进而研究建成环境与健康之间的关系。近年来，国外众多学者从不同的领域和视角对体力活动与建成环境相关性进行了研究，尝试探索建成环境与不同群体居民体力活动之间的关系，提出了诸如"设计下的积极性生活""城市精明增长"等有利于促进居民体力活动的城市空间营造理论，并对其进行实证研究。

2004 年，美国的 Salli、澳大利亚的 Owen 等人共同发起并创建了国际体力活动与环境网(IPEN)，致力于增进体力活动与相关环境研究人员之间的交流与合作，促进体力活动与环境的相关性研究等⑥。目前，IPEN 会员国包含的国家和地区有美国、澳大利亚、比利时、丹麦、英国、中国香港等。我国大陆地区有关建成环

① Zhou P, Grady S C, Chen G. How the built environment affects change in older people's physical activity: a mixed-methods approach using longitudinal health survey data in urban China[J]. Social Science & Medicine, 2017, 192: 74-84.

② Timmermans E J, Schaap L A, Visser M, et al. The association of the neighbourhood built environment with objectively measured physical activity in older adults with and without lower limb osteoarthritis[J]. BMC public health, 2016, 16(1): 710.

③ Ribeiro A I, Pires A, Carvalho M S, et al. Distance to parks and non-residential destinations influences physical activity of older people, but crime doesn't: a cross-sectional study in a southern European city[J]. BMC public health, 2015, 15(1): 593.

④ McMorris O, Villeneuve P J, Su J, et al. Urban greenness and physical activity in a national survey of Canadians[J]. Environmental research, 2015, 137: 94-100.

⑤ Gao J, Fu H H, Li J, et al. Association between social and built environments and leisure-time physical activity among Chinese older adults-a multilevel analysis[J]. BMC public health, 2015, 15(1): 1-11.

⑥ 刘建军，陈佩杰，何晓龙. 国际体力活动与建成环境网学术信息[J]. 中国运动医学杂志，2015，34(1)：91-95.

境与体力活动关系领域的研究起步较晚，与 IPEN 之间缺少交流合作。相关研究人员为数不多，主要集中于公共卫生与预防医学、城市规划与设计和运动健康促进等领域。

近年来，国内外部分学者将国外相关领域的研究成果和城市规划介绍到中国，为后续体力活动建成环境领域的研究奠定了良好的基础。2010 年开始，该领域的研究逐渐达到高峰，迄今已有多项课题获得国家社科（自然）基金项目立项（见表 1.10）。

表 1.10　体力活动建成环境领域国家基金项目

立项时间	负责人	项目名称	立项单位	项目类型
2010 年	韩西丽	城市邻里空间特征对儿童感知与户外体力活动的作用机制	北京大学	国家自然科学基金
2010 年	吕筠	杭州市城区建成环境对成人休闲性体力活动的影响	北京大学	国家自然科学基金
2013 年	庄洁	城市青少年体力活动保护的空间安全格局理论与 GIS 平台框架研究	上海体育学院	国家社会科学基金
2015 年	王竹影	基于 GIS 技术的城市建成环境与老年人休闲性体力活动时空特征研究	南京师范大学	国家社会科学基金
2016 年	蔡玉军	我国儿童少年身体活动促进中的体育资源优化配置研究	上海体育学院	国家社会科学基金
2016 年	贺刚	城市儿童户外体力活动空间“热点”分析及其建成环境影响因素研究	首都体育学院	国家社会科学基金
2017 年	谢冬兴	我国绿道体育场域、空间行为及其区域文化生态研究	广东工业大学	国家社会科学基金
2018 年	庄洁	体育健身环境对儿童青少年体质及身体活动水平影响的队列研究	上海体育学院	国家社会科学基金

这一期间，上海体育学院和广州体育学院共建“体力活动 · 中国研究院”，针对体力活动与建成环境关系进行了深入探讨。陈佩杰向国内运动健康促进领域系统地介绍体力活动建成环境领域的研究内容和研究进展；翁锡全介绍了城市空间形态演变对居民体力活动的影响，并对其相关干预政策进行了阐述；张莹介绍了国内外体力活动及其相关环境研究背景，并分析了体力活动相关环境领域的研究视角与贡献；陈庆果、温煦总结相关研究成果，探究各种建成环境要素与休闲体力活动和交通性体力活动的相关性，为后续研究提供依据；贺刚应用 GIS 技术对香港儿童体力活动与住所周围建成环境进行初步研究；鲁斐栋阐明了体力活动建成环境领域研究中存在的问题与挑战，并为构建主动式健康干预人居环境提供了理论借鉴；何晓龙基于 GIS 客观测量探讨了建成环境因素对儿童青少年中高强度体力活动的

影响;全明辉基于 GPS 和加速度计对儿童青少年体力活动空间特征进行追踪研究,并建议应多围绕小区及其周边对儿童青少年体力活动进行干预。

1. 儿童青少年体力活动与建成环境

世界卫生组织在 *Global Recommendations on Physical Activity for Health* 中指出[①],5~17 岁儿童青少年每天应当至少进行 60 分钟中等到大强度的体力活动,然而,许多国家调查表明绝大部分青少年未达到 WHO 的推荐指标。目前,多数的观点认为儿童青少年体力活动受个体因素、家庭因素、社会因素和建成环境因素的共同影响。

众多学者对儿童青少年体力活动与建成环境的相关性进行了研究。McCrorie 等综述了结合全球定位系统(GPS)、地理信息系统(GIS)和加速度计测量的研究,研究区域主要为发达国家(英国、美国、加拿大、新西兰和澳大利亚等)。研究结果表明,青少年总体力活动(total PA)和中到大强度体力活动(MVPA)与道路、学校场地、家庭位置相关[②]。Kurka 等利用加速度计对美国两个地区 678 名儿童的中到大强度体力活动进行了测量,同时采用社区步行环境量表向家长们或儿童监护人询问社区环境感知情况。探究街道连接性、美观、犯罪、交通安全、行人基础设施和娱乐/公园可达性等与儿童中到大强度体力活动之间的关系[③]。Oreskovic 等让 11~14 岁青少年佩戴加速度计(Actigraph GT3X)和全球定位系统接收器(QStarz BT-Q1000XT)两周,以记录体力活动水平及其空间位置,结果表明,与在家相比,青少年在学校、街道、公园和游乐场更有可能进行身体活动,达到较高的体力活动水平[④]。何晓龙等选取上海市杨浦区的 297 名儿童青少年佩戴加速度计 7 天测量其中高强度体力活动,基于 GIS 客观测量探索交叉路口密度、通勤距离、小区周边绿化、学校周边绿化、健身场所、开敞空间分布等建成环境因素对儿童青少年 MVPA 的影响[⑤]。

部分发达国家(美国、澳大利亚、加拿大等)研究中显示,与青少年体力活动(步行、骑行)呈正相关的是高土地混合利用率、街道树木数量和学校交通政策,而道路

① World Health Organization. Global recommendations on physical activity for health[Z]. Geneva: World Health Organization, 2010.

② McCrorie P R W, Fenton C, Ellaway A. Combining GPS, GIS, and accelerometry to explore the physical activity and environment relationship in children and young people-a review[J]. International Journal of Behavioral Nutrition and Physical Activity, 2014, 11(1): 93.

③ Kurka J M, Adams M A, Todd M, et al. Patterns of neighborhood environment attributes in relation to children's physical activity[J]. Health & place, 2015, 34: 164-170.

④ Oreskovic N M, Perrin J M, Robinson A I, et al. Adolescents' use of the built environment for physical activity[J]. BMC public health, 2015, 15(1): 251.

⑤ 何晓龙,庄洁,朱政,等.影响儿童青少年中高强度体力活动的建成环境因素——基于 GIS 客观测量的研究[J].体育与科学,2017,38(1):101-110,51.

障碍、至学校道路坡度、犯罪感知、交通安全等与之呈负相关。其中，加拿大学龄儿童主动性交通，与住所距学校道路较短（OR＝0.5，95％CI＝0.4～0.7）、土地混合利用较高（OR＝2.9，95％CI＝1.6～5.1）、街道路边树的存在（OR＝1.3，95％CI＝1.0～1.6）和高居住密度（OR＝0.3，95％CI＝0.1～0.5）呈正相关。

目前，学者们对于建成环境具体因素与儿童青少年体力活动相关性尚未达成共识。如 Carver 等通过对 188 名儿童和 346 名青少年的横断面研究认为，住所周围道路长度及交通灯数量与青少年的步行/骑行次数呈正相关①；但 Carver 等的后续追踪研究表明，住所周围道路长度与儿童青少年中到大强度体力活动时间下降呈正相关②。贺刚等基于 GIS 客观测量对香港儿童体力活动与住所周围建成环境进行了研究，结果显示，长道路组与短道路组间加速度计及问卷测量的体力活动均未见差异③。此外，也有研究报道连通性好的街道，儿童青少年体力活动水平反而减少，这可能与连通性好的街道车流量较多，反而影响儿童青少年进行休闲体力活动有关。

2. 成人体力活动与建成环境

体力活动不足已经成为成年人患非传染性慢性疾病的重要原因。流行病学研究表明，缺乏运动的生活方式使得成年人患肥胖症、糖尿病、心血管疾病和其他慢性疾病的风险增高。成年人需要从事一定的职业活动和家务劳动，其交通性体力活动和休闲性体力活动与儿童青少年相比也有差别。因此，建成环境对儿童青少年、成年人的影响不尽相同。多项研究表明，成年人步行体力活动与住房类型、土地混合利用、居住密度、街道连通性、开放空间水平等环境因素有关；成年人骑行体力活动与专门的骑行路线、与其他交通隔离的自行车道、人口密度、交通安全、道路坡度等相关。

居住密度。Greenwald 发现，步行频率与人口密度存在正相关关系④；Coogan 等研究发现，成年妇女移居到人口密度增加的地区，她们每周用于交通和娱乐的步行时间也有所增加⑤。Boarnet 研究显示，就业密度与步行距离之间存在显著的正

---

① Carver A, Timperio A F, Crawford D A. Neighborhood road environments and physical activity among youth: the CLAN study[J]. Journal of Urban Health, 2008, 85(4): 532.

② Carver A, Timperio A, Hesketh K, et al. Are safety-related features of the road environment associated with smaller declines in physical activity among youth? [J]. Journal of Urban Health, 2010, 87(1): 29 - 43.

③ 贺刚，黄雅君，王香生，等. 香港儿童体力活动与住所周围建成环境：应用 GIS 的初步研究[J]. 中国运动医学杂志，2015，34(5)：431 - 436.

④ Greenwald M J, Boarnet M G. Built environment as determinant of walking behavior: Analyzing nonwork pedestrian travel in Portland, Oregon[J]. Transportation research record, 2001, 1780(1): 33-41.

⑤ Coogan P F, White L F, Adler T J, et al. Prospective study of urban form and physical activity in the Black Women's Health Study[J]. Am J Epidemiol, 2009, 170(9): 1105 - 1117.

相关①。

可步行性。Grasser 等研究认为社区可步行性(neighborhood walkability)与成年人交通性体力活动呈正相关②。Greenwald 等人发现,由街道可穿越性、人行道连续性、街道连通性和地形组成的综合指数与步行相关。Sallis 发现由土地混合利用、街道连通性、居住密度、零售网点密度组合而成的步行指数,与交通性体力活动呈正相关,但与休闲性步行无明显相关性。

街道连通性。部分研究发现,街道连通性与成年人体力活动呈正相关,如 Boarnet 发现,人口普查区间的街道交叉口数量与交通距离呈正相关;Chattman 等发现,十字路口数量与非工作性步行/骑行次数呈正相关。与这些横断面研究(cross-sectional study)相反,Wells 和 Yang③ 使用纵向研究数据发现,搬到社区死胡同(culs-de-sac)较少的地方女性体力活动更少,表明街道连通性与体力活动之间存在负相关。

土地利用混合度。Handy 发现,在 800 米缓冲区内各类企业的数量与步行到商店的频率呈正相关;中到大强度体力活动与步行/骑行的频率与缓冲区内不同商业类型的数量呈正相关。Cao 等发现,至最近商店的距离与每月至附近商店的频率呈负相关④;Cao 等发现,步行和骑行的频率与缓冲区内的商业类型数量呈正相关。部分研究发现至目的地距离和体力活动之间呈负相关关系,但与之相反,Handy 等研究发现,至最近银行和医疗机构的距离与步行距离呈正相关⑤。

步行/骑行基础设施。MacBeth⑥ 研究发现,骑行基础设施改善后(增加标志物、速度限制),日常自行车的交通量增加了;此外,Painter⑦ 发现,街区安装街道照明设施之后,街道夜间行人数量增加了。然而,也有部分研究显示,步行/骑行基础

① Boarnet M G, Greenwald M, McMillan T E. Walking, urban design, and health: toward a cost-benefit analysis framework[J]. Journal of Planning Education and Research, 2008, 27(3): 341-358.

② Grasser G, Van Dyck D, Titze S, et al. Objectively measured walkability and active transport and weight-related outcomes in adults: a systematic review[J]. International journal of public health, 2013, 58(4): 615 - 625.

③ Wells N M, Yang Y. Neighborhood design and walking: a quasi-experimental longitudinal study[J]. American journal of preventive medicine, 2008, 34(4): 313 - 319.

④ Cao X, Mokhtarian P L, Handy S L. No particular place to go: an empirical analysis of travel for the sake of travel[J]. Environment and Behavior, 2009, 41(2): 233 - 257.

⑤ Handy S, Cao X, Mokhtarian P L. The causal influence of neighborhood design on physical activity within the neighborhood: evidence from Northern California[J]. Am J Health Promot 2008, 22(5):350 - 358.

⑥ Macbeth A G. Bicyle lanes in Toronto[J]. Ite Journal, 1999, 69(4):38-40, 46.

⑦ Painter K. The influence of street lighting improvements on crime, fear and pedestrian street use, after dark[J]. Landscape & Urban Planning, 1996, 35(2-3):193-201.

设施与体力活动之间没有明显相关性。例如，Meurs 等发现，每周步行/骑行的人数都不会随着街道特征的变化而变化，新路径的增加没有增进、增加居民体力活动①。步行/骑行基础设施导致体力活动的增加可能与建成环境类型的属性、建成环境改善的程度等因素有关。

3. 老年人体力活动与建成环境

随着社会和经济的发展，人口老龄化已成为全球性的社会问题，目前，世界上已有 1/3 的国家和地区步入老年型国家行列。伴随着人口老龄化和城市化进程的快速推进，城市老年人的居住环境也面临着人口密度高、交通拥挤、健身休闲场地设施严重不足等挑战。由于老年人的体力活动主要集中于社区及其周边环境，因此城市社区建成环境对老年人显得尤为重要。

到目前为止，许多研究已经确定了几种与老年人体力活动相关的建成环境因素，包括社区可步行性。步行是老年人尤其是高龄老年人最为重要的体力活动类型，街道连通性、住宅密度和土地利用混合度越高，老年人体力活动水平也随之增高。Nyunt 等利用 GPS 和 GIS 获得老年人体力活动及其建成环境数据，探究两者之间的关系，结果显示，土地利用混合度与新加坡老年人的体力活动呈显著相关，老年人体力活动在加强社区发展（OR＝0.95，95％CI＝0.44～1.46）、培育社区吸引力（OR＝0.16，95％CI＝0.11～0.21）、利用紧凑型建筑设计（OR＝1.07，95％CI＝0.58～1.57）后显著增加②。Inoue 和 Nathan 调查了社区可步行性与老年人体力活动之间的关系，结果显示距健身设施较近的老年人的步行体力活动更高。但也有研究发现，社区可步行性与老年人体力活动呈负相关，具体来说，邻里建成环境可能有利于休闲性体力活动，但不会增加老年人的步行时间③。

调查显示，环境安全与老年人体力活动具有相关性，居民对犯罪率的畏惧严重束缚了老年人的体力活动行为，与生活在低犯罪率社区的老年人相比，生活在高犯罪率社区的老年人休闲性体力活动水平较低④。目的地可达性与老年人体力活动也具有相关性，便捷的健身场所、商业场所可能会增加老年人体力活动水平。有研究认为，美学感与老

① Meurs H, Haaijer R. Spatial structure and mobility[J]. Transportation Research Part D: Transport and Environment, 2001, 6(6): 429-446.

② Nyunt M S Z, Shuvo F K, Eng J Y, et al. Objective and subjective measures of neighborhood environment(NE): relationships with transportation physical activity among older persons[J]. International journal of behavioral nutrition and physical activity, 2015, 12(1): 108.

③ Hanibuchi T, Kawachi I, Nakaya T, et al. Neighborhood built environment and physical activity of Japanese older adults: results from the Aichi Gerontological Evaluation Study (AGES)[J]. BMC public health, 2011, 11(1): 657.

④ Yang W, Spears K, Zhang F, et al. Evaluation of personal and built environment attributes to physical activity: a multilevel analysis on multiple population-based data sources[J]. Journal of obesity, 2012(3).

年人体力活动之间没有相关性，但也有研究指出，美学感知对老年人休闲性体力活动具有促进作用①。此外，土地利用混合度是影响老年人体力活动的一个重要因素，部分研究认为老年人体力活动水平随土地利用混合度的升高而增加。

① Meng S, Tan Y Y, Liu Q M, et al. Association between perceived urban built environment attributes and leisure-time physical activity among adults in Hangzhou, China[J]. Preventive Medicine, 2014, 66(9):60-64.

第二章

理论基础与研究假设

第一节 理论基础

一、社会生态学模型:强调多层次因素的影响

研究城市建成环境与体力活动之间的关系,会涉及研究模型问题。早期相关的研究和干预措施是建立在心理学和行为学理论基础之上的,但效果并不显著,因此不同学科的研究人员开始探索更为有效的理论模型。1936 年,Lewin 最早提出了生态学模型的理念雏形,描述外部环境对人的影响。Baker 历经长期社会实践发展了该模型,他认为行为背景(社会环境和物质环境)与心理状态和行为的关系密切。Bronfenbrenner 将个体外在因素分为接近个体的微观系统和远离个体的宏观系统两个水平,其中,个体内在(人的)水平包括个体属性、态度等,个体外部(环境)水平包括地理环境、政治、社会和文化背景等。1979 年,Bronfenbrenner 在其著作 *The ecology of Human Development: Experiments by Nature and Design* 中又提出了新见解,从宏观、中观和微观多个层面来分析个体与环境之间的相互作用关系,为他在 20 世纪 80 年代确立正式的理论框架——生态系统理论奠定了坚实的基础[①]。之后许多相关研究都建立在该模型上,并都致力于探索建成环境与体力活动之间的关系。

1992 年,Stokols 吸取行为选择理论、人与健康适应理论、社区健康促进理论

① 韩会君,陈建华.生态系统理论视域下青少年体育参与的影响因素分析[J].广州体育学院学报,2010,30(6):16-20.

和健康生物心理社会学模式等理论观点，提出了健康促进研究的社会生态学模型，关注人在社会、不同文化背景下与外界因素的互动关系。1998 年，Corti 提出了改进后影响体力活动的社会生态模型；同年，McLeroy 将生态学引入公共健康领域，研究指出生态学模型的 5 个水平，包括个体水平、人际水平、机构水平、社区水平和公共政策。2003 年，Pikora 等①在此基础上进一步完善，该模型包括影响体力活动的个体因素、社会环境因素、运动习惯、实体环境因素等(见图 2.1)。2005 年，Zimring 等②综合前人的研究建立了一个新的社会生态模型，该模型包括影响体力活动的个人因素、社会/组织因素、物质环境因素(见图 2.2)。上述研究为探索建成环境与体力活动之间的关系提供了理论框架。

与 Corti、Pikora 的模型相比，Zimring 的模型更为简洁，加之后者的环境尺度分为城市环境、地区环境、建设环境、建筑构成要素设计，在实际应用中更容易操

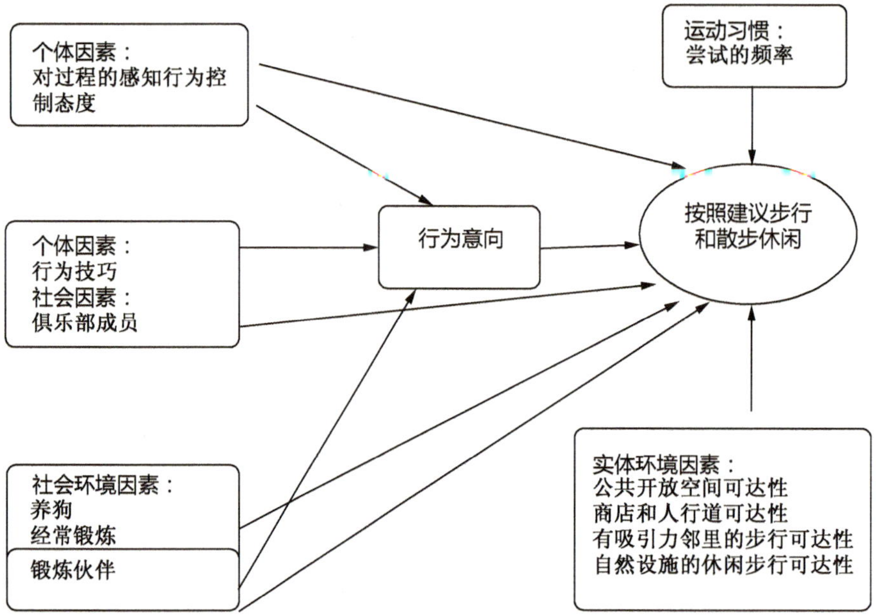

图 2.1　Pikora 提出的影响体力活动的社会生态模型

① Pikora T, Giles-Corti B, Bull F, et al. Developing a framework for assessment of the environmental determinants of walking and cycling[J]. Social science & medicine, 2003, 56(8): 1693-1703.

② Zimring C, Joseph A, Nicoll G L, et al. Influences of building design and site design on physical activity: research and intervention opportunities[J]. American journal of preventive medicine, 2005, 28(2): 186-193.

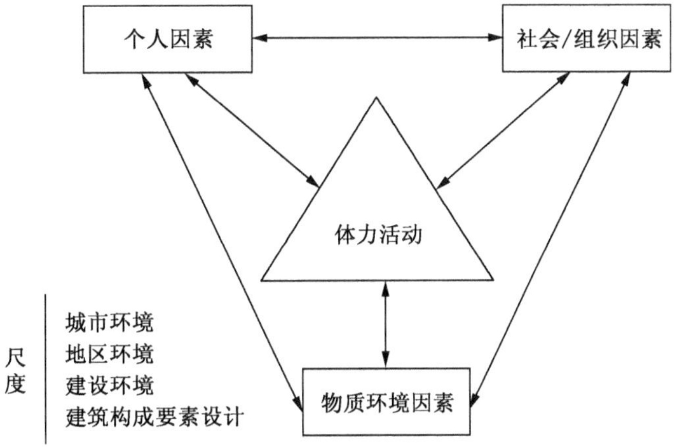

图 2.2　Zimring 提出的影响体力活动的社会生态模型

作,因此,该模型得到了广泛运用。2005 年,Ewing① 初次尝试运用客观的方法来研究城市形态与体力活动、健康之间的关系,提出以休闲、交通、工作、家务四种体力活动作为中介变量,城市环境因素对体力活动、人体健康影响的模型(见图 2.3)。

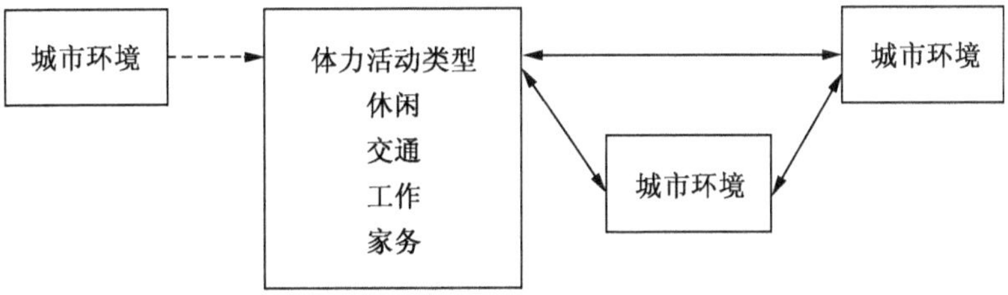

图 2.3　城市环境与体力活动、健康之间建立和推测的关系

2005 年,Rutt 基于精确的数据构建环境、身体活动和身体质量指数(BMI)之间的关系,将城市社区范围健康调查的数据与 ARCVIEW 软件中使用地理编码技术的环境数据相匹配。共有 996 名成年人接受了电话调查,452 名成功地进行了地理编码。在该研究中,考虑到不同变量之间的相互作用,Rutt 采用结构方程模型分析同一模型构件中各指标变量间相互关系的优点(见图 2.4),将个体的社会经济地位(SES)作为控制变量,分析得出土地利用混合度这一变量对 BMI 的单独作用($r=0.13$)。

① Ewing R. Can the physical environment determine physical activity levels? [J]. Exercise and sport sciences reviews, 2005, 33(2): 69-75.

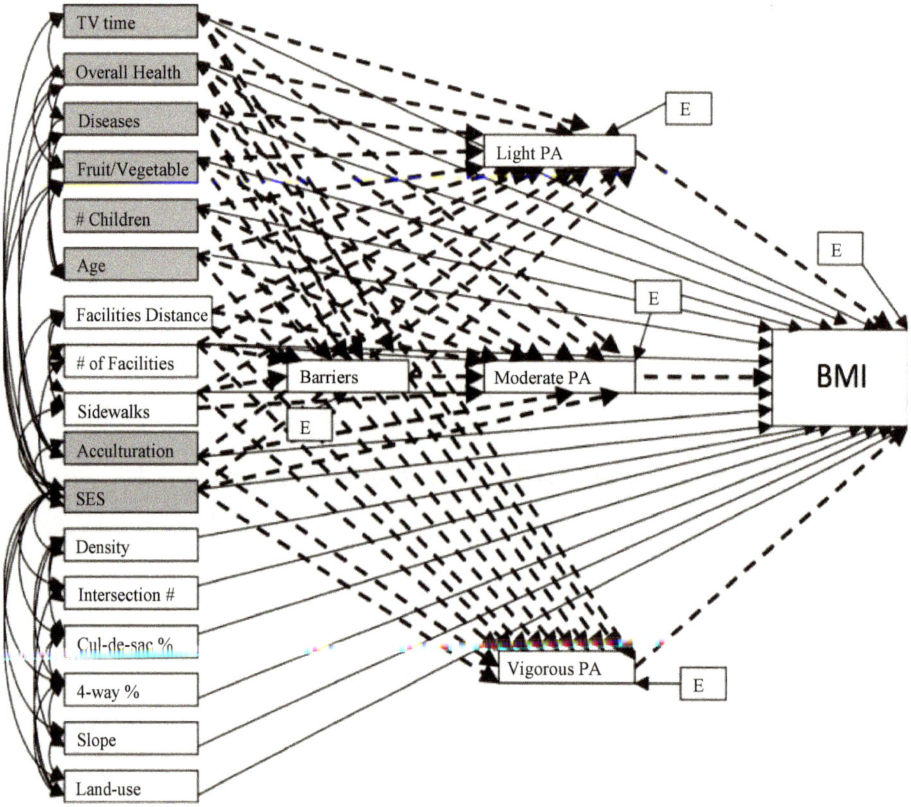

图 2.4　BMI 的结构方程(SEM)最终模型示意图

同一时期,Sallis 等[①②]在 McLeroy 和 Stokols 理论的基础上,将社会生态学模型运用到体力活动干预领域,对体力活动与政策、社会环境、物质环境、个人等因素进行系统研究,得出结论:体力活动受多层次因素直接或间接的影响。随着研究的深入,社会生态学模型的发展逐渐成熟,体力活动的影响因素主要包括:(1) 政策环境(如人行道要求和标准、公园预算和设计标准、私人设施税收、区域发展规范、交通资金、道路设计标准);(2) 建成环境(如公园及路径、私人娱乐设施、绿化和美学、适于步行的社区设计、行人和自行车设施、居家设计、建筑设计、工作场所的位置);(3) 社会/文化环境(如社会支持、社会规范、大众媒体);(4) 体力活动领域(如

① Sallis J F, Owen N. Physical activity and behavioral medicine[M]. Thousand Oaks, CA: Sage, 1999.

② Sallis J F, Floyd M F, Rodríguez D A, et al. Role of built environments in physical activity, obesity, and cardiovascular disease[J]. Circulation, 2012, 125(5): 729 - 737.

家务、休闲、交通、职业)；(5) 个体水平(如生物、心理、技能)(见图 2.5)。并成为"Institute of Medicine Report on Health and Behavior""Move for Health""National Physical Activity Plan" [①]"A European framework to promote physical activity for health""Healthy People 2020"等各国体力活动研究项目的指导依据和实施基础。

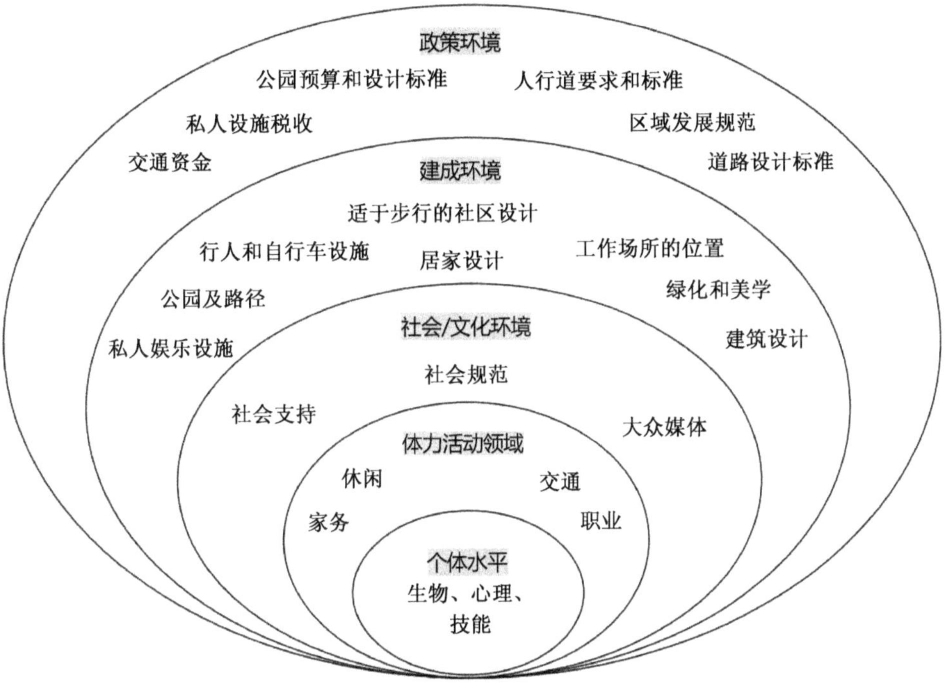

图 2.5 体力活动领域的社会生态学模型

社会生态学模型理论认为:(1) 影响体力活动的主要因素有个体因素、社会文化因素、物质环境因素等,其中个体因素包括认知、情感、心理、知识、价值观等,社会文化因素包括社会、学校、家庭、公共政策等,物质环境因素包括地理区位、居住环境、设施场地等;(2) 影响体力活动行为的各种因素之间具有交互作用,彼此影响且不断变化;(3) 人是整个社会生态系统的一个组成部分,既可以以个体形式存在,又可以以家庭、社区等形式存在,因而环境对人的行为影响是多层次的[②]。作

① National Physical Activity Plan Alliance. The 2014 united states report card on physical activity for children & youth [R]. Columbia: National Physical Activity Plan Alliance, 2014.

② 陈培友,孙庆祝.青少年体力活动促进的社会生态学模式构建——基于江苏省中小学生的调查[J].上海体育学院学报,2014,38(5):79-84.

为一种多水平视角的理论范式和组织框架，在过去 30 多年中，社会生态学理论模型被较为广泛地运用到预防慢性疾病、控制烟草、促进不同人群体力活动等领域，并取得了一定的效果。通过对社会生态学模型的分析，认为老年人的户外体力活动受到城市建成环境诸要素的交互影响，对城市建成环境诸要素的干预可能会增加老年人的户外体力活动。

二、环境行为理论：关注环境与人之间的关系

近半个世纪以来，人类过度开发环境的问题日益严重，为探讨环境问题的社会根源，学界尝试构建环境与人之间的关系模式和社会价值观范式，环境行为相关研究逐渐凸显出来。国外在环境政策的制定、环境态度的改变、环境教育等方面取得了较为丰硕的研究成果①②③。国内相关研究起步较晚，主要成果集中于环境教育等方面。目前，很多高校都开设了环境行为学及其相关课程，环境行为理论逐渐渗透到规划学、建筑学及其相关学科的研究与事件中。

环境行为学是研究人与周围各种尺度的物质环境之间关系与相互作用的科学，环境行为理论是环境行为学的基础理论。环境行为学注重环境系统与人的系统之间的关系，同时对环境和人的外显行为两方面进行研究。环境行为学探究决定物质环境性质的要素，并研究人在物质环境中的活动以及人对物质环境的反应，通过环境规划设计等手段，改善人类的生存环境。环境行为学是多学科交叉的研究领域，内容涉及环境社会学、社会地理学、人体工程学、设计学、建筑学、城市规划学、景观学、环境心理学等诸多学科。它涵盖心理、社会、文化等与环境和行为有关的研究，追求环境与行为的辩证统一，关注改善人类的生存环境、提高人的生活品质。1987 年，Moore④ 从场所、使用者、社会行为现象三个方面，建立了环境行为学研究框架，并导入时间这一变量，认为场所、使用者、社会行为现象的设计、建设、评价、研究、政策制定的过程在时间上不断循环与发展。

环境行为学认为，行为必然发生在相应的环境脉络之中，与外在的自然、地理、

① Poortinga W, Steg L, Vlek C. Values, environmental concern and environmentally significant behaviour: a study into household energy use[J]. Environment & Behavior, 2004, 36(1):70 - 93.

② Tanner C, Kast S W. Promoting sustainable consumption: determinants of green purchases by Swiss consumers[J]. Psychology & Marketing, 2010, 20(10):883 - 902.

③ Hawthorne M, Alabaster T. Citizen 2000: development of a model of environmental citizenship[J]. Global Environmental Change, 1999, 9(1):25 - 43.

④ Moore G T. Environment and behavior research in North America: History, developments, and unresolved issues[M]//Stokols D, Altmani. Handbook of environmental psychology. New York: John Wiley and Sons, 1987:1359 - 1410.

政治、经济、文化等环境有着密切联系而形成一定的行为模式。为此，Lewin 建立了人与环境的行为公式 $B=f(P,E)$，即人与环境的共同作用导致了人们在某时某地的行为。其中，B 指行为(behavior)，P 指人(person)，E 指影响人们行为的外在环境(environment)。在一定环境下，人们的正常流动大致分为以下四种类型：(1) 目的性较强的移动，如上学、通勤，平均步行速度约为 80～150 m/min；(2) 伴随其他行为目的的随意运动，如逛公园、购物，平均步行速度约为 40～80 m/min；(3) 移动本身即为行为目的，如散步、郊游等，平均步行速度约为 50～70 m/min；(4) 移动暂时处于停滞状态，如休息、下棋，平均步行速度为 0。

作为环境行为学的基础理论，环境行为理论主要有三种观点：(1) 环境决定论。该观点认为环境决定人的行为，要求人以特定的方式来行动。此观点的缺陷是认为个人仅仅是被动的存在，忽视人本身的欲望和需求及选择、完善环境的能动性。(2) 相互作用论。该观点认为环境和人是客观独立的两极，行为是内在有机体与外在社会环境之间相互作用的结果。人与环境的相互作用会导致某种结果的产生，变化就是由分离的人与环境之间的相互作用引起的。需要强调的是相互作用论比环境决定论更为完善，明确指出人不仅能够被动地适应环境，还能够主动地选择、完善周边的生存环境，提高人的生活品质。(3) 相互渗透论。该观点认为人与环境是一个整体，彼此依存、不可分割，人类不仅能选择、完善周边的环境，还可能较大程度地改变环境的性质和意义。基于人与环境的整体性和研究对象所具有的个别性、固有性，在研究中还得关注对个案的记述和解释①。

环境行为理论关注环境与人的外显行为之间的关系与相互作用，它把人和环境看成一个整体，试图用心理学的一些理论、方法来研究人在城市环境中的活动以及人对这些城市环境的反应，并反馈至城市规划设计中去，以改善人们的生存环境。在特定自然环境、社会环境、文化环境的局部范围中进行环境行为研究的同时，还应该以人的角度进行研究，才可能更深刻地理解人与环境之间的内涵，从而为构建人与环境系统提供新的启示。因此，基于环境行为理论的优化设计不仅是提高城市建成环境的有效途径，也是目前迫切需要关注的研究课题。

三、圆锥模型理论：注重个体活动的生活空间差异

个体移动性与老年人健康状况和生活质量密切相关，对老年人就地养老具有重要意义。伴随着居住、商业、休闲等城市功能空间的日益分离，移动性已经成为个体参与建成环境、社会生活等方面的重要条件。与其他人群相比，老年人由于人

① 李斌. 环境行为学的环境行为理论及其拓展[J]. 建筑学报，2008(2)：30－33.

体机能、认知功能等的下降，其个体移动性更容易受到制约，直接关系到他们的生活质量和养老模式。近年来，学界陆续制定了一些与老年人移动性直接或间接相关的概念框架。早期与老年人移动相关的工作主要集中在环境以及人与环境适应的作用方面。1973 年，Lawton 等①开发了一种适应老龄化的生态模式，为检验个体与环境需求互动的能力奠定了理论基础。

1988 年，Carp② 将移动性概念与后期生活的独立、幸福相结合，在这个模型中，移动性被描述成为是否能够满足独立生活需求（如衣、食），以及是否能够满足更高需求（如社会交往、娱乐活动）进而促进幸福。1999 年，Patla 等③提出了“移动连续体”的概念，分析了步行能力与社区可达性之间的关系，并提出了围绕身体和环境因素及其对行走的影响的框架。认为老年人移动的 8 个重要因素是最小步行距离、时间限制、环境条件、地形特征、外部物理载荷、注意力需求、姿势转换和交通水平，虽然这一框架着重于与步行社区相关的因素，但许多因素同样适用于其他形式的交通工具。2005 年，Rose 等提出了一个与老年人相关的平衡与流动的理论框架，这个框架包括考虑个人能力、环境约束和任务需求之间的相互关系，并将该理论借鉴到老年人多维平衡量表的开发中④。

在此基础上，2010 年，Webber 等⑤提出了移动性理论框架的圆锥模型，该框架将不同生活空间内的因素联系起来，其中，生活空间包括个人睡觉的房间，家庭（房屋、公寓、机构等），家庭周围的户外区域（院子、停车场等），邻里（附近的街道或公园等），服务社区（商店、银行和健身设施等），周边地区和世界（见图 2.6）。这些生活空间垂直排列，每层都有共同的影响因子：认知、社会心理、身体、环境和财政。认知类因素包括精神状态、记忆力、信息处理速度和执行功能；社会心理类因素包括自我效能、应对行为、抑郁症、恐惧以及其他影响移动的兴趣或动机；身体类因素包括年龄、视力、反应时间、骨骼、关节等；环境类因素包括自然环境、物理环境等；财政类因素包括家庭收入、经济资源等。根据个人的生活状况，不同因素与老年人

① Eisdorfer C, Lawton M P. The psychology of adult development and aging[J]. American Journal of Sociology, 1973(3).

② Carp F M. Significance of mobility for the well-being of the elderly[J]. Transportation Research Board Special Report, 1988.

③ Patla A E, Shumway-Cook A. Dimensions of mobility: Defining the complexity and difficulty associated with community mobility[J]. Journal of Aging & Physical Activity, 1999, 7(1):7-19.

④ Rose D J, Lucchese N, Wiersma L D. Development of a multidimensional balance scale for use with functionally independent older adults[J]. Archives of Physical Medicine & Rehabilitation, 2006, 87(11): 1478-1485.

⑤ Webber S C, Porter M M, Menec V H. Mobility in older adults: a comprehensive framework[J]. The Gerontologist, 2010, 50(4): 443-450.

移动性具有不同的相关程度。

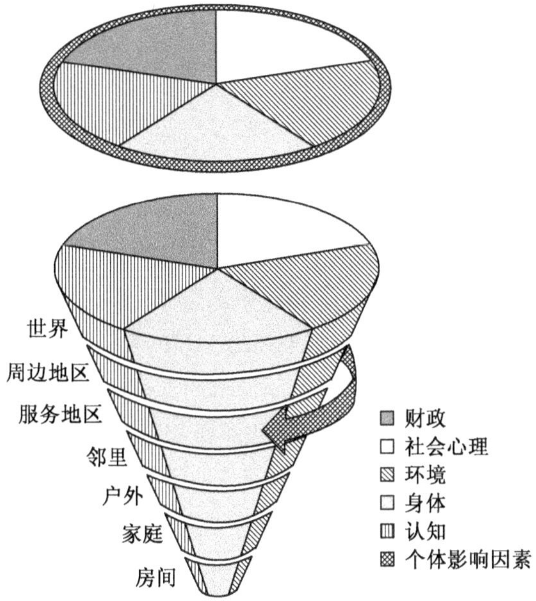

图 2.6　移动性理论框架的圆锥模型

圆锥模型理论的视角更加全面、系统，可充分理解移动的复杂性，因而适用于各类老年人，研究认为所有形式的运动都是有意义的，许多相互关联的因素影响着老年人的移动。移动性的概念化可能会推动新的跨学科研究，从而识别不同移动环境中移动性决定因素之间的复杂交互。从临床角度来看，它提供了更为全面的观点，从而可以促进更有效的评估和治疗实践。同时可以看到，该模型对于各类影响因素的衡量过于简单，在实际研究中需要做出适当调整。

四、时空限制理论：侧重城市空间对行为的制约

20 世纪 60 年代后期，学者们意识到实证主义地理学忽视了人的作用、过分简化空间问题，相关研究逐渐聚焦于强调个体与微观过程的行为学派。历经多年发展，行为学派不断壮大，逐渐形成了强调主观偏好与决策过程的行为地理学和强调客观制约与时空间利用的时间地理学①。

行为地理学发源于西方行为地理学，不同于以往简单统计描述为主的机械实

① 柴彦威. 空间行为与行为空间[M]. 南京：东南大学出版社，2014.

证主义，而是从个体与微观过程角度了解地理空间及其形成。历经 50 余年的发展，在经历了衰退与复兴以后，开始向更加多元的方向发展。行为地理学在不断反思并重新认识自身意义中逐渐成熟，从最初回答“行为在哪里发生”到关注人类行为与环境的互动关系，并最终回归到日常生活空间和现实社会中。相对而言，中国行为地理学研究起步较晚，仍处于传统的经验主义研究为主的阶段，迫切需要汲取西方研究的新思想①。

1970 年，瑞典地理学家、区域科学与区域规划学家 Hägerstrand 及其领导的隆德大学研究小组提出了时间地理学，旨在研究并解释时空间过程中人类行为与客观制约之间的关系②。该理论融合了地理学与社会学知识，将人的行为置于各种时空制约条件下考虑，以不同的视角来解释人地关系；同时，强调对时空间中个体的关注和物质环境、社会环境对个体行为的制约。Hägerstrand 认为，传统研究难以兼顾个体行为决策时所处的时空情境，从而影响整体研究；居民移动行为受到能力制约、组合制约、权力制约，能力制约是指人类活动本身的制约，组合制约是指为从事某种活动不得不与他人(物)共存于某一场所，权力制约是指通过法律、风俗、习惯等把人(物)从特定时空中排除。

在时间地理学基础之上，时空限制理论得到了快速发展。基于时空限制理论视角的居民出行活动研究，能够分析制约居民出行活动的不利因素，为城市规划改善环境、优化制约居民出行活动的不利因素提供依据。可以从不同层面，通过居民时空行为分析了解不同个体、群体日常行为活动对城市建成环境的需求及其对城市建成环境的利用情况，而不同个体、群体间时空行为的差异反映其受到时空制约的差异性。城市建成环境问题、老龄化问题已经成为各国关注的焦点，通过社会学和地理学对城市建成环境与老龄化问题研究视角的对比分析，将时空限制理论引入相关研究中，展望时空限制理论在老年人服务设施的时空管理和老年社区建设等方面的应用前景。历经多年发展，相关时空限制理论的研究内容逐渐成熟，表现在：(1) 在城市空间结构方面呈现出不断发展的趋势；(2) 随着地理信息技术和相关空间分析软件的发展，其研究方法逐渐成熟，时间地理学的研究成果运用到相关研究中，可以运算和处理大量的数据；(3) 早期的研究是以活动日志调查为主，近年来国内外学者开始尝试以 GPS 数据和政府机构的调查数据等作为研究的数据源。

随着行为学派的不断发展，并通过与行为模拟技术、GIS 技术、叙事分析技术

① 柴彦威，塔娜. 中国行为地理学研究近期进展[J]. 干旱区地理，2011，34(1)：1-11.

② Hägerstrand T. What about people in regional science? [J]. Papers in Regional Science，1970，24(1)：7-24.

相结合，逐步实现了与社会学、建筑学、城市规划等学科的交叉，但现有研究主要关注城市空间对行为的制约和影响，对空间与行为之间的相互作用关注较少。鉴于此，2017 年，柴彦威等①从认识论、方法论、实践指导三个方面对“空间—行为互动理论”基础进行梳理，结合基于空间（place-based）的研究范式和基于人（people-based）的研究范式，提出“空间—行为互动理论”构建的基本思路（见图 2.7）。

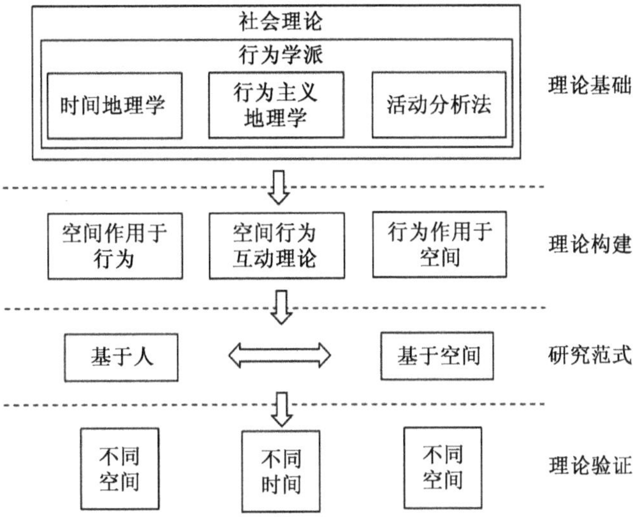

图 2.7　空间—行为互动理论构建的基本设想

空间—行为互动理论为中国城市的空间—行为互动模式的研究指明了方向，进而系统展开行为作用于空间、空间作用于行为两方面的研究，从而推动了基于行为的中国城市空间研究范式的创建。在空间—行为互动理论指导下，中国城市老年人的时空行为研究可围绕以下几个方面进行探索：(1) 研究内容方面，关注从老年人时空行为透视社会公平等问题，探索时空间行为与健康地理等前沿议题；(2) 研究数据方面，将手机、社交网络等城市空间“大数据”与体力活动日志、GPS、加速度计等个人行为“小数据”相结合，为时空间行为提供属性丰富、高时空精度的翔实数据；(3) 研究尺度方面，在空间上进行中西方不同国家时空间行为的比较研究，在时间上结合长期行为与日常活动，分析日常行为模式的累积影响。

① 柴彦威，谭一洺，申悦，等. 空间—行为互动理论构建的基本思路[J]. 地理研究，2017，36(10)：1959-1970.

第二节　研究假设

本书在社会生态学模型等多学科理论及前人所建立的理论模型基础上，结合研究的可行性，提出了老年人户外体力活动相关建成环境理论模型(见图 2.8)。

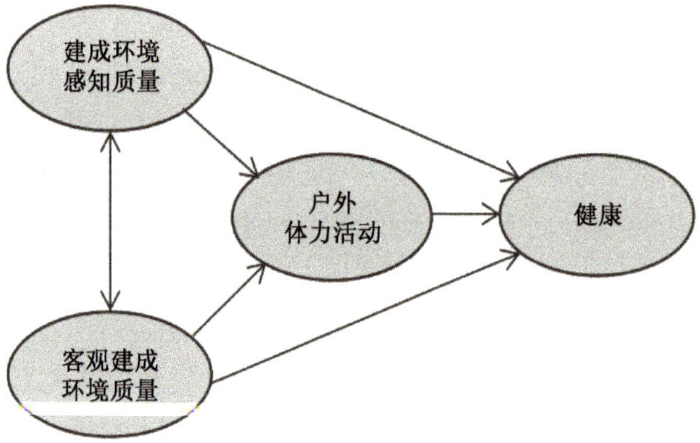

图 2.8　老年人户外体力活动相关建成环境理论模型

根据本研究理论模型，研究假设如下：

H1(假设 1)：建成环境感知对户外体力活动、健康起促进作用。

H2(假设 2)：客观建成环境对户外体力活动、健康起促进作用。

H3(假设 3)：建成环境感知与客观建成环境正向相关。

H4(假设 4)：户外体力活动对健康起促进作用。

第三章

老年人户外体力活动水平与空间特征

采用加速度计和 GPS 定位器对南京城市社区老年人进行户外体力活动测试，了解不同类型老年人户外体力活动水平与空间特征，确定老年人目前的体力活动水平是否满足 WHO 提出的推荐量，以客观数据分析老年人户外体力活动的空间特征，为引导老年人合理利用活动空间、促进其户外体力活动提供客观依据。

利用加速度计 ActiGraph GT3X＋连续佩戴 4 天进行测量①，有效统计分析天数至少 3 天(2 个工作日＋1 个休息日)，测试时仪器置于右侧髂脊上部。由于受试者年龄偏大，部分受试者认知水平较低，测试前由工作人员面对面向受试者对测试要求、测试内容进行详细讲解，要求受试者除睡觉、洗澡、游泳外其他时间严格佩戴。工作人员在 4 天之后的第 5 天回收加速度计，仪器回收后利用 Actilife(Version 6.13.3)对数据进行下载、分析，对于测量数据缺失的受试者，在征得本人同意后进行相应补测。加速度计的参数内容包括测试仪器、采样间隔、未佩戴时间定义、每天佩戴有效时间、纳入有效统计分析天数、体力活动强度界值等。本研究选择现有老年人体力活动研究中使用较多、较为合理的数值对参数赋值，以保证研究结果与同类研究具有一定的可比性，具体设置见表 3.1。

表 3.1　ActiGraph GT3X＋体力活动测量参数设置

序号	参数内容	参数设置
1	测试仪器	ActiGraph GT3X＋
2	采样间隔	10 秒
3	未佩戴时间定义	Choi 算法②
4	每天佩戴有效时间	≥480 分钟

① Maddison R, Jiang Y, Hoorn S V, et al. Describing patterns of physical activity in adolescents using global positioning systems and accelerometry[J]. Pediatric exercise science, 2010, 22(3): 392-407.

② Choi L, Liu Z, Matthews C E, et al. Validation of accelerometer wear and nonwear time classification algorithm[J]. Medicine and science in sports and exercise, 2011, 43(2): 357.

续表

序号	参数内容	参数设置
5	纳入有效统计分析天数	至少 3 天(2 个工作日+1 个休息日)
6	体力活动强度界值	Freedson Adult(1998)
	Light PA	100⩽counts⩽1 951
	Moderate PA	1 952⩽counts⩽5 724
	Vigorous PA	5 725⩽counts⩽9 498
	Very vigorous PA	⩾9 499

体力活动空间数据利用 GPS 定位器进行测量。全球定位系统(GPS)是一个中距离圆形轨道卫星导航系统,可在地球表面绝大部分地区提供准确的定位和高精度的时间标准。由于 GPS 可以提供准确的定位、速率和高精度的时间标准,近年来,应用 GPS 结合加速度计进行客观体力活动追踪的研究得到广泛认同。本研究基于加速度计与 GPS 定位器相结合的老年人户外体力活动数据,将家庭住所信息与数字地图中的信息相匹配,确定老年人家庭住址的经度、纬度坐标。家庭住址的经纬度为(A1,B1),有户外活动记录的经纬度为(A2,B2),那么家庭住所至户外活动场所距离 D[①] $=\sqrt{(A2\times 100\ 000-A1\times 100\ 000)^2+(B2\times 100\ 000-B1\times 100\ 000)^2}$。

运用《老年人体力活动建成环境调查问卷》调查老年人的家庭住址、性别、年龄、学历等个人基本情况。根据研究需要进行分类,主要分为:①社区类型(综合社区=1,单位社区=2,传统社区=3,边缘社区=4);②年龄(60~65=1,66~70=2,71~75=3,76~80=4);③学历(小学及以下=1,初中=2,高中=3,大学及以上=4);④经济收入(500 元以下=1,500~1 000 元=2,1 000~2 000 元=3,2 000~4 000 元=4,4 000 元以上=5);⑤家庭属性(夫妻双方健在与子女同住=1,夫妻双方健在未与子女同住=2,单身与子女同住=3,单身未与子女同住=4);⑥慢性疾病(高血压=1,糖尿病=2,高血脂=3,无慢性病=4);⑦身体健康状况(最差=1,较差=2,一般=3,较好=4,最好=5);⑧活动环境评价(最差=1,较差=2,一般=3,较好=4,最好=5);⑨房屋类型(低层“1~3 层”=1,多层“4~6 层”=2,小高层“7~9 层”=3,高层“10 层及以上”=4)。研究抽取南京市 4 种类型 32 个社区开展调研,由于加速度计与 GPS 定位器数量有限,研究工作只能分批次开展,调查时间为 2017 年 6 月至 2018 年 4 月。为减少气候条件等因素对调研结果的影响,4 类社区交替安排时间,且在严寒、酷暑、雨雪日等特殊天气及节假日停止调研。

① 肖体琼. GPS 经纬度坐标转平面坐标的简化计算方法及精度分析[C]//中国农业工程学会. 农业工程科技创新与建设现代农业——2005 年中国农业工程学会学术年会论文集(第三分册). 中国农业工程学会, 2005:4.

第一节　老年人基本情况

研究抽取南京市5个市辖区32个小区内878名60～80岁老年人作为受试者，女性485人（55.24%），男性393人（44.76%）。其中，加速度计丢失1人，加速度计故障3人，因测试期间生病、外出旅游等原因未完成测试14人，共获得860名60～80岁老年人的完整数据，经加速度计软件分析后得到有效数据584份，女性327份（55.99%），男性257份（44.01%）。GPS定位器丢失2人，GPS定位器故障（未及时充电）31人，因测试期间生病、外出旅游等原因未完成测试14人，共获得831名60～80岁老年人的完整数据，经分析后得到有效数据551份，女性306份（55.54%），男性245份（44.46%）。加速度计与GPS定位器匹配后的户外体力活动有效数据501份，有效率57.06%，女性287份（57.29%），男性214份（42.71%）。具体情况见图3.1、表3.2、表3.3。

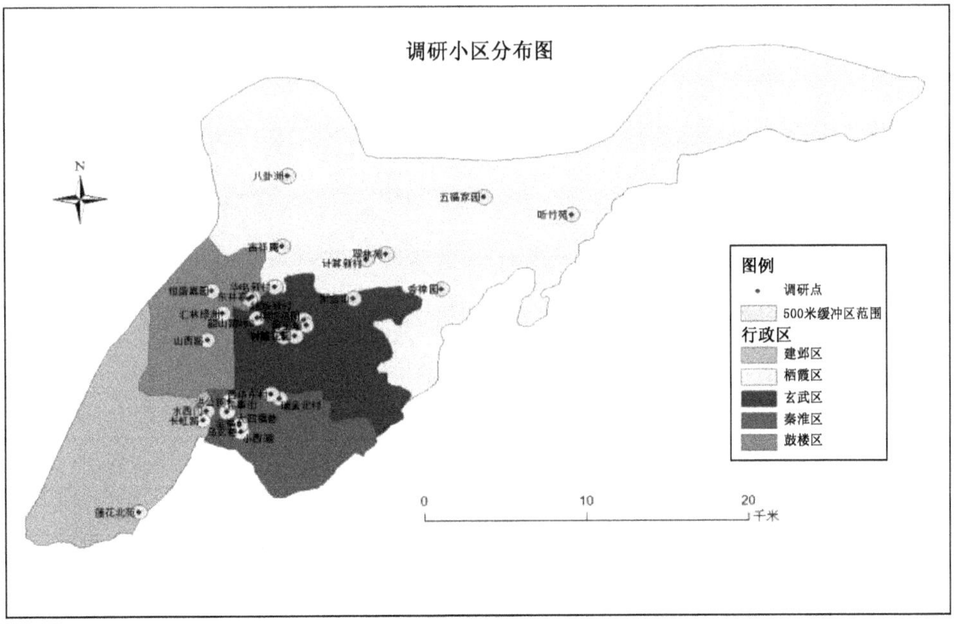

图3.1　调研小区分布图

表 3.2 调查小区基本情况

序号	类型	调查小区	区位	市辖区	街道	建设年代
1	综合社区	瑞金北村	市中心区	秦淮区	瑞金路	20 世纪 80 年代初至 90 年代末
2	综合社区	锁金三村	市中心区	玄武区	锁金村	20 世纪 80 年代初
3	综合社区	锁金四村	市中心区	玄武区	锁金村	20 世纪 80 年代初
4	综合社区	蒋王庙	市中心区	玄武区	玄武湖	20 世纪 90 年代左右
5	综合社区	汇林绿洲	市中心区	鼓楼区	中央门	2005 年左右
6	综合社区	恒盛嘉园	市中心区	鼓楼区	宝塔桥	1999 年左右
7	综合社区	长虹路	市中心区	建邺区	莫愁湖	1984—2005 年
8	综合社区	香樟园	郊区	栖霞区	仙林	2008 年左右
9	单位社区	西华东村	市中心区	秦淮区	瑞金路	1998 年左右
10	单位社区	聚宝山	市中心区	玄武区	玄武湖	2005—2010 年
11	单位社区	钟麓花园	市中心区	玄武区	玄武湖	2000 年左右
12	单位社区	樱驼花园	市中心区	玄武区	玄武湖	2000 年左右
13	单位社区	东井亭	市中心区	鼓楼区	小市	2000 年左右
14	单位社区	线路新村	市中心区	鼓楼区	小市	2002 年左右
15	单位社区	计算新村	郊区	栖霞区	尧化	2001 年左右
16	单位社区	华电新村	郊区	栖霞区	迈皋桥	20 世纪 60—70 年代
17	传统社区	评事街	市中心区	秦淮区	朝天宫	20 世纪 70—80 年代，有大量老式平房
18	传统社区	洪公祠	市中心区	秦淮区	朝天宫	20 世纪 70—80 年代，有大量老式平房
19	传统社区	全福	市中心区	秦淮区	夫子庙	清末、民国时期
20	传统社区	大四福巷	市中心区	秦淮区	夫子庙	清末、民国时期
21	传统社区	小西湖	市中心区	秦淮区	夫子庙	清末、民国时期
22	传统社区	乌衣巷	市中心区	秦淮区	夫子庙	清末、民国时期
23	传统社区	韶山路 288 号	市中心区	玄武区	锁金村	20 世纪 60—70 年代，部分为老式平房
24	传统社区	山西路	市中心区	鼓楼区	宁海路	20 世纪 50 年代
25	边缘社区	莲花北苑	市中心区	玄武区	沙洲	2009 年左右
26	边缘社区	水西门	市中心区	建邺区	莫愁湖	2007 年左右

续表

序号	类型	调查小区	区位	市辖区	街道	建设年代
27	边缘社区	八卦花园	郊区	栖霞区	八卦洲	1999 年左右
28	边缘社区	翠林苑	郊区	栖霞区	尧化	2006 年左右
29	边缘社区	吉祥庵	郊区	栖霞区	燕子矶	20 世纪 70—80 年代
30	边缘社区	听竹苑	郊区	栖霞区	西岗	2006 年左右
31	边缘社区	五福家园	郊区	栖霞区	栖霞	2004 年左右
32	边缘社区	芝嘉花园	郊区	栖霞区	马群	2004 年左右

表 3.3　社区类型及仪器佩戴情况

社区类型	加速度计		GPS 定位器		两者匹配后	
	测试样本量	有效样本量	测试样本量	有效样本量	测试样本量	有效样本量
综合社区	228	162(71.05%)	226	155(68.58%)	234	131(55.98%)
单位社区	236	159(67.37%)	228	148(64.91%)	239	137(57.32%)
传统社区	151	97(64.24%)	143	92(64.34%)	153	91(59.48%)
边缘社区	245	166(67.76%)	234	156(66.67%)	252	142(56.35%)
合计	860	584(67.91%)	831	551(66.31%)	878	501(57.06%)

调查的南京城市社区老年人平均年龄为 68.56±5.69 岁，其中女性 287 人，平均年龄为 68.02±5.92 岁；男性 214 人，平均年龄为 69.3±5.28 岁。女性身高为 157.37±5.74 厘米，男性身高为 167.97±5.98 厘米。女性体重为 60.71±8.71 千克，男性体重为 68.96±9.16 千克。女性 BMI 值为 24.50±3.14，男性 BMI 值为 24.44±2.99。

学历方面：小学及以下 104 人(20.8%)，初中 167 人(33.3%)，高中(含中专)162 人(32.3%)，大学(含大专)及以上 68 人(13.6%)。职业方面：干部、管理人员 98 人(19.5%)，企事业、厂矿职工 284 人(56.7%)，农、林、牧、水利业生产人员 43 人(8.6%)，军人 6 人(1.2%)，商业、服务业人员 26 人(5.2%)，自由职业者、个体户 13 人(2.6%)，无业、失业、半失业者 16 人(3.2%)，其他 15 人(3%)。收入方面：500 元以下 23 人(4.6%)，501～1 000 元 47 人(9.4%)，1001～2 000 元 62 人(12.4%)，2 001～4 000 元 293 人(58.5%)，4 000 元以上 76 人(15.1%)。家庭属性方面：夫妻双方健在，与子女同住 162 人(32.3%)；夫妻双方健在，未与子女同住 265 人(52.9%)；单身，与子女同住 29 人(5.8%)；单身，未与子女同住 45 人(9%)。慢性病方面：无慢性病 180 人(35.9%)，1 种慢性病 226 人(45.1%)，2 种慢性病 67 人

(13.4%),3 种慢性病及以上 28 人(5.6%)。身体自我评价方面:最差 3 人(0.6%),较差 42 人(8.4%),一般 282 人(56.3%),较好 163 人(32.5%),最好 11 人(2.2%)。身体质量指数方面:偏瘦 8 人(1.6%),正常 225 人(44.9%),超重 207 人(41.3%),肥胖 61 人(12.2%)。不同类型社区老年人基本属性的详细信息见表 3.4。

表 3.4 不同类型社区老年人基本属性 人

项目	综合社区	单位社区	传统社区	边缘社区	合计
性别					
女	77	68	62	80	287
男	54	69	29	62	214
年龄					
60～65 岁	56	37	26	50	169
66～70 岁	42	46	25	43	156
71～75 岁	24	30	19	34	107
76～80 岁	9	24	21	15	69
BMI 值					
偏瘦(<18.5)	2	4	1	1	8
正常(18.5～23.99)	57	52	50	66	225
超重(24～27.99)	53	64	29	61	207
肥胖(≥28)	19	17	11	14	61
学历					
小学及以下	24	14	19	47	104
初中	51	43	25	48	167
高中(含中专)	41	54	34	33	162
大学(含大专)及以上	15	26	13	14	68
职业					
干部、管理人员	32	32	17	17	98
企事业、厂矿职工	77	91	62	54	284
农、林、牧、水利业生产人员	3	1	0	39	43
军人	3	1	0	2	6
商业、服务业人员	10	3	7	6	26
自由职业者、个体户	3	0	4	9	16

续表

项目	综合社区	单位社区	传统社区	边缘社区	合计
无业、失业、半失业者	3	3	0	10	16
其他	32	6	1	5	44
月平均收入					
500 元以下	9	3	2	9	23
501～1 000 元	3	5	12	39	59
1 001～2 000 元	16	8	65	26	115
2 001～4 000 元	86	84	12	58	240
4 000 元以上	17	37	2	10	66
家庭属性					
夫妻双方健在，与子女同住	48	40	34	40	162
夫妻双方健在，未与子女同住	59	83	43	80	265
单身，与子女同住	10	4	8	7	29
单身，未与子女同住	14	10	6	15	45
慢性疾病					
无慢性病	42	49	30	59	180
1 种慢性病	65	62	40	59	226
2 种慢性病	17	21	16	13	67
3 种慢性病及以上	7	5	5	11	28
身体自我评价					
最差	1	0	0	2	3
较差	8	12	7	15	42
一般	76	77	49	80	282
较好	41	46	34	42	163
最好	5	2	1	3	11

调查的南京城市社区老年人经常参与的健身活动项目依次为：步行 299 人(59.68%)、有氧健身操 52 人(10.38%)、武术/太极拳 35 人(6.99%)、自行车 35 人(6.99%)、乒乓球/羽毛球/网球 22 人(4.39%)、跑步 21 人(4.19%)、器械健身 19 人(3.79%)、登山 17 人(3.39%)、台球/保龄球/门球 7 人(1.4%)、民间体育 5 人(1%)、游泳 3 人(0.6%)、篮球/排球/足球 1 人(0.2%)。

第二节　老年人户外体力活动水平

一、老年人整体户外体力活动水平

城市社区老年人平均每天佩戴仪器时间为 13.23±2.55 h，其中男性为 13.27±2.56 h，女性为 13.20±2.55 h。户外体力活动水平为 1 045.47±799.04 counts/min，其中男性为 1124.44±1043.77 counts/min，女性为 986.59±544.68 counts/min；总体力活动水平为 664.47±222.77 counts/min，其中男性为 665.84±216.73 counts/min，女性为 663.45±227.53 counts/min。平均日户外 MVPA 为 28.41±27.59 min/d，其中男性为 33.51±32.16 min/d，女性为 24.06±22.94 min/d；平均日总 MVPA 为 45.05±32.18 min/d，其中男性为 45.69±31.47 min/d，女性为 44.58±32.75 min/d。对于世界卫生组织(WHO)提出的推荐量(中等强度体力活动不少于 150 分钟/周，或高强度体力活动不少于 75 分钟/周，或中等和高强度体力活动相当量的组合)，74.7%的老年人能够满足，其中男性达到 76.2%，女性达到 73.5%。老年人不同类型 MVPA 见图 3.2。

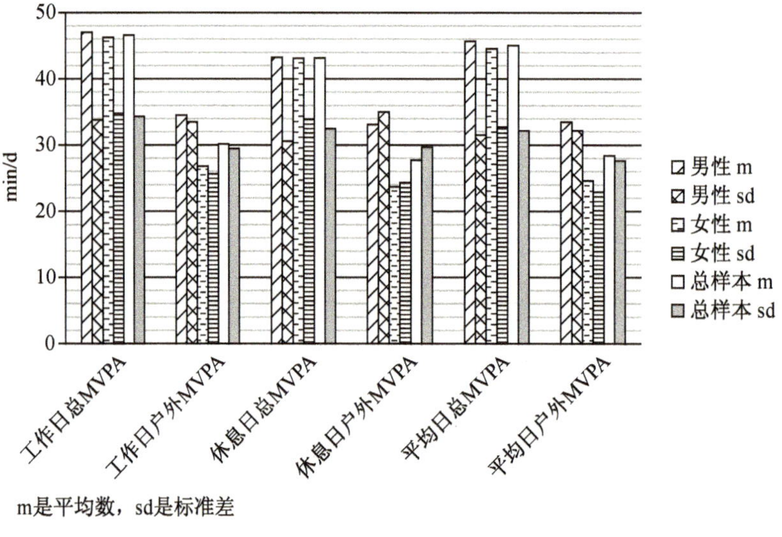

图 3.2　老年人(总样本)户外 MVPA、总 MVPA

调查结果显示，60～65 岁老年人，女性工作日总 MVPA、平均日总 MVPA、休息日总 MVPA 均高于男性；但女性工作日户外 MVPA、平均日户外 MVPA、休息日户外 MVPA 却均低于男性，说明 60～65 岁男性老年人更习惯到户外进行中到大强度体力活动。66～70 岁老年人，男性工作日总 MVPA、休息日总 MVPA、平均日总 MVPA 略高于女性；但男性工作日户外 MVPA、休息日户外 MVPA、平均日户外 MVPA 显著高于女性。71～75 岁老年人，男性休息日总 MVPA 显著高于女性，工作日总 MVPA 与平均日总 MVPA 方面，性别之间无显著性差异；男性工作日户外 MVPA、休息日户外 MVPA、平均日户外 MVPA 显著高于女性。76～80 岁老年人，男性总 MVPA、户外 MVPA 与女性相比，差异较小。60～65 岁、66～70 岁、71～75 岁老年人，男性户外体力活动水平均高于女性；但 76～80 岁老年人，男性户外体力活动水平明显低于女性。总体而言，女性户外 MVPA 占总 MVPA 的比例较低，可能是因为女性老年人从事更多的家务性体力活动。

二、不同类型社区老年人体力活动水平

综合社区老年人平均每天佩戴仪器时间为 13.63±1.76 h，单位社区老年人平均每天佩戴仪器时间为 12.99±3.12 h，传统社区老年人平均每天佩戴仪器时间为 12.28±1.88 h，边缘社区老年人平均每天佩戴仪器时间为 12.95±1.97 h。

综合社区老年人总体力活动水平为 630.57±212.38 counts/min，单位社区老年人总体力活动水平为 703.38±243.06 counts/min，传统社区老年人总体力活动水平为 639.28±223.71 counts/min，边缘社区老年人总体力活动水平为 674.85±206.53 counts/min。综合社区老年人户外体力活动水平为 961.72±464.1 counts/min，单位社区老年人户外体力活动水平为 1 274.1±1 300.02 counts/min，传统社区老年人户外体力活动水平为 834.08±415.54 counts/min，边缘社区老年人户外体力活动水平为 1 030.44±488.36 counts/min。

综合社区老年人满足 WHO 推荐量情况 73.4%，单位社区老年人满足 WHO 推荐量情况为 80.3%，传统社区老年人满足 WHO 推荐量情况为 65.1%，边缘社区老年人满足 WHO 推荐量情况为 76.1%。不同类型社区老年人 MVPA 见图 3.3。

调查结果显示，60～65 岁老年人，工作日、休息日、平均日的户外 MVPA，高低排序均为边缘社区、单位社区、综合社区和传统社区。66～70 岁老年人，单位社区、综合社区的工作日户外 MVPA 与休息日户外 MVPA 之间有显著性差异；但边缘社区、传统社区的工作日户外 MVPA 与休息日户外 MVPA 之间无显著性差异。71～75 岁老年人，工作日、休息日、平均日的户外 MVPA，高低排序均为边缘社区、

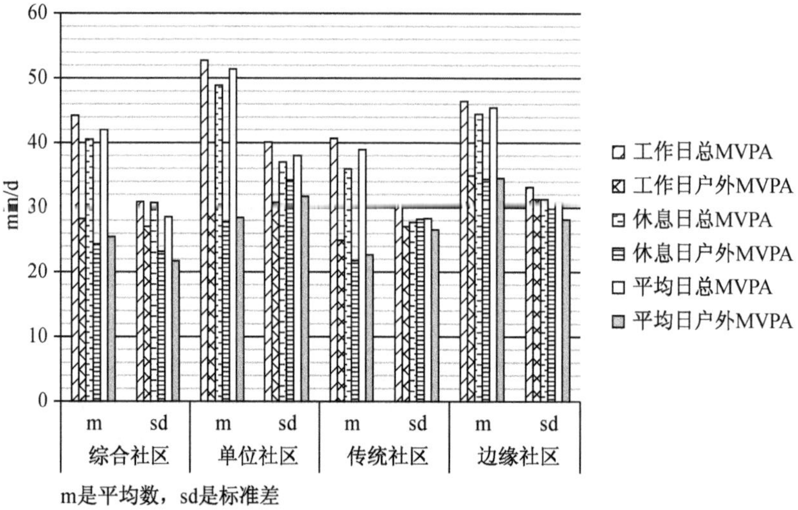

图 3.3　不同类型社区老年人 MVPA 对比

单位社区、传统社区和综合社区。76～80 岁老年人，单位社区、传统社区的工作日户外 MVPA 显著高于休息日户外 MVPA；边缘社区、综合社区的休息日户外 MVPA 却显著高于工作日户外 MVPA。

第三节　老年人户外体力活动空间特征

伴随着城市化进程的快速推进，居民的居住环境面临着前所未有的巨大挑战，如人口密度过高、交通拥挤、健身休闲场地设施严重不足等，这些均不利于居民尤其是老年人从事体力活动，成为时刻影响甚至威胁老年人健康的重要因素。中国城市的发展能否满足老年群体的生活需求以及进一步对不同类型社区生活空间的构建进行反思与调整，已经成为相关研究人员和城市规划管理者需要深入思考的问题，而这对提高城市老年人生活质量、维持城市社区的和谐稳定具有重要的意义。解决上述问题的首要条件就是了解老年人的日常体力活动以及对城市社区空间的利用情况。为此，研究结合城市社区类型对老年人户外体力活动空间特征进行分析和比较。

根据研究需要，本书将户外体力活动分为健身休闲、购物、私事、其他活动四种类型，所对应的户外活动场所为健身休闲场所、购物场所、服务场所、其他场所。其中健身休闲场所主要包括可供跳舞、打太极、休闲等活动的空地，老年人活动中心

（可用于健身、休闲），健身路径，人行道（包括湖边、河边、山路等），健身会所（收费、向社会所有人开放等）。购物场所主要包括菜市场、超市、便利店、餐馆（小吃店）等。服务场所主要是指面向老年人服务的场所，如老年大学，社区提供的社区养老中心、老人食堂、老人康复医疗知识站点等。

一、老年人户外体力活动的空间“热点”

本研究基于加速度计与GPS定位器相结合的受试者户外体力活动数据，首先将老年人家庭住所的信息（GPS定位器与问卷采集）与数字地图中的信息相匹配，确定老年人家庭住所的经纬度坐标，将所有准确匹配的老年人家庭住所信息标注于数字地图中；其次将老年人日常活动的轨迹相叠加，形成某一个体（如受试者C05）连续多天的活动轨迹（见图3.4、图3.5）。通过分析老年人户外体力活动轨迹（见图3.6，A为健身路径、B为广场、C为空地、D为便利店、E为人行道），结合户外体力活动日志、调查小区平面图和交通区位图等来探索城市老年人户外体力活动的空间“热点”。

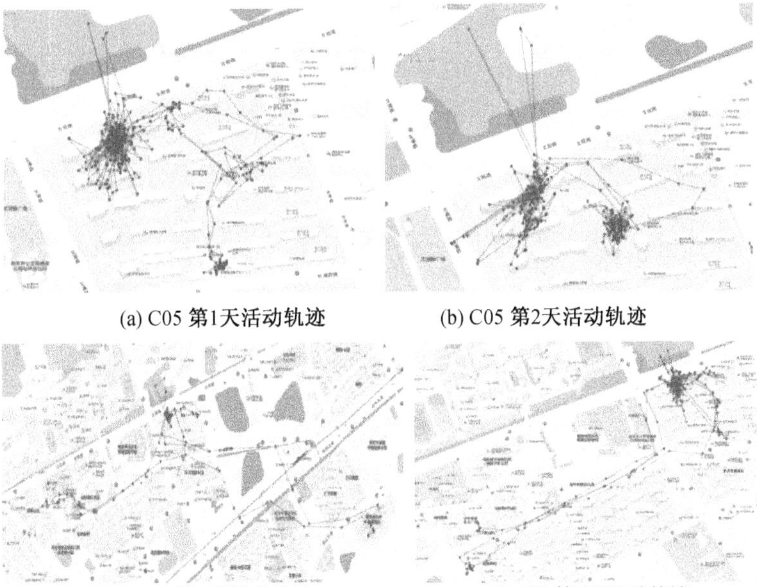

(a) C05 第1天活动轨迹　(b) C05 第2天活动轨迹

(c) C05 第3天活动轨迹　(d) C05 第4天活动轨迹

图3.4　受试者C05连续四天活动轨迹示意图

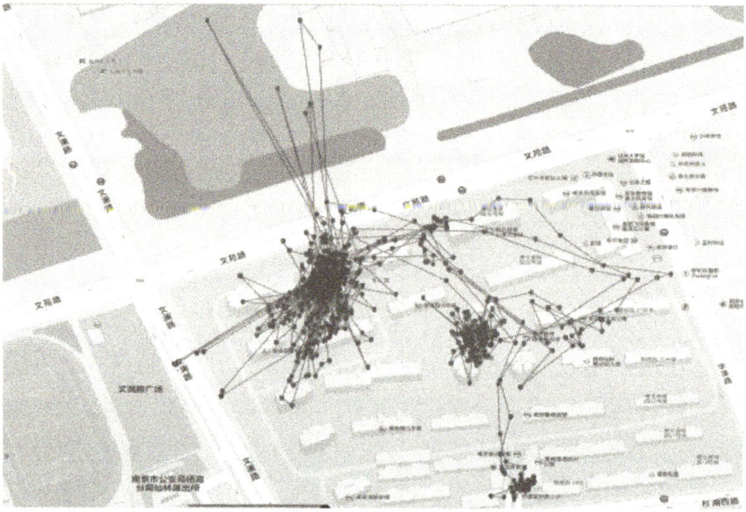

图 3.5　受试者 C05 连续四天活动轨迹叠加示意图

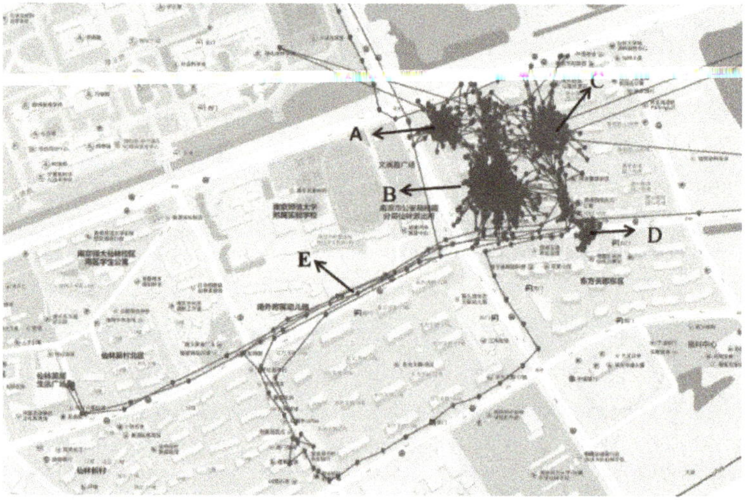

图 3.6　香樟园小区老年人户外活动轨迹叠加示意图

研究所调研的有效样本共 501 人，采集家庭住所至户外体力活动场所的有效数据 2 483 份。通过分析老年人户外体力活动空间“热点”可以发现，73.8%的户外体力活动集中于健身休闲场所和购物场所（见表 3.5）。其中，户外健身休闲活动主要集聚于小区及其周围的广场、街边开敞空间、人行道等场所。老年人户外健身休闲场所的选择相对稳定，范围基本以小区及其步行可达周边为主，总体服从距离衰减规律，但健身休闲场所的规划布局影响了老年人户外健身休闲活动的空间结构，因而存在跳跃式集中的空间不连续现象。研究数据显示，与便利性相比，美观性、安全性是老年人选择健身休闲场所较为关注的因素。该结果与李享①、关鑫②的调查结果并不一致，他们认为，安全性、便利性是老年人选择健身休闲场所最为关注的因素。通常来讲，便利性是影响城市老年人户外体力活动的一个重要因素，但便捷的城市交通站点、对老年人的公交补贴政策会消除城市老年人对健身休闲场所距离的顾虑，最终综合效应在一定程度上削弱了便利性的重要性。

表 3.5　户外体力活动场所分类频数统计

		健身休闲场所	购物场所	服务场所	其他场所
工作日	男	42.9%	29.0%	8.2%	19.9%
	女	48.8%	25.1%	9.0%	17.1%
休息日	男	39.1%	27.1%	15.5%	18.3%
	女	52.1%	29.0%	7.5%	11.4%
平均日	男	41.2%	28.1%	11.5%	19.2%
	女	50.2%	26.8%	8.4%	14.6%

购物活动主要集聚于小区及其周围的菜市场、便利店等场所。老年人多选择步行购物，离家 500 m 以内的空间范围为集中商业区，该结果与柴彦威等③的调查结果一致。老年人身体机能的逐渐衰退、生活必需品为主的购物需求，决定了大部分购物活动在此购物圈内，总体服从距离衰减规律。商业场所可达性对老年人购物行为具有重要影响，但商品的价格因素、商业场所中商品种类的丰富程度、交通站点的便捷程度等会消除城市老年人对商业场所距离的顾虑，最终综合效应在一定程度上削弱了可达性的重要性。

二、老年人户外体力活动的离家距离

将加速度计数据与 GPS 定位器数据进行匹配，所得匹配后的有效数据通过计算经度、维度之间的直线距离作为家庭住所经纬度和户外体力活动场所经纬度的

---

① 李享，宁泽群，马惠娣，等. 北京城市空巢老人休闲生活满意度研究——以北京市三大典型社区为例[J]. 旅游学刊，2010，25(4)：76－83.

② 关鑫. 广州市老年人户外休闲空间研究——以公园为例[D]. 广州：文中山大学，2007.

③ 柴彦威，马静，张文佳. 基于巡回的北京市居民出行时空间决策的社区分异[J]. 地理研究，2010，29(10)：1725－1734.

距离，家庭住址的经纬度为(A1,B1)，有户外活动记录的经纬度为(A2,B2)，那么 D① $= \sqrt{(A2\times100\ 000-A1\times100\ 000)^2+(B2\times100\ 000-B1\times100\ 000)^2}$。通过分析所采集的 2 483 份家庭住所至户外体力活动场所距离的有效数据，结果如下，总样本平均数为 1 018 m，中位数为 367 m；男性平均数为 985 m，中位数为 369m；女性平均数为 1 032 m，中位数为 364 m。家庭住所至户外体力活动场所距离的平均数远高于中位数，说明城市老年人大部分户外体力活动都在平均数 1 018 m 范围之内。为了探究城市老年人户外体力活动场所离家距离的基本规律，研究将 2 483个数据按 100 米的组间距进行频数统计，分组数定为 20，如图 3.7 所示。

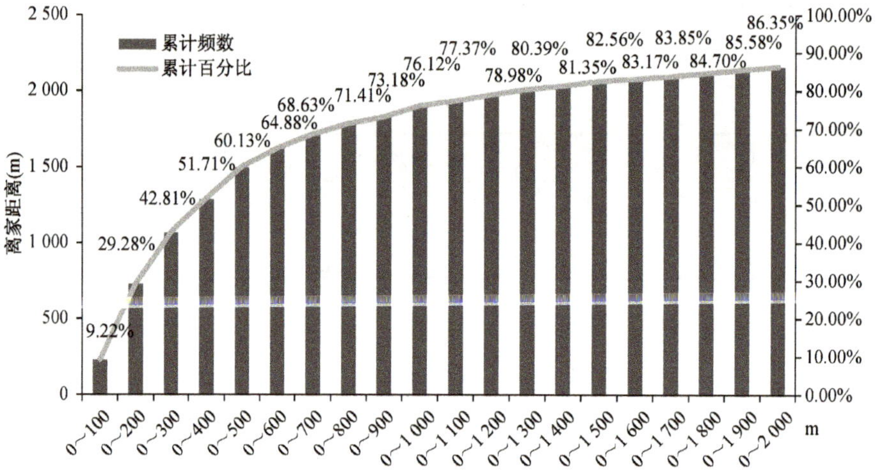

图 3.7　不同区间包含的离家距离频数直方图和折线图

从图 3.7 中可以看出，当离家距离在 0～1 000 m 区间时，频数百分比已经到达 76.12%，说明城市老年人大部分户外体力活动是在离家距离为 1 000 m 的范围内，因而有诸多研究人员将研究建成环境的适宜缓冲区距离定为 1 000 m②③④。此

① 肖体琼. GPS 经纬度坐标转平面坐标的简化计算方法及精度分析[C]//中国农业工程学会. 农业工程科技创新与建设现代农业——2005 年中国农业工程学会学术年会论文集(第三分册). 中国农业工程学会，2005：4.

② Boruff B J，Nathan A，Nijënstein S. Using GPS technology to(re)-examine operational definitions of 'neighbourhood' in place-based health research[J]. International journal of health geographics，2012，11(1)：22.

③ Millward H，Spinney J，Scott D. Active-transport walking behavior：destinations，durations，distances[J]. Journal of Transport Geography，2013，28：101－110.

④ Villanueva K，Knuiman M，Nathan A，et al. The impact of neighborhood walkability on walking：does it differ across adult life stage and does neighborhood buffer size matter? [J]. Health & place，2014，25：43－46.

外，当离家距离在 0～500 m 区间时，频数百分比达到了 60.13%，说明离家距离 500 m 范围内包含了城市老年人的大部分户外体力活动，且在 500 m 范围内城市老年人基本以步行为主，超过 500 m 的户外体力活动往往会选择乘坐交通工具，故也有诸多研究人员将研究建成环境的适宜缓冲区距离定为 500 m①②③。

1. 不同类型社区老年人的离家距离比较

至健身休闲场所的离家距离平均数依次为：传统社区(864 m)、单位社区(560 m)、综合社区(512 m)、边缘社区(459 m)；至购物场所的离家距离平均数依次为：传统社区(1 472 m)、边缘社区(1 408 m)、单位社区(1 315 m)、综合社区(1 161 m)；至服务场所的离家距离平均数依次为：单位社区(1 804 m)、边缘社区(1 803 m)、传统社区(1 459 m)、综合社区(1 138 m)；至其他场所的离家距离平均数依次为：单位社区(1 980 m)、综合社区(1 538 m)、传统社区(1 431 m)、边缘社区(1 120 m)。

至健身休闲场所的离家距离中位数依次为：传统社区(500 m)、综合社区(229 m)、单位社区(223 m)、边缘社区(215 m)；至购物场所的离家距离中位数依次为：传统社区(716 m)、边缘社区(585 m)、综合社区(534 m)、单位社区(479 m)；至服务场所的离家距离中位数依次为：单位社区(852 m)、传统社区(741 m)、边缘社区(518 m)、综合社区(338 m)；至其他场所的离家距离中位数依次为：传统社区(598 m)、单位社区(557 m)、综合社区(336 m)、边缘社区(325 m)，见图 3.8。

从图 3.8 中可以看出：①四种类型社区中，除传统社区(864 m)，家庭住所至健身休闲场所距离的平均数基本在 500 m 左右；家庭住所至购物场所、服务场所、其他场所距离的平均数均在 1 000～2 000 m 范围内；其中位数均未超过 1 000 m。②与体力活动相关度较高的健身休闲场所、购物场所方面，传统社区的平均数、中位数均为最高，此结果可能不便于传统社区受试者进行健身休闲、购物活动。③从至服务场所的离家距离来看，单位社区的平均数、中位数均为最高；综合社区的平均数、中位数均为最低。④从至其他场所的离家距离来看，单位社区的平均数、传统社区的中位数较高，边缘社区的平均数、中位数均为最低。

2. 不同性别老年人的离家距离比较

男性离家距离的平均数依次为：传统社区(1 383 m)、单位社区(1 024 m)、综

① Bringolf-Isler B, Mäder U, Dössegger A, et al. Regional differences of physical activity and sedentary behaviour in Swiss children are not explained by socio-demographics or the built environment[J]. International journal of public health, 2015, 60(3): 291－300.

② Dewulf B, Neutens T, Van Dyck D, et al. Associations between time spent in green areas and physical activity among late middle-aged adults[J]. Geospatial health, 2016, 11(3):225-232.

③ Zijlema W L, Triguero-Mas M, Smith G, et al. The relationship between natural outdoor environments and cognitive functioning and its mediators[J]. Environmental research, 2017, 155: 268－275.

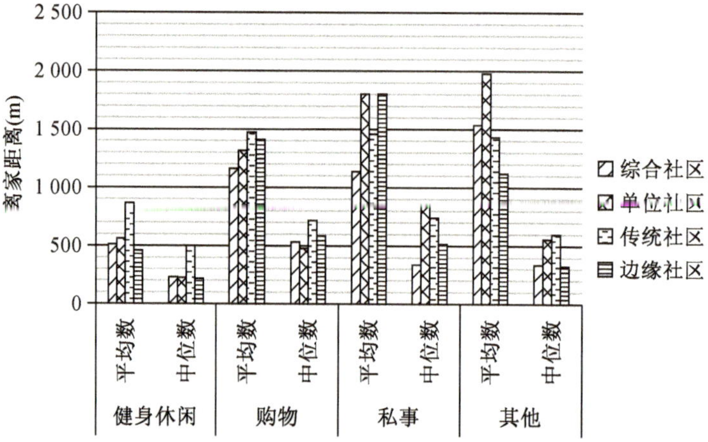

图 3.8　不同类型社区老年人离家距离比较示意图

合社区(990 m)、边缘社区(745 m);女性离家距离的平均数依次为:单位社区(1 246 m)、传统社区(1 141 m)、边缘社区(933 m)、综合社区(878 m)。男性离家距离的中位数依次为:传统社区(841 m)、综合社区(369 m)、单位社区(315 m)、边缘社区(312 m);女性离家距离的中位数依次为:传统社区(528 m)、单位社区(429 m)、综合社区(318 m)、边缘社区(299 m),见图 3.9。

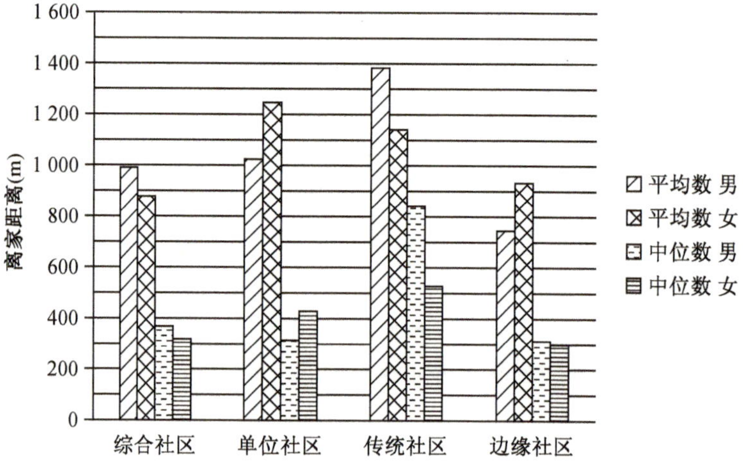

图 3.9　不同性别老年人离家距离比较示意图

从图 3.9 中可以看出:①至户外体力活动场所距离的平均数方面,综合社区和传统社区男性老年人均高于女性老年人(其中,传统社区性别差异较为显著),单位社区和边缘社区男性老年人均低于女性老年人。②至户外体力活动场所距离的中位数方面,综合社区和传统社区男性老年人均高于女性老年人(其中,传统社区性别差异较为显著）；单位社区男性老年人低于女性老年人，边缘社区男性老年人高于女性老年人。③与其他社区相比，综合社区至户外体力活动场所距离的平均数男女性差距最小，综合社区女性老年人离家距离的平均数、中位数较低。④单位社区女性老年人至户外体力活动场所的平均数最高，但中位数却明显小于传统社区的女性老年人，说明与传统社区女性老年人相比，单位社区女性老年人至户外体力活动场所的距离更近，有更多的单位社区女性至较远的场所进行户外体力活动。⑤传统社区男性老年人至户外体力活动场所的平均数、中位数均为最高，女性老年人至户外体力活动场所的中位数最高、平均数排第二名，说明与其他社区相比，传统社区的老年人需要至较远的场所进行户外体力活动。⑥边缘社区至户外体力活动场所的平均数女性远高于男性，但其中位数却是女性低于男性，说明与边缘社区男性老年人相比，有更多的边缘社区女性至较远的场所进行户外体力活动。

3. 工作日、休息日老年人的离家距离比较

工作日离家距离的平均数依次为：传统社区（1 183 m）、单位社区（1 072 m）、综合社区（860 m）、边缘社区（774 m）；休息日离家距离的平均数依次为：传统社区（1 312 m）、单位社区（1 216 m）、综合社区（1 002 m）、边缘社区（927 m）。工作日离家距离的中位数依次为：传统社区（583 m）、单位社区（355 m）、综合社区（332 m）、边缘社区（299 m）；休息日离家距离的中位数依次为：传统社区（611 m）、单位社区（387 m）、综合社区（327 m）、边缘社区（323 m）。

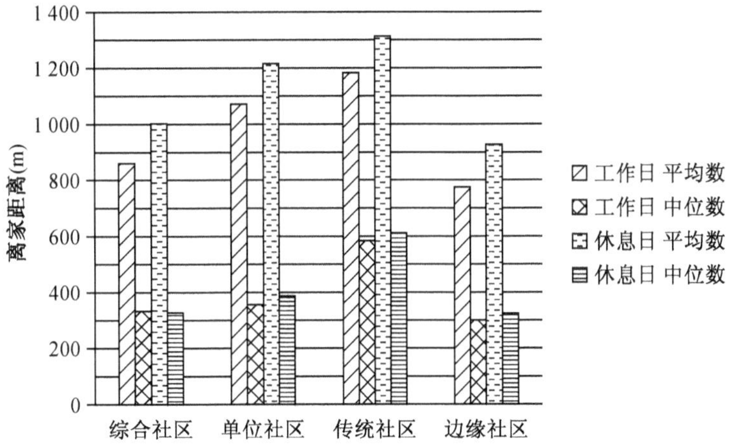

图 3.10　工作日、休息日老年人的离家距离比较示意图

从图 3.10 中可以看出：①至户外体力活动场所离家距离的平均数、中位数，休息日均高于工作日（综合社区除外），工作日与休息日的平均数差距明显高于中位数的差距，说明城市老年人休息日至较远场所进行的户外体力活动增多。②无论

是工作日还是休息日，至户外体力活动场所离家距离的平均数、中位数，传统社区均为最高，其余依次为单位社区、综合社区、边缘社区。说明传统社区的老年人需要至较远的场所进行户外体力活动，边缘社区老年人进行户外体力活动场所的离家距离较近。

三、讨论

当离家距离在 0～1 000 m 区间时，频数百分比已经到达 76.12%，说明城市老年人大部分户外体力活动是在离家距离 1 000 m 的范围内，因而有诸多研究人员将研究建成环境的适宜缓冲区距离定为 1 000 m。此外，当离家距离在 0～500 m 区间时，频数百分比达到了 60.13%，说明离家距离 500 m 范围内包含了城市老年人的大部分户外体力活动，且在 500 m 范围内城市老年人基本以步行为主，超过 500 m 的户外体力活动往往会选择乘坐交通工具，故也有诸多研究人员将研究建成环境的适宜缓冲区距离定为 500 m。总体来看，城市老年人户外体力活动空间主要集中在 2 000 m 范围内，超过此范围，老年人的户外活动意愿就会减弱，其中 500 m 范围是老年人户外体力活动的强集中区，而在 1 000 m 范围内，老年人户外体力活动集中趋势也较强。

分析老年人户外体力活动的空间“热点”可以发现，73.8%的户外体力活动集中于健身休闲场所和购物场所。其中，户外健身休闲活动主要集聚于小区及其周围的广场、街边开敞空间、人行道等场所。老年人户外健身休闲场所的选择相对稳定，范围基本以小区及其步行可达周边为主，总体服从距离衰减规律，但健身休闲场所的规划布局影响了老年人户外健身休闲活动的空间结构，因而存在跳跃式集中的空间不连续现象。研究数据显示，与便利性相比，美观性、安全性是老年人选择健身休闲场所较为关注的因素。该结果与李享、关鑫的调查结果并不一致，他们认为，安全性、便利性是老年人选择健身休闲场所最为关注的因素。通常来讲，便利性是影响城市老年人户外体力活动的一个重要因素，但便捷的城市交通站点、对老年人的公交补贴政策会消除城市老年人对健身休闲场所距离的顾虑，最终综合效应在一定程度上削弱了便利性的重要性。购物活动主要集聚于小区及其周围的菜市场、便利店等场所。老年人多选择步行购物，离家 500 m 以内的空间范围为集中商业区，该结果与柴彦威等的调查结果一致。老年人身体机能的逐渐衰退、生活必需品为主的购物需求，决定了大部分购物活动在此购物圈内，总体服从距离衰减规律。商业场所可达性对老年人购物行为具有重要影响，但商品的价格因素、商业场所的商品种类丰富程度、交通站点的便捷程度等会消除城市老年人对商业场所距离的顾虑，最终综合效应在一定程度上削弱了可达性的重要性。

分析不同性别老年人户外体力活动空间"热点"发现，男性老年人户外体力活动主要集聚于小区及其周围的人行道、菜市场、超市等场所；女性老年人户外体力活动主要集聚于小区及其周围的人行道、广场、街边开敞空间、菜市场、便利店等场所。根据调查，男性老年人习惯于在小区周围做步行、骑自行车等户外活动，女性老年人更乐于参与集体性活动项目，或和同伴一起参与户外活动，在与人交流心得、成组活动的过程中，女性老年人更容易获得心理的充实感和自我的存在感。在工作日，48.28%的户外体力活动集中于健身休闲场所，26.77%集中于购物场所，8.06%集中于服务场所，16.89%集中于其他场所；在休息日，41.24%的户外体力活动集中于健身休闲场所，26.25%集中于购物场所，13.32%集中于服务场所，19.19%集中于其他场所。根据调查，与休息日相比较，老年人在工作日总的出行率明显增加。体力活动日志及追踪调查结果可以解释这一现象，老年人通常在休息日与亲人团聚，相应的私事增加、健身休闲活动减少；长距离出行明显增加。

研究局限：本研究仅以南京城市社区作为研究区域，中国地域广大，地理环境复杂，其他各省市地区的建成环境及与老年人体力活动相关的影响因素有待于通过大量深入研究来探索其共性和个性化特征。户外体力活动数据需要将加速度计与GPS定位器相匹配，所包含内容较为冗杂，未来研究可在采用GPS定位器、加速度计等测量仪器的基础上，结合城市遥感、行为制图等技术方法，详尽观察受试者户外体力活动的空间轨迹，针对与老年人关系较为密切的户外活动场所进行研究，进而提高研究的准确性。

第四节　本章小结

(1) 本研究基于加速度计与GPS定位器相结合的老年人户外体力活动数据，发现南京城市社区老年人平均日户外MVPA为28.41 min/d，平均日总MVPA为45.05 min/d，74.7%的老年人能够满足世界卫生组织(WHO)提出的推荐量，与他国同类研究报道数据相比，处于中等偏上水平。(2) 不同类型社区老年人户外MVPA高低排序依次为边缘社区、单位社区、综合社区和传统社区。(3) 60.13%的老年人户外体力活动定位点集中在离家距离500 m范围内；老年人户外体力活动的空间"热点"主要聚集于小区及其周围的广场、街边开敞空间、人行道、菜市场、便利店等场所。(4) 在今后的研究中，应采用全球定位系统(GPS)、加速度计等测量仪器和地理信息系统(GIS)、城市遥感、行为制图等技术方法，详尽观察受试者户外体力活动的地理时空数据，从而弥补随机测量误差引起的回归稀释，提高研究的准确性。

第四章

建成环境感知对老年人户外体力活动的影响

本研究基于老年人户外体力活动建成环境调查问卷收集的建成环境感知数据，采用灰色关联模型对健身场所、商业场所、服务场所、娱乐场所、交通站点等18项建成环境感知因素与老年人户外MVPA进行关联性分析，以了解建成环境感知对老年人户外体力活动的影响状况，为老年人户外体力活动建成环境的优化发展提供依据。

第一节　建成环境感知现状分析

一、城市社区老年人建成环境感知得分情况

表4.1　建成环境感知描述性统计

建成环境感知指标	*N*	最小值	最大值	平均数	标准差
健身场所	501	1	5	3.98	1.02
商业场所	501	1	5	4.02	0.94
服务场所	501	1	5	3.98	0.93
娱乐场所	501	1	5	3.95	0.95
交通站点	501	1	5	4.26	0.96
社区治安	501	1	5	4.11	0.83
活动环境安全	501	1	5	3.84	0.95
专用服务设施	501	1	5	3.73	1.05
人文景观	501	1	5	3.85	0.94

续表

建成环境感知指标	N	最小值	最大值	平均数	标准差
自然景观	501	1	5	3.80	0.97
环境卫生	501	1	5	3.68	0.97
土地混合利用	501	1	5	3.81	1.03
居住密度	501	1	5	3.69	0.97
建筑类型	501	1	5	3.81	1.05
街道路面	501	1	5	3.83	1.02
交通量	501	1	5	3.93	0.96
交通安全	501	1	5	3.88	0.95
道路连通	501	1	5	3.75	0.95

由表 4.1 可以看出，建成环境感知因素得分依次为：交通站点(4.26)、社区治安(4.11)、商业场所(4.02)、健身场所(3.98)、服务场所(3.98)、娱乐场所(3.95)、交通量(3.93)、交通安全(3.88)、人文景观(3.85)、活动环境安全(3.84)、街道路面(3.83)、土地混合利用(3.81)、建筑类型(3.81)、自然景观(3.80)、道路连通(3.75)、专用服务设施(3.73)、居住密度(3.69)、环境卫生(3.68)。

总体而言，老年人对小区及其周围的交通站点、社区治安、商业场所等较为满意，对小区及其周围的专用服务设施、居住密度、环境卫生等评价较低。说明现阶段城市建成环境的发展难以满足老年人日益增长的美好生活需要。伴随着城市化进程的快速推进，居民的居住环境面临着前所未有的巨大挑战，休息座椅、公厕扶手等专用服务设施配套不到位，人口密度过高、交通拥挤、噪声、空气质量、水污染问题严重等，成为时刻影响老年人健康的重要因素。

二、不同类型社区老年人建成环境感知对比

表 4.2 不同类型社区老年人建成环境感知对比

建成环境感知指标	综合社区		单位社区		传统社区		边缘社区	
	N	m ± sd	N	m ± sd	N	m ± sd	N	m ± sd
健身场所	131	3.94±1.07#	137	3.99±0.98@	91	3.53±1.07☆☆	142	4.27±0.85△
商业场所	131	4.03±0.95	137	3.95±0.86$	91	3.77±1.04☆☆	142	4.24±0.92
服务场所	131	3.96±0.98	137	3.96±0.83	91	3.75±1.08☆	142	4.15±0.85

续表

建成环境感知指标	综合社区		单位社区		传统社区		边缘社区	
	N	m ± sd	N	m ± sd	N	m ± sd	N	m ± sd
娱乐场所	131	3.86±1.03	137	3.98±0.91	91	3.65±0.96☆☆	142	4.19±0.86△
交通站点	131	4.27±0.97	137	4.31±0.9	91	3.94±1.16☆	142	4.40±0.83
社区治安	131	4.32±0.72**##	137	4.02±0.84	91	3.80±1.00☆	142	4.18±0.76
活动环境安全	131	3.94±0.99##	137	3.79±0.87	91	3.45±1.02☆☆	142	4.01±0.86
专用服务设施	131	3.86±0.99#	137	3.58±1.12$	91	3.46±1.07☆☆	142	3.93±0.97
人文景观	131	3.89±1.00	137	3.77±0.84	91	3.70±1.01☆	142	3.98±0.9
自然景观	131	3.86±0.99#	137	3.75±0.95	91	3.59±1.04☆	142	3.92±0.89
环境卫生	131	3.61±1.03	137	3.67±0.89	91	3.45±0.99☆☆	142	3.90±0.92
土地混合利用	131	3.87±0.95	137	3.80±1.07	91	3.76±0.99	142	3.80±1.10
居住密度	131	3.68±0.98	137	3.69±0.91	91	3.47±0.94☆	142	3.82±1.02
建筑类型	131	3.75±1.08	137	3.81±1.03	91	3.63±1.10☆	142	3.96±1.01
街道路面	131	3.80±1.05	137	3.82±0.93	91	3.70±1.14	142	3.96±1.00
交通量	131	3.91±1.06	137	3.94±0.94	91	3.76±0.98☆	142	4.03±0.87
交通安全	131	3.85±1.05	137	3.80±0.91$	91	3.77±0.87☆	142	4.04±0.91
道路连通	131	3.73±1.01	137	3.74±0.90	91	3.60±0.95	142	3.86±0.94

注：**表示综合社区与单位社区比较，$P<0.01$；#表示综合社区与传统社区比较，$P<0.05$；##表示综合社区与传统社区比较，$P<0.01$；△表示综合社区与边缘社区比较，$P<0.05$；@表示单位社区与传统社区比较，$P<0.05$；$表示单位社区与边缘社区比较，$P<0.05$；☆表示传统社区与边缘社区比较，$P<0.05$；☆☆表示传统社区与边缘社区比较，$P<0.01$。

从表4.2中可以看出：(1)综合社区老年人建成环境感知因素得分依次为：社区治安(4.32)、交通站点(4.27)、商业场所(4.03)、服务场所(3.96)、健身场所(3.94)、活动环境安全(3.94)、交通量(3.91)、人文景观(3.89)、土地混合利用(3.87)、娱乐场所(3.86)、专用服务设施(3.86)、自然景观(3.86)、交通安全(3.85)、街道路面(3.80)、建筑类型(3.75)、道路连通(3.73)、居住密度(3.68)、环境卫生(3.61)。

(2) 单位社区老年人建成环境感知因素得分依次为：交通站点(4.31)、社区治安(4.02)、健身场所(3.99)、娱乐场所(3.98)、服务场所(3.96)、商业场所(3.95)、交通量(3.94)、街道路面(3.82)、建筑类型(3.81)、土地混合利用(3.80)、交通安全(3.80)、活动环境安全(3.79)、人文景观(3.77)、自然景观(3.75)、道路连通(3.74)、居住密度(3.69)、环境卫生(3.67)、专用服务设施(3.58)。

(3) 传统社区老年人建成环境感知因素得分依次为：交通站点(3.94)、社区治安(3.80)、商业场所(3.77)、交通安全(3.77)、土地混合利用(3.76)、交通量

(3.76)、服务场所(3.75)、人文景观(3.70)、街道路面(3.70)、娱乐场所(3.65)、建筑类型(3.63)、道路连通(3.60)、自然景观(3.59)、健身场所(3.53)、居住密度(3.47)、专用服务设施(3.46)、活动环境安全(3.45)、环境卫生(3.45)。

(4) 边缘社区老年人建成环境感知因素得分依次为:交通站点(4.40)、健身场所(4.27)、商业场所(4.24)、娱乐场所(4.19)、社区治安(4.18)、服务场所(4.15)、交通安全(4.04)、交通量(4.03)、活动环境安全(4.01)、人文景观(3.98)、建筑类型(3.96)、街道路面(3.96)、专用服务设施(3.93)、自然景观(3.92)、环境卫生(3.90)、道路连通(3.86)、居住密度(3.82)、土地混合利用(3.80)。

上述情况说明,南京城市社区老年人对小区及其周围的交通站点、社区治安、商业场所等评价较高。综合社区老年人对街道路面、建筑类型、道路连通、居住密度、环境卫生等评价较低;单位社区老年人对自然景观、道路连通、居住密度、环境卫生、专用服务设施等评价较低;传统社区老年人对健身场所、居住密度、专用服务设施、活动环境安全、环境卫生等评价较低;边缘社区老年人对自然景观、环境卫生、道路连通、居住密度、土地混合利用等评价较低。

边缘社区老年人的建成环境感知因素得分显著高于传统社区,可能是因为边缘社区老年人多为拆迁安置居民,生活场域和地理空间从实质意义的“乡下”变成具有象征意义的“城市”,一定程度上满足了他们的美好生活需要;与此同时,边缘社区土地资源较为充裕、土地成本相对较低,能给予老年人充足的活动空间。而传统社区功能单一且日趋老化,随着城镇规模的不断扩大,其他类型社区各方面快速发展,传统社区却由于各种原因难以得到充足改善,又加速了这种衰落的趋势;历经老城区最初的繁荣和时下的落寞,传统社区老年人对小区及其周边环境的不满愈加强烈。

三、不同年龄、不同性别老年人建成环境感知对比(见表 4.3)

1. 60～65 岁老年人

男性老年人建成环境感知因素得分依次为:交通站点(4.26)、社区治安(4.11)、健身场所(4.07)、交通量(4.04)、活动环境安全(3.96)、商业场所(3.93)、服务场所(3.93)、专用服务设施(3.91)、街道路面(3.89)、娱乐场所(3.87)、人文景观(3.87)、交通安全(3.87)、自然景观(3.85)、环境卫生(3.81)、居住密度(3.74)、土地混合利用(3.72)、建筑类型(3.72)、道路连通(3.72)。

女性老年人建成环境感知因素得分依次为:交通站点(4.23)、社区治安(4.12)、商业场所(3.90)、服务场所(3.90)、娱乐场所(3.85)、交通量(3.81)、交通安

表 4.3　不同年龄、不同性别老年人建成环境感知对比

	60～65 岁				66～70 岁				71～75 岁				76～80 岁			
	男		女		男		女		男		女		男		女	
	N	m±sd	*N*	m±sd	*N*	m±sd	*N*	m±sd	*N*	m±sd	*N*	m±sd	*N*	m±sd	*N*	m±sd
健身场所	54	4.07±0.91	115	3.77±1.08*	82	4.01±1.02	74	4.16±0.84	46	3.96±0.94	61	3.98±1.04	32	4.09±0.96	37	3.95±1.27
商业场所	54	3.93±0.84	115	3.90±1.07	82	4.09±0.85	74	4.16±0.83	46	4.02±0.91	61	4.00±0.98	32	4.13±0.75	37	4.11±1.2
服务场所	54	3.93±0.87	115	3.90±1.02	82	3.96±0.87	74	4.11±0.77	46	3.89±0.95	61	4.08±0.97	32	4.13±0.71	37	3.86±1.23
娱乐场所	54	3.87±1.03	115	3.85±1.05	82	3.96±0.92	74	3.96±0.88	46	3.87±0.83	61	4.16±0.92*	32	4.03±0.9	37	4.03±0.99
交通站点	54	4.26±0.81	115	4.23±1.04	82	4.29±0.95	74	4.30±0.86	46	4.22±0.94	61	4.28±1.00	32	4.38±0.75	37	4.19±1.22
社区治安	54	4.11±0.86	115	4.12±0.91	82	4.27±0.72	74	4.22±0.83	46	3.98±0.71	61	4.10±0.77	32	4.09±0.59	37	3.73±1.1*
活动环境安全	54	3.96±0.93	115	3.73±1.07	82	3.96±0.91	74	4.00±0.84	46	3.76±0.9	61	3.80±0.77	32	3.69±0.97	37	3.65±1.09
专用服务设施	54	3.91±0.90	115	3.68±1.10*	82	3.62±1.00	74	4.01±1.07*	46	3.72±0.96	61	3.66±1.06	32	3.53±1.05	37	3.68±1.2
人文景观	54	3.87±0.87	115	3.77±1.04	82	3.88±0.87	74	4.15±0.82*	46	3.72±0.93	61	3.70±0.92	32	3.56±0.95	37	4.05±0.94*
自然景观	54	3.85±1.02	115	3.71±1.03	82	3.82±0.9	74	4.04±0.91	46	3.83±0.93	61	3.74±0.96	32	3.53±1.05	37	3.84±0.87
环境卫生	54	3.81±0.95	115	3.52±1.10	82	3.73±0.8	74	3.85±0.81	46	3.54±0.96	61	3.77±1.06	32	3.38±1.04	37	3.84±0.87*
土地混合利用	54	3.72±1.04	115	3.75±1.07	82	3.85±0.92	74	3.93±1.09	46	3.80±1.07	61	3.69±1.15	32	3.88±0.79	37	3.97±1.04
居住密度	54	3.74±1.03	115	3.54±0.99	82	3.68±0.94	74	3.81±1.04	46	3.72±0.86	61	3.75±1.09	32	3.81±0.69	37	3.57±0.87
建筑类型	54	3.72±1.17	115	3.74±1.05	82	3.90±0.92	74	3.91±1.11	46	3.83±1.00	61	3.64±1.16	32	3.97±0.93	37	3.84±1.04
街道路面	54	3.89±1.08	115	3.71±1.02	82	3.88±1.02	74	4.12±0.88	46	3.80±1.00	61	3.75±1.16	32	3.75±0.88	37	3.68±1.08
交通量	54	4.04±1.01	115	3.81±1.08*	82	3.91±0.91	74	4.14±0.98	46	3.89±0.82	61	3.90±0.98	32	3.91±0.86	37	3.84±0.83
交通安全	54	3.87±1.03	115	3.80±1.02	82	3.88±1.00	74	4.01±0.88	46	3.78±0.81	61	4.07±0.91	32	3.81±0.93	37	3.70±0.81
道路连通	54	3.72±0.94	115	3.74±1.01	82	3.72±0.91	74	4.00±0.86*	46	3.59±0.93	61	3.62±1.07	32	3.78±0.83	37	3.73±0.96

注：* 表示男女比较，$P<0.05$。

全(3.80)、健身场所(3.77)、人文景观(3.77)、土地混合利用(3.75)、建筑类型(3.74)、道路连通(3.74)、活动环境安全(3.73)、自然景观(3.71)、街道路面(3.71)、专用服务设施(3.68)、居住密度(3.54)、环境卫生(3.52)。

60～65岁男性、女性老年人对交通站点、社区治安较为满意；男性老年人对健身场所、专用服务设施、交通量的评价显著高于女性老年人。经访谈后得知，60～65岁男性老年人从工作岗位退休不久，习惯于在小区周围做步行、骑自行车等健身活动，因而对健身场所、专用服务设施等要求并不高；而女性老年人除步行之外，还习惯于在小区周围做有氧健身操等健身活动，因而对健身休闲场所、座椅等专用服务设施有一定要求（见图4.1）。

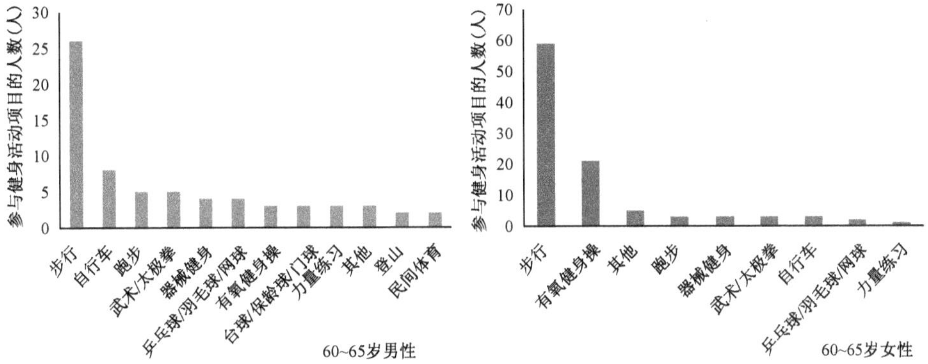

图4.1　60～65岁不同性别老年人经常参与的健身活动项目

2. 66～70岁老年人

男性老年人建成环境感知因素得分依次为：交通站点(4.29)、社区治安(4.27)、商业场所(4.09)、健身场所(4.01)、服务场所(3.96)、娱乐场所(3.96)、活动环境安全(3.96)、交通量(3.91)、建筑类型(3.90)、人文景观(3.88)、街道路面(3.88)、交通安全(3.88)、土地混合利用(3.85)、自然景观(3.82)、环境卫生(3.73)、道路连通(3.72)、居住密度(3.68)、专用服务设施(3.62)。

女性老年人建成环境感知因素得分依次为：交通站点(4.30)、社区治安(4.22)、健身场所(4.16)、商业场所(4.16)、人文景观(4.15)、交通量(4.14)、街道路面(4.12)、服务场所(4.11)、自然景观(4.04)、专用服务设施(4.01)、交通安全(4.01)、活动环境安全(4.00)、道路连通(4.00)、娱乐场所(3.96)、土地混合利用(3.93)、建筑类型(3.91)、环境卫生(3.85)、居住密度(3.81)。

66～70岁男性、女性老年人对交通站点、社区治安、健身场所较为满意；女性老年人对专用服务设施、人文景观、道路连通的评价显著高于男性老年人。经访谈后得知，66～70岁女性老年人，家中孩子基本上都已上学，每天有大量时间和同伴们外

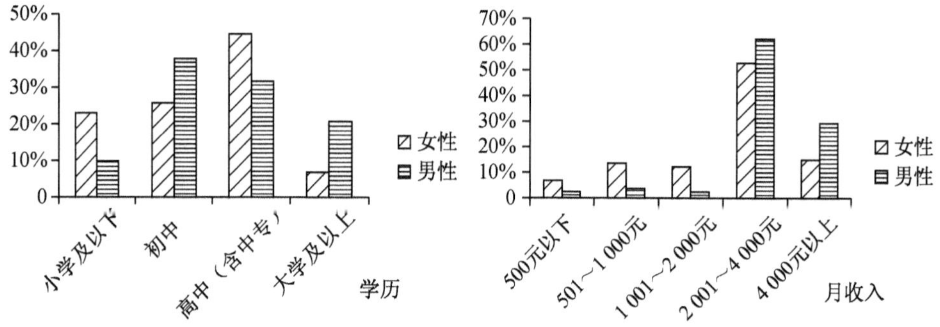

图 4.2　66～70 岁不同性别老年人学历(%)、月收入(%)对比

出休闲健身，因而对人文景观、专用服务设施等相对满意；而同年龄段男性老年人，文化水平、月收入相对较高，因而对专用服务设施、人文景观的要求相对较高(见图 4.2)。

3. 71～75 岁老年人

男性老年人建成环境感知因素得分依次为：交通站点(4.22)、商业场所(4.02)、社区治安(3.98)、健身场所(3.96)、服务场所(3.89)、交通量(3.89)、娱乐场所(3.87)、自然景观(3.83)、建筑类型(3.83)、土地混合利用(3.80)、街道路面(3.80)、交通安全(3.78)、活动环境安全(3.76)、专用服务设施(3.72)、人文景观(3.72)、居住密度(3.72)、道路连通(3.59)、环境卫生(3.54)。

女性老年人建成环境感知因素得分依次为：交通站点(4.28)、娱乐场所(4.16)、社区治安(4.10)服务场所(4.08)、交通安全(4.07)、商业场所(4.00)、健身场所(3.98)、交通量(3.9)、活动环境安全(3.8)、环境卫生(3.77)、居住密度(3.75)、街道路面(3.75)、自然景观(3.74)、人文景观(3.70)、土地混合利用(3.69)、专用服务设施(3.66)、建筑类型(3.64)、道路连通(3.62)。

71～75 岁男性、女性老年人对交通站点、社区治安较为满意；女性老年人对棋牌室、街边开敞空间、公园、老年人活动中心等娱乐场所的评价显著高于男性老年人。经访谈后得知，与男性相比，女性老年人更乐于参与集体性活动项目，或和同伴一起参与健身休闲活动，在娱乐场所与人交流心得、传授经验、成组活动的过程中，女性老年人更容易获得心理的充实感和自我存在感。

4. 76～80 岁老年人

男性老年人建成环境感知因素得分依次为：交通站点(4.38)、商业场所(4.13)、服务场所(4.13)、健身场所(4.09)、社区治安(4.09)、娱乐场所(4.03)、建筑类型(3.97)、交通量(3.91)、土地混合利用(3.88)、居住密度(3.81)、交通安全(3.81)、道路连通(3.78)、街道路面(3.75)、活动环境安全(3.69)、人文景观(3.56)专用服务设施(3.53)、自然景观(3.53)、环境卫生(3.38)。

女性老年人建成环境感知因素得分依次为：交通站点(4.19)、商业场所(4.11)、人文景观(4.05)、娱乐场所(4.03)、土地混合利用(3.97)、健身场所(3.95)、服务场所(3.86)、自然景观(3.84)、环境卫生(3.84)、建筑类型(3.84)、交通量(3.84)、社区治安(3.73)、道路连通(3.73)、交通安全(3.70)、专用服务设施(3.68)、街道路面(3.68)、活动环境安全(3.65)、居住密度(3.57)。

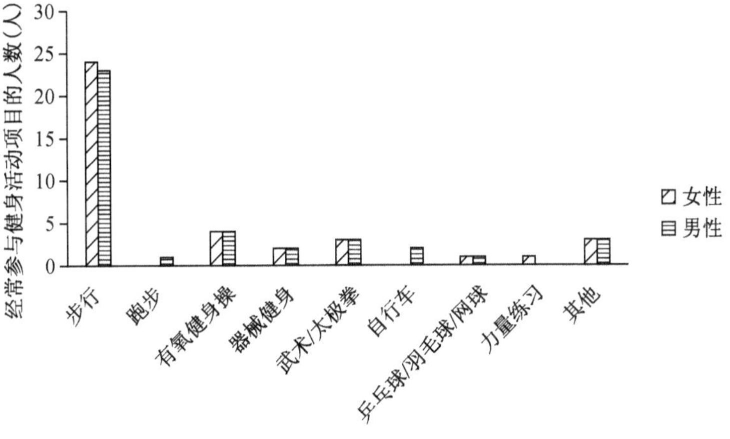

图 4.3　76～80 岁不同性别老年人经常参与的健身活动项目

76～80 岁男性、女性老年人对交通站点、商业场所较为满意；男性老年人对社区治安的评价显著高于女性老年人，对人文景观、环境卫生的评价却显著低于女性老年人。随着生理机能的老化，近耄耋之年的老年人成为户外活动中最容易发生危险的群体，他们每天的活动量较少，不同性别之间的健身活动项目趋于相同(见图 4.3)，安全成为 76～80 岁老年人日常生活中首要考虑的因素，而女性老年人对安全感的需求更为迫切。此外，同年龄段男性老年人的文化水平、月收入相对较高，因而对人文景观、环境卫生等要求也相对较高。

四、讨论

总体而言，南京城市社区老年人对小区及其周围的交通站点、社区治安、商业场所等较为满意，对小区及其周围的专用服务设施、居住密度、环境卫生等评价较低。说明现阶段城市建成环境的发展难以满足老年人日益增长的美好生活需要。伴随着城市化进程的快速推进，居民的居住环境面临着前所未有的巨大挑战，休息座椅、公厕扶手等专用服务设施配套不到位，人口密度过高、交通拥挤、噪声、空气质量、水污染问题严重等，成为时刻影响老年人健康的重要因素。边缘社区老年人的建成环境感知因素得分显著高于传统社区，可能是因为边缘社区老年人多为拆迁安置居民，生活场域和地理空间从实质意义的“乡下”变成具有象征意义的“城市”，一定程度上满足了他们的美好生活需要。与此同时，边缘社区土地资源较为充裕、土地成本相对较低，能给予老年人充足的活动空间。而传统社区功能单一且日趋老化，随着城镇规模的不断扩大，其他社区城市建设快速发展，传统社区却因为多种原因难以得到充足改善，又加速了这种衰落的趋势。历经老城区最初的繁荣和时下的落寞，传统社区老年人对小区及其周边环境的不满愈加强烈。

第二节　建成环境感知与户外体力活动的关联

采用灰色关联模型对建成环境感知因素与户外 MVPA 的关联度进行计算，关联度越大，说明前者对后者的影响越大。因研究中的老年人户外 MVPA 分为工作日户外 MVPA、休息日户外 MVPA、平均日户外 MVPA 三种类型，故将三种情况分别进行讨论。

一、建成环境感知因素与平均日户外 MVPA 的关联

1. 评价因子及权重

与平均日户外 MVPA 相关联的各评价因子权重顺序依次为：健身场所、娱乐场所、交通站点、环境卫生、建筑类型、居住密度、服务场所、交通量、活动环境安全、街道路面、道路连通、商业场所、交通安全、自然景观、人文景观、土地混合利用、专用服务设施、社区治安（见表 4.4）。

表 4.4　评价因子及权重

综合因子	评价因子	权重
目的地可达性	健身场所	0.064 7
	商业场所	0.054 3
	服务场所	0.056 3
	娱乐场所	0.063 3
	交通站点	0.059 8

续表

综合因子	评价因子	权重
活动环境及设施安全性	社区治安	0.049 2
	活动环境安全	0.055 6
	专用服务设施	0.049 4
活动环境美观性	人文景观	0.050 8
	自然景观	0.052 2
	环境卫生	0.059 6
居住适宜性	土地混合利用	0.050 5
	居住密度	0.056 8
	建筑类型	0.057 9
交通通达性	街道路面	0.055 3
	交通量	0.056 2
	交通安全	0.052 7
	道路连通	0.055 2

2. 确定序列

本研究设平均日户外 MVPA 为系统特征数列(母序列),平均日户外 MVPA 是将每个小区层面测量的数值在社区类型层面上进行汇总,求得所有日期连续测量的户外 MVPA 平均值。建成环境感知指标为相关因素数列(子序列),即将各小区层面老年人的建成环境感知问卷的分支进行汇总,求平均值所得。将所求的平均日户外 MVPA 数列与建成环境感知数列进行灰色关联分析,原始数据见表 4.5。

表 4.5　建成环境感知指标与平均日户外 MVPA 指标原始数据序列

建成环境感知指标	综合社区	单位社区	传统社区	边缘社区
健身场所	3.94	3.99	3.53	4.27
商业场所	4.03	3.95	3.77	4.24
服务场所	3.96	3.96	3.75	4.15
娱乐场所	3.86	3.98	3.65	4.19
交通站点	4.27	4.31	3.94	4.40
社区治安	4.32	4.02	3.80	4.18
活动环境安全	3.94	3.79	3.45	4.01

续表

建成环境感知指标	综合社区	单位社区	传统社区	边缘社区
专用服务设施	3.86	3.58	3.46	3.93
人文景观	3.89	3.77	3.7	3.98
自然景观	3.86	3.75	3.50	3.92
环境卫生	3.61	3.67	3.45	3.90
土地混合利用	3.87	3.80	3.76	3.80
居住密度	3.68	3.69	3.47	3.82
建筑类型	3.75	3.81	3.63	3.96
街道路面	3.8	3.82	3.70	3.96
交通量	3.91	3.94	3.76	4.03
交通安全	3.85	3.8	3.77	4.04
道路连通	3.73	3.74	3.60	3.86
平均日户外 MVPA	25.47	28.47	22.71	34.54

3. 观测序列的无量纲化处理

将评价指标进行无量纲化处理可以消除量纲与量纲不同而导致的不可公度性，诸多灰色关联法相关文献常采用均值法对数据进行无量纲处理。均值法的结果是一个比例相对数，综合了所需变量的信息，较少受极值的影响，因为计算结果比较科学。均值法基本能满足本研究中各类数据处理方法统一化的要求，经均值法处理的各指标数据构成的协方差矩阵，不仅能反映出原始数据中各指标变异程度上的差异，还可以包含不同指标之间互相影响差异的信息（见表 4.6）。

表 4.6　无量纲化数据序列

建成环境感知指标	综合社区	单位社区	传统社区	边缘社区
健身场所	1.001 9	1.0146	0.8976	1.085 8
商业场所	1.008 1	0.988 1	0.943 1	1.060 7
服务场所	1.001 3	1.001 3	0.948 2	1.049 3
娱乐场所	0.984 7	1.015 3	0.931 1	1.068 9
交通站点	1.009 5	1.018 9	0.931 4	1.040 2
社区治安	1.058 8	0.985 3	0. 931 4	1.024 5
活动环境安全	1.037 5	0.998 0	0.908 5	1.056 0

续表

建成环境感知指标	综合社区	单位社区	传统社区	边缘社区
专用服务设施	1.041 1	0.965 6	0.933 2	1.060 0
人文景观	1.014 3	0.983 1	0.964 8	1.037 8
自然景观	1.021 2	0.992 1	0.949 7	1.037 0
环境卫生	0.987 0	1.003 4	0.943 3	1.066 3
土地混合利用	1.016 4	0.998 0	0.987 5	0.998 0
居住密度	1.004 1	1.006 8	0.946 8	1.042 3
建筑类型	0.990 1	1.005 9	0.958 4	1.045 5
街道路面	0.994 8	1.000 0	0.968 6	1.036 6
交通量	1.000 0	1.007 7	0.961 6	1.030 7
交通安全	0.996 1	0.983 2	0.975 4	1.045 3
道路连通	0.999 3	1.002 0	0.964 5	1.034 2
平均日户外 MVPA	0.916 3	1.024 2	0.817 0	1.242 6

4. 建成环境感知因素与平均日户外 MVPA 关联结果

(1) 调查对象一般情况。本研究共调查 501 位老年人，其中男性占 42.7%，女性占 57.3%；年龄方面：60～65 岁占 33.7%，66～70 岁占 31.1%，71～75 岁占 21.4%，76～80 岁占 13.8%；身体质量指数：偏瘦占 1.6%，正常占 44.9%，超重占 41.3%，肥胖占 12.2%；学历方面：小学及以下占 20.8%，初中占 33.3%，高中(含中专)占 32.3%，大学(含大专)及以上占 13.6%；职业方面：干部、管理人员占 19.6%，企事业、厂矿职工占 56.7%，农、林、牧、渔、水利业生产人员占 8.6%，商业、服务业人员占 5.2%，自由职业者、个体户占 2.6%，无业、失业、半失业者占 3.2%，其他占 3.0%；月收入：500 元以下占 4.6%，501～1 000 元占 9.4%，1 001～2 000 元占 12.4%，2 001～4 000 元占 58.5%，4 000 元以上占 15.2%；家庭属性：夫妻双方健在、与子女同住占 32.3%，夫妻双方健在、未与子女同住占 52.9%，单身、与子女同住占 5.8%，单身、未与子女同住占 9.0%；慢性病方面：无慢性病占 35.9%，1 种慢性病占 45.1%，2 种慢性病占 13.4%，3 种慢性病及以上占 5.6%；身体自我评价：最差占 0.6%，较差占 8.4%，一般占 56.3%，较好占 32.3%，最好占 2.2%；身体活动环境评价：最差占 2.0%，较差占 3.8%，一般占 46.1%，较好占 40.5%，最好占 7.6%；住房类型：低层(1～3 层)占 10.6%，多层(4～6 层)占 59.5%，小高层(7～9 层)占 10.4%，高层(10 层及以上)占 19.6%。

(2) 关联度的排序。18 个参考序列的排序为：健身场所(0.639 0)＞娱乐场所

(0.625 9)＞交通站点(0.604 8)＞环境卫生(0.597 4)＞建筑类型(0.585 0)＞居住密度(0.580 4)＞服务场所(0.575 5)＞交通量(0.574 6)＞活动环境安全(0.573 4)＞道路连通(0.566 2)＞街道路面(0.565 7)＞商业场所(0.559 3)＞自然景观(0.545 6)＞交通安全(0.543 0)＞人文景观(0.532 4)＞土地混合利用(0.531 1)＞社区治安(0.524 1)＞专用服务设施(0.521 1)。从参考序列的排序来看，目的地可达性对平均日户外 MVPA 的影响最大，活动环境及设施安全性对平均日户外 MVPA 的影响最小。

(3) 不同类型社区建成环境感知质量综合评价。根据上述结果得出四种类型社区建成环境感知综合评价分值：综合社区＝1.008 3，单位社区＝0.999 2，传统社区＝0.946 1，边缘社区＝1.046 4。由此可知，平均日不同类型社区建成环境感知质量得分高低排序为边缘社区、综合社区、单位社区和传统社区。

二、建成环境感知因素与工作日户外 MVPA 的关联

1. 评价因子及权重

与工作日户外 MVPA 相关联的各评价因子权重顺序依次为：健身场所、娱乐场所、交通站点、环境卫生、建筑类型、居住密度、服务场所、交通量、活动环境安全、道路连通、街道路面、商业场所、自然景观、交通安全、人文景观、土地混合利用、社区治安、专用服务设施(见表 4.7)。

表 4.7　评价因子及权重

综合因子	评价因子	权重
目的地可达性	健身场所	0.061 7
	商业场所	0.054 7
	服务场所	0.056 1
	娱乐场所	0.060 5
	交通站点	0.058 8
活动环境及设施安全性	社区治安	0.051 7
	活动环境安全	0.056 0
	专用服务设施	0.051 3
活动环境美观性	人文景观	0.052 3
	自然景观	0.053 5
	环境卫生	0.058 0

续表

综合因子	评价因子	权重
居住适宜性	土地混合利用	0.052 2
	居住密度	0.056 6
	建筑类型	0.056 9
交通通达性	街道路面	0.055 2
	交通量	0.056 0
	交通安全	0.053 2
	道路连通	0.055 3

2. 确定序列

本研究设工作日户外 MVPA 为系统特征数列(母序列),工作日户外 MVPA 是将每个小区层面测量的数值在社区类型层面上进行汇总,求得所有日期连续测量的户外 MVPA 平均值。建成环境感知指标为相关因素数列(子序列),即将各小区层面老年人的建成环境感知问卷的分支进行汇总,求平均值所得。再将所求的工作日户外 MVPA 数列与建成环境感知数列进行灰色关联分析,原始数据见表 4.8。

表 4.8　建成环境感知指标与工作日户外 MVPA 指标原始数据序列

建成环境感知指标	综合社区	单位社区	传统社区	边缘社区
健身场所	3.94	3.99	3.53	4.27
商业场所	4.03	3.95	3.77	4.24
服务场所	3.96	3.96	3.75	4.15
娱乐场所	3.86	3.98	3.65	4.19
交通站点	4.27	4.31	3.94	4.40
社区治安	4.32	4.02	3.80	4.18
活动环境安全	3.94	3.79	3.45	4.01
专用服务设施	3.86	3.58	3.46	3.93
人文景观	3.89	3.77	3.70	3.98
自然景观	3.86	3.75	3.59	3.92
环境卫生	3.61	3.67	3.45	3.90
土地混合利用	3.87	3.80	3.76	3.80

续表

建成环境感知指标	综合社区	单位社区	传统社区	边缘社区
居住密度	3.68	3.69	3.47	3.82
建筑类型	3.75	3.81	3.63	3.96
街道路面	3.80	3.82	3.7	3.96
交通量	3.91	3.94	3.76	4.03
交通安全	3.85	3.80	3.77	4.04
道路连通	3.73	3.74	3.60	3.86
工作日户外 MVPA	28.24	30.17	24.93	34.92

3. 观测序列的无量纲化处理(见表 4.9)

表 4.9 无量纲化数据序列

建成环境感知指标	综合社区	单位社区	传统社区	边缘社区
健身场所	1.001 9	1.014 6	0.897 6	1.085 8
商业场所	1.008 1	0.988 1	0.943 1	1.060 7
服务场所	1.001 3	1.001 3	0.948 2	1.049 3
娱乐场所	0.984 7	1.015 3	0.931 1	1.068 9
交通站点	1.009 5	1.018 9	0.931 4	1.040 2
社区治安	1.058 8	0.985 3	0.931 4	1.024 5
活动环境安全	1.037 5	0.998 0	0.908 5	1.056 0
专用服务设施	1.041 1	0.965 6	0.933 2	1.060 0
人文景观	1.014 3	0.983 1	0.964 8	1.037 8
自然景观	1.021 2	0.992 1	0.949 7	1.037 0
环境卫生	0.987 0	1.003 4	0.943 3	1.066 3
土地混合利用	1.016 4	0.998 0	0.987 5	0.998 0
居住密度	1.004 1	1.006 8	0.946 8	1.042 3
建筑类型	0.990 1	1.005 9	0.958 4	1.045 5
街道路面	0.994 8	1.000 0	0.968 6	1.036 6
交通量	1.000 0	1.007 7	0.961 6	1.030 7
交通安全	0.996 1	0.983 2	0.975 4	1.045 3
道路连通	0.999 3	1.002 0	0.964 5	1.034 2
工作日户外 MVPA	0.955 2	1.020 5	0.843 2	1.181 1

4. 建成环境感知因素与工作日户外 MVPA 关联结果

(1) 关联度的排序。

18 个参考序列的排序依次为：健身场所(0.679 8)＞娱乐场所(0.665 6)＞交通站点(0.628 6)＞环境卫生(0.626 6)＞建筑类型(0.608 2)＞居住密度(0.597 2)＞服务场所(0.591 9)＞交通量(0.590 8)＞活动环境安全(0.584)＞街道路面(0.581 3)＞道路连通(0.580 2)＞商业场所(0.570 6)＞交通安全(0.553 3)＞自然景观(0.548 8)＞人文景观(0.534 2)＞土地混合利用(0.531)＞专用服务设施(0.519)＞社区治安(0.517 5)。从参考序列的排序来看，目的地可达性对工作日户外 MVPA 的影响最大，活动环境及设施安全性对工作日户外 MVPA 的影响最小。

(2) 不同类型社区建成环境感知质量综合评价。

根据上述结果得出四种类型社区建成环境感知综合评价分值：综合社区＝1.008 6，单位社区＝0.998 9，传统社区＝0.946 3，边缘社区＝1.046 2。由此可知，工作日不同类型社区建成环境感知质量得分高低排序为边缘社区、综合社区、单位社区和传统社区。

三、建成环境感知因素与休息日户外 MVPA 的关联

1. 评价因子及权重

与休息日户外 MVPA 相关联的各评价因子权重顺序依次为：健身场所、娱乐场所、交通站点、环境卫生、建筑类型、居住密度、服务场所、交通量、活动环境安全、道路连通、街道路面、商业场所、自然景观、交通安全、人文景观、土地混合利用、社区治安、专用服务设施(见表 4.10)。

表 4.10　评价因子及权重

综合因子	评价因子	权重
目的地可达性	健身场所	0.062 4
	商业场所	0.054 6
	服务场所	0.056 2
	娱乐场所	0.061 1
	交通站点	0.059 0
活动环境及设施安全性	社区治安	0.051 2
	活动环境安全	0.056 0
	专用服务设施	0.050 9

续表

综合因子	评价因子	权重
活动环境美观性	人文景观	0.052 0
	自然景观	0.053 3
	环境卫生	0.058 3
居住适宜性	土地混合利用	0.051 8
	居住密度	0.056 7
	建筑类型	0.057 1
交通通达性	街道路面	0.055 2
	交通量	0.056 1
	交通安全	0.053 0
	道路连通	0.055 3

2. 确定序列

本研究设休息日户外 MVPA 为系统特征数列(母序列),休息日户外 MVPA 是将每个小区层面测量的数值在社区类型层面上进行汇总,求得所有日期连续测量的户外 MVPA 平均值。建成环境感知指标为相关因素数列(子序列),即将各小区层面老年人的建成环境感知问卷的分支进行汇总,求平均值所得。将所求的休息日户外 MVPA 数列与建成环境感知数列进行灰色关联分析,原始数据见表 4.11。

表 4.11　建成环境感知指标与休息日户外 MVPA 指标原始数据序列

建成环境感知指标	综合社区	单位社区	传统社区	边缘社区
健身场所	3.94	3.99	3.53	4.27
商业场所	4.03	3.95	3.77	4.24
服务场所	3.96	3.96	3.75	4.15
娱乐场所	3.86	3.98	3.65	4.19
交通站点	4.27	4.31	3.94	4.40
社区治安	4.32	4.02	3.80	4.18
活动环境安全	3.94	3.79	3.45	4.01
专用服务设施	3.86	3.58	3.46	3.93
人文景观	3.89	3.77	3.70	3.98
自然景观	3.86	3.75	3.59	3.92

续表

建成环境感知指标	综合社区	单位社区	传统社区	边缘社区
环境卫生	3.61	3.67	3.45	3.90
土地混合利用	3.87	3.80	3.76	3.80
居住密度	3.68	3.69	3.47	3.82
建筑类型	3.75	3.81	3.63	3.96
街道路面	3.8	3.82	3.70	3.96
交通量	3.91	3.94	3.76	4.03
交通安全	3.85	3.80	3.77	4.04
道路连通	3.73	3.74	3.60	3.86
休息日户外 MVPA	24.36	27.79	21.82	34.40

3. 观测序列的无量纲化处理(见表 4.12)

表 4.12　无量纲化数据序列

建成环境感知指标	综合社区	单位社区	传统社区	边缘社区
健身场所	1.001 9	1.014 6	0.897 6	1.085 8
商业场所	1.008 1	0.988 1	0.943 1	1.060 7
服务场所	1.001 3	1.001 3	0.948 2	1.049 3
娱乐场所	0.984 7	1.015 3	0.931 1	1.068 9
交通站点	1.009 5	1.018 9	0.9314	1.0402
社区治安	1.058 8	0.985 3	0.931 4	1.024 5
活动环境安全	1.037 5	0.998 0	0.908 5	1.056 0
专用服务设施	1.041 1	0.965 6	0.933 2	1.060 0
人文景观	1.014 3	0.983 1	0.964 8	1.037 8
自然景观	1.021 2	0.992 1	0.949 7	1.037 0
环境卫生	0.987 0	1.003 4	0.943 3	1.066 3
土地混合利用	1.016 4	0.998 0	0.987 5	0.998 0
居住密度	1.004 1	1.006 8	0.946 8	1.042 3
建筑类型	0.990 1	1.005 9	0.958 4	1.045 5
街道路面	0.994 8	1.000 0	0.968 6	1.036 6
交通量	1.000 0	1.007 7	0.961 6	1.030 7
交通安全	0.996 1	0.983 2	0.975 4	1.045 3

续表

建成环境感知指标	综合社区	单位社区	传统社区	边缘社区
道路连通	0.999 3	1.002 0	0.964 5	1.034 2
休息日户外 MVPA	0.899 1	1.025 7	0.805 4	1.269 7

4. 建成环境感知因素与休息日户外 MVPA 关联结果

(1) 关联度的排序。

18 个参考序列的排序为:健身场所(0.628 5)>娱乐场所(0.616 3)>交通站点(0.598 6)>环境卫生(0.590 7)>建筑类型(0.579 8)>居住密度(0.576 5)>服务场所(0.571 8)>交通量(0.571 0)>活动环境安全(0.570 7)>道路连通(0.563 3)>街道路面(0.562 5)>商业场所(0.557 1)>自然景观(0.545 4)>交通安全(0.541 5)>人文景观(0.532 9)>土地混合利用(0.531 9)>社区治安(0.526 4)>专用服务设施(0.522 6)。从参考序列的排序来看,目的地可达性对休息日户外 MVPA 的影响最大,活动环境及设施安全性对休息日户外 MVPA 的影响最小。

(2) 不同类型社区建成环境感知质量综合评价。

根据上述结果得出四种类型社区建成环境感知综合评价分值:综合社区=1.008 6,单位社区=0.998 9,传统社区=0.946 4,边缘社区=1.046 1。由此可知,休息日不同类型社区建成环境感知质量得分高低排序为边缘社区、综合社区、单位社区和传统社区。

四、建成环境感知对户外体力活动影响的分析

(1) "目的地可达性"维度中,对户外体力活动影响程度排序依次为健身场所、娱乐场所、交通站点、老年人服务场所、商业场所。通常来讲,如果老年人能方便地到达健身场所、娱乐场所,小区附近有超市、菜市场等,会增大对老年人外出活动的吸引力;但便捷的城市交通站点、对老年人的公交补贴政策、商品的价格因素会消除城市老年人对设施场所距离的顾虑;此外,设施场所的高可达性也缩短了出行距离,减少了体力消耗,对户外体力活动和健康产生了负面影响,最终综合效应在一定程度上削弱了可达性的重要性。

(2) "活动环境美观性"维度中,对户外体力活动影响程度排序依次为环境卫生、自然景观、人文景观。随着社会的发展,城市老年人对环境卫生、自然景观、人文景观的要求越来越高,其户外体力活动也会从对目的地可达性"量"的需求向活动环境美观性"质"的需求提升。活动环境美观性已经成为影响城市老年人户外体力活动的一个重要因素。

(3)“活动环境及设施安全性”维度中，对户外体力活动影响程度排序依次为活动环境安全、专用服务设施、社区治安。随着生理机能的老化，安全成为老年人户外活动中不可忽视的因素。根据马斯洛的需求层次理论，只有基本的安全需求被满足时，老年人才会转而寻求更高层次的需求。课题组调研结果显示，活动环境安全性较高、专用服务设施齐全、治安良好的社区，对老年人群积极参与户外体力活动具有良好的“推力”作用。有研究指出，生活在低犯罪率社区的老年人，参与步行及其他户外体力活动明显多于居住在高犯罪社区的老年人①。

(4)“居住适宜性”维度中，对户外体力活动影响程度排序依次为建筑类型、居住密度、土地混合利用。一般而言，居住密度越高，老年人在居住地、健身场所、商业场所和其他场所之间通勤的距离就越小，对机动车交通的依赖越低；另外，较高的居住密度有利于增强街道生活活力和邻里商业的支撑能力，进而促进老年人户外体力活动。研究表明，居住密度对体力活动的影响主要体现在交通性步行方面②。也有研究表明，适当的土地利用混合有助于对活动人群产生较强的吸引力，进而影响老年人的户外活动出行频率③。

(5)“交通通达性”维度中，对户外体力活动影响程度排序依次为交通量、街道路面、道路连通、交通安全。街道路面、交通量对城市老年人户外体力活动具有一定影响，老年人通常喜欢在坡度较小、路面平整、交通量较少的地方活动，道路拓扑深度过高会在一定程度上削弱老年人的出行意愿。研究表明，机动车事故是导致老年人非天然死亡的一个重要原因，老年人在连通性较好的道路上步行易产生“恐惧感”，道路连通性过低会影响老年人外出活动的便捷性④。并非所有建成环境因素都对体力活动产生独立影响，各环境因素之间交互影响，改善交通安全性可能会抑制因道路连通性好而带来的交通事故发生率，从而消除老年人的“恐惧”心理，提高老年人户外体力活动水平。

---

① Yang W, Spears K, Zhang F, et al. Evaluation of personal and built environment attributes to physical activity: a multilevel analysis on multiple population-based data sources[J]. Journal of Obesity, 2012(3).

② Coogan P F, White L F, Adler T J, et al. Prospective study of urban form and physical activity in the Black Women's Health Study[J]. American Journal of Epidemiology, 2009, 170(9):1105-1117.

③ Cain K L, Millstein R A, Sallis J F, et al. Contribution of streetscape audits to explanation of physical activity in four age groups based on the Microscale Audit of Pedestrian Streetscapes(MAPS)[J]. Social Science & Medicine, 2014, 116: 82-92.

④ Mckay H A, Winters M, et al. Neighborhood walkability, physical activity, and walking for transportation: A cross-sectional study of older adults living on low income[J]. BMC Geriatrics, 2017, 17(1): 82-95.

第三节　本章小结

(1) 南京市不同类型社区建成环境感知质量得分高低排序为边缘社区、综合社区、单位社区和传统社区。(2)对老年人户外 MVPA 影响较大的建成环境感知因素依次为健身场所、娱乐场所、交通站点、环境卫生、建筑类型、居住密度，相关部门在进行城市及社区规划时可以通过整合优化建成环境中的上述有利因素，促进老年人进行户外体力活动，提高其健康水平，以缓解我国人口老龄化所带来的健康隐患。(3)从主观与客观建成环境质量的评价结果可以看出，主客观建成环境指标评价排序不尽相同，说明实际客观建成环境质量的高低并不能代表城市老年人的建成环境感知质量。要提高老年人的建成环境感知质量，一方面需要着手改善客观建成环境质量；另一方面需要厘清主客观建成环境之间的相互作用，探寻影响建成环境感知评价的多重因素。

第五章

客观建成环境对老年人户外体力活动的影响

本研究基于 ArcGIS 10.2 软件处理及分析的客观建成环境数据，探索人口密度、建筑密度、街道连通性、人均道路总长度、土地利用混合度、至交通站点距离、交通站点数、至健身休闲场所距离、至商业场所距离等客观建成环境因素对老年人户外体力活动的影响，以期了解客观建成环境对老年人户外体力活动的影响状况，为老年人户外体力活动建成环境的优化发展提供依据。

客观建成环境数据的处理及分析均采用 ArcGIS 10.2 软件完成。在体力活动研究领域，基于地理信息系统的建成环境测量主要是指从地理信息系统数据库中提取与体力活动水平密切相关的空间数据并进行空间分析的过程。空间数据主要涉及地理信息系统基本要素之点、线、面三类矢量数据。其中，点要素包括本研究需要的各类健身场所、购物场所和休闲场所等；线要素包括南京市域的路网、轨道交通网以及河流的矢量数据；面要素包括南京市域矢量地图，南京市各区、街道矢量地图。

本研究将包含南京市公交站点、银行、商业大厦、零售行业、宾馆酒店、餐饮娱乐、政府机构、医院、学校科研、公司企业、公园广场、公园绿地、山、河流湖泊、住宅小区、街道网络等空间信息的南京市全要素数字地图（获取于南京市测绘勘察研究院）导入 ArcGIS 10.2，作为抽取客观建成环境数据的基础。将家庭住所至户外体力活动场所距离数据按 100 m 的组间距进行频数统计，频数百分比达到了 60.13%，说明离家距离 500 m 范围内包含了城市社区老年人的大部分户外体力活动。同时，参考国内外相关文献[①②③]，结合南京市公共设施的服务半径（如公交站点、健身路径、菜市场等）将本研究的缓冲区半径定为 500 m。

① Zijlema W L, Triguero-Mas M, Smith G, et al. The relationship between natural outdoor environments and cognitive functioning and its mediators[J]. Environmental research, 2017, 155: 268-275.

② Dewulf B, Neutens T, Van Dyck D, et al. Associations between time spent in green areas and physical activity among late middle-aged adults[J]. Geospatial health, 2016, 11(3):225-232.

③ 张莹. 城市体质健康型人居环境建设研究[D]. 上海：东华大学，2011.

利用 ArcGIS 10.2 从中抽取街道连通性、人均道路总长度、土地利用混合度、人口密度、建筑密度、至交通站点距离、交通站点数、至健身休闲场所距离、至商业场所距离等指标数据。具体技术方案为：以样本点为中心生成 500 m 范围的缓冲区，然后对缓冲区做 Clip 处理，从中抽取本研究所需要的客观建成环境变量数据。图 5.1 中选取了“华电新村”作为采集部分建成环境变量数据的一个样本点案例，其他数据采集如图所示。

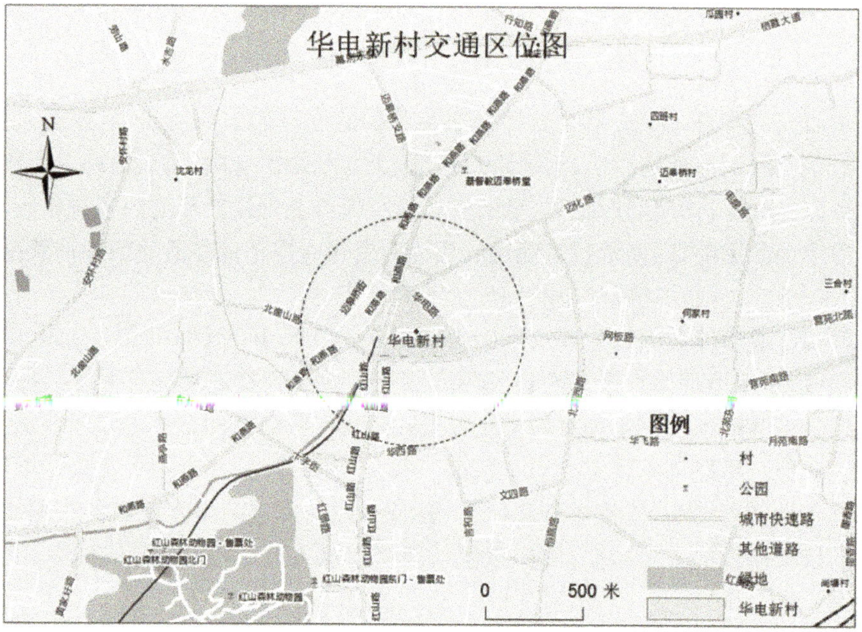

图 5.1　建成环境缓冲半径及数据抽取示意图

第一节　因变量与客观建成环境现状分析

一、户外体力活动与健康现状

本研究中的六个因变量分别是平均日户外 MVPA、工作日户外 MVPA、休息日户外 MVPA、BMI 指数、慢性疾病、身体自我评价。具体情况见表 5.1。

表 5.1　因变量的描述性统计

	N	最小值	最大值	平均值	标准差
平均日户外 MVPA	501	0.00	121.75	28.41	27.59
工作日户外 MVPA	501	0.00	167.50	30.11	29.47
休息日户外 MVPA	501	0.00	101.13	27.72	29.72
BMI 指数	501	1.00	4.00	2.64	0.71
慢性疾病	501	0.00	3.00	0.89	0.84
身体自我评价	501	1.00	44.00	3.35	1.94

研究所调查的城市老年人，既有整天待在家中户外 MVPA 为 0 的人员，也有长时间在外步行，平均日户外 MVPA 为 121.75 min 的“暴走族”。老年人的 BMI 指数：偏瘦占 1.60%，正常占 44.90%，超重占 41.32%，肥胖占 12.18%；慢性疾病：无慢性病占 35.93%，1 种慢性病占 45.11%，2 种慢性病占 13.37%，3 种慢性病占 5.59%；身体自我评价：最差占 0.60%，较差占 8.38%，一般占 56.48%，较好占 32.34%，最好占 2.20%。

二、客观建成环境现状分析

随着 1998 年国家全面取消福利分房制度，包括南京在内的多数城市都经历了大规模的更新、改造、扩张和升级，当前正处于由单位社会向非单位社会的转型期，在快速城市化进程中，南京市每年的土地混合利用情况会发生较大变化。根据国外相关研究成果提出的假设，土地利用混合度越大，城市老年人进行户外体力活动的可能性就越大，健康状况就越好。此外，还有研究提出，人口密度越高、建筑密度越低、人均道路总长度越高、街道连通性越高，城市老年人户外体力活动就越多，健康状况就越好。

因为住户的地理位置不同，到达健身休闲场所、商业场所、交通站点的情况差距较大，其中至交通站点距离的平均值为 264.11 m，城市老年人外出活动方便，说明南京市的交通站点建设成绩斐然。根据至健身休闲场所、商业场所、交通站点的距离会影响城市老年人外出活动的意愿，提出假设至健身休闲场所、商业场所、交通站点的距离越近，城市老年人户外体力活动就越多，健康状况就越好。

从表 5.2 中的数据可以看出南京市在小区层面的客观建成环境差距较大，为本研究分析客观建成环境变量对户外体力活动和健康状况的影响提供了研究前提。

表 5.2 客观建成环境的描述性统计

		N	最小值	最大值	平均值	标准差
密度	人口密度(人/km^2)	32	2 415.00	107 938.00	31 262.84	20 745.33
	建筑密度(%)	32	0.13	0.59	0.32	0.11
设计与多样性	街道连通性(个/km^2)	32	5.00	26.00	14.59	5.20
	人均道路总长度(m)	32	0.03	1.44	0.25	0.29
	土地利用混合度(个)	32	8.00	17.00	12.41	2.46
可达性	至交通站点距离(m)	32	78.00	618.30	264.11	126.77
	交通站点数(个)	32	0.00	10.00	5.12	1.98
	至健身休闲场所距离(m)	32	45.00	665.00	279.71	163.14
	至商业场所距离(m)	32	182.50	1272.50	535.53	319.70

第二节 客观建成环境与户外体力活动的关联

一、评价因子与权重确定

1. 评价因子

客观建成环境主要根据研究需要和研究实际情况选择指标，所选择的指标也相对宽泛。通常采用的指标有人口密度、建筑密度、交叉路口数量、街区面积大小、步行道密度、自行车道密度、不同用地种类、不同用地比例、单位面积内就业与住房比例、单位面积公交站的数量、到最近商业场所的距离、到最近地铁站或者公交站的距离、到中心商务区的距离等。齐兰兰等在 2018 年邻里建成环境对居民外出型休闲活动时空差异的影响研究中，将人口密度、交叉口数量、开敞空间用地比例、土地利用混合度、公交站点数量、到最近地铁站的距离、到最近开敞空间的距离、区域内休闲设施数量、购物餐饮设施数量、商业中心可达性纳入客观建成环境中[①]。冯建喜等在 2017 年客观与主观建成环境对老年人不同体力活动影响机制研究中，将

① 齐兰兰，周素红. 邻里建成环境对居民外出型休闲活动时空差异的影响——以广州市为例[J]. 地理科学，2018，38(1)：31-40.

公园、绿地、广场以及开放空间的数量，人口密度，有单独步行道的街道所占比例，步行道有违停街道所占比例，交通站点的数量纳入客观建成环境中①。何晓龙在2015年影响儿童青少年中到大强度体力活动的建成环境因素研究中，将上下学通勤距离、居住小区和学校周边绿化、公共交通站点、交叉路口密度、开敞空间分布、户外运动场地和设施纳入客观建成环境中②。张莹在2011年城市体质健康型人居环境建设研究中，将街道连通性，至河流、公园、广场的距离，人均道路面积，人均绿地面积，土地混合使用率，人口净密度，住宅类型纳入客观建成环境中③。

借鉴前人研究，根据现有研究条件，本研究选取的客观建成环境指标有：人口密度、建筑密度、街道连通性、人均道路总长度、土地利用混合度、至交通站点距离、交通站点数、至健身休闲场所距离、至商业场所距离。

（1）人口密度。其主要是指单位面积土地上居住的人口数量。部分文献将单位面积上的居住单位数量、单位面积上的居民和就业岗位数量也定义为人口密度。本研究中的人口密度是指小区内持有正式户口的居住人口数与小区单位面积的比值（人/ km^2）。

（2）建筑密度。这是指在一定范围内建筑物的基底总面积与用地面积的比例，主要反映一定范围内的建筑密集程度。本研究中的建筑密度是指小区范围内的建筑占地面积与小区总占地面积的比值（取值在0～1）。

（3）至健身休闲场所距离。这是指家庭住所至健身休闲场所的距离（m）。健身休闲场所主要包括健身场所（主要指羽毛球场、排球场、游泳池等），开敞空间（可供跳舞、打太极等活动的空地），健身路径，老年人活动中心，人行道（包括湖边、河边、山路等）等。

（4）至商业场所距离。这是指家庭住所至商业场所的距离（m）。商业场所主要包括菜市场、超市、商店、餐馆（小吃店）等。

（5）街道连通性。其是指缓冲区内单位面积超过3个节点交叉路口的数量（个/ km^2）。

（6）人均道路总长度。即缓冲区内道路总长度与人口的比值（m）。

（7）至交通站点距离。家庭住所至地铁站、公交车站、火车站的距离（m）。

（8）交通站点数。缓冲区范围内地铁站、公交车站、火车站的站点数量（个）。

（9）土地利用混合度。其是指特定区域内存在不同用途的土地利用或多样性。有关土地利用混合度的定义与计算方法较多，如 Hanibuchi 等将目的地的数

① 冯建喜，黄旭，汤爽爽．客观与主观建成环境对老年人不同体力活动影响机制研究——以南京为例[J]．上海城市规划，2017(3)：17－23．

② 何晓龙．影响儿童青少年中到大强度体力活动的建成环境因素研究[D]．上海：上海体育学院，2015．

③ 张莹．城市体质健康型人居环境建设研究[D]．上海：东华大学，2011．

量用作土地混合利用的度量①；张莹根据土地用途将其分为居住用地、交通用地、工业用地、仓储用地、公共建筑用地五种类型，并按照相应公式计算出土地利用混合度②；谢奔一等认为土地利用混合度是指特定区域内居住用地、交通用地、工业用地、仓储用地、公共设施用地、道路广场用地、市政公用设施用地、特殊用地、水域和其他用地等的合理布局③。杨阳将土地用途分为居住用地面积，商业金融用地面积，除居住、商业外的建设用地，以及非建设用地和非城镇用地四种类型，并按照相应公式计算出土地利用混合度④。本研究依据 Hanibuchi 的观点，将目的地的数量用作土地混合利用的度量，目的地主要分为银行、书店、咖啡厅/茶馆、服装店、社区中心、便利店、牙科诊所、电器店、快餐店、美容院、医院、洗衣店、图书馆、政府机构、药房、邮局、超市 17 种类型。

以上述客观建成环境变量作为自变量，身体评价、慢性疾病、BMI 指数、户外 MVPA 作为因变量，探讨建成环境、户外体力活动、健康之间的关系（见表 5.3）。

表 5.3　模型中两层解释变量及其定义

层次	变量名称		定义
第一层模型变量（个人特征）	因变量	身体自我评价	最差=1，较差=2，一般=3，较好=4，最好=5
		慢性疾病	无慢性病=0，1 种慢性病=1，2 种慢性病=2，3 种慢性病=3
		BMI 指数	偏瘦=1，正常=2，超重=3，肥胖=4
		户外 MVPA	工作日户外 MVPA=1，休息日户外 MVPA=2，平均日户外 MVPA=3
	自变量	性别（女～男）	女性=0，男性=1
		年龄段（小～大）	60～65 =1，66～70=2，71～75=3，76～80=4
		文化程度（低～高）	小学及以下=1，初中=2，高中（含中专）=3，大学（含大专）及以上=4
		月平均收入（低～高）	500 元以下=1，501～1 000 元=2，1 001～2 000 元=3，2 001～4 000 元=4，4 000 元以上=5

① Hanibuchi T, Kawachi I, Nakaya T, et al. Neighborhood built environment and physical activity of Japanese older adults: results from the Aichi Gerontological Evaluation Study (AGES) [J]. BMC public health, 2011, 11(1): 657.

② 张莹. 城市体质健康型人居环境建设研究[D]. 上海：东华大学，2011.

③ 谢奔一，蒋惠园. 基于路网饱和度的城市土地混合利用规划[J]. 公路交通科技，2015(05)：129-134.

④ 杨阳. 济南市住区建成环境与家庭出行能耗关系的量化研究[D]. 北京：清华大学，2013.

续表

层次	变量名称		定义
第二层模型变量（区域特征）	自变量	人口密度	小区内居住人口数与小区单位面积的比值（人/km^2）
		建筑密度	小区内所有建筑物的基底总面积与用地面积的比值（%）
		至健身休闲场所距离	家庭住所至健身休闲场所的距离（m）
		至商业场所距离	家庭住所至商业场所的距离（m）
		街道连通性	缓冲区内单位面积超过 3 个节点交叉路口的数量（个/km^2）
		人均道路总长度	缓冲区内道路总长度与人口的比值（m）
		土地利用混合度	缓冲区内目的地的数量（个）
		至交通站点距离	家庭住所至地铁站、公交车站、火车站的距离（m）
		交通站点数	缓冲区范围内地铁站、公交车站、火车站的站点数量（个）

2. 确定权重

（1）数据的预处理。研究中采用指标的量纲有所不同，为了消除量纲的影响，在计算前应对原始数据进行无量纲处理①。无量纲化后各变量的平均值为 0，标准差为 1，从而消除量纲和数量级的影响，无量纲化的方法主要有标准化、均值化、极值化三种。标准化是指原指标的一种变换，即每一个变量值与其平均值（或最大值、最小值、理想点等）的相对位置②。该方法具有尽量保持原变量的序关系不变、差异比不变、缩放不变等性质，是目前多变量综合分析中使用最多的一种方法。本研究采用标准化方法对原始数据进行无量纲处理，运用统计分析软件 SPSS 22.0 对城市客观建成环境评价指标进行数据无量纲化处理，原始数据无量纲处理值见表 5.4。

① 张文霖. 主成分分析在满意度权重确定中的应用[J]. 市场研究，2006(6)：18－22.

② 孙红卫，吕春燕，祁爱琴，等. 综合评价中数据标准化的原理研究[J]. 中国卫生统计，2015，32(2)：342－344，349.

表 5.4　原始数据无量纲处理值

人口密度	建筑密度	街道连通性	人均道路总长度	土地利用混合度	至交通站点距离	交通站点数	至健身休闲场所距离	至商业场所距离
−1.375 6	−1.079 4	0.270 5	−0.014 9	−0.165 1	−0.226 4	−0.063 1	0.354 8	−0.964 7
0.052 5	−0.414 0	−1.653 2	−0.679 5	−1.790 6	−0.697 4	−0.063 1	1.688 6	0.364 9
0.721 2	−0.798 3	−0.499 0	−0.468 2	−0.165 1	−0.623 2	−0.063 1	−0.521 7	−0.939 1
−0.218 5	−0.104 8	−1.845 5	−0.628 4	−1.384 2	−1.192 0	−0.063 1	−0.024 0	0.004 3
0.247 6	2.566 0	0.078 1	−0.737 5	−0.977 8	−0.971 1	0.442 0	1.165 8	2.305 2
−0.150 7	1.066 6	−0.691 3	−0.577 3	1.054 0	0.511 9	−1.578 5	2.3617	−0.563 4
−0.362 1	0.138 9	−0.883 7	−0.614 8	1.460 4	−0.994 8	−0.063 1	−0.972 2	−0.485 2
−1.264 8	0.157 6	−1.845 5	−0.526 2	−1.384 2	−0.508 1	−1.073 4	0.188 1	1.818 5
0.795 0	−0.892 0	−0.499 0	−0.614 8	−1.384 2	−0.174 4	−1.073 4	0.679 7	2.027 4
0.159 6	1.385 2	0.462 9	−0.427 3	−1.384 2	−0.482 0	−0.568 3	1.132 7	−0.323 2
−0.459 9	0.209 2	−0.691 3	−0.526 2	0.647 7	−0.963 2	0.947 1	0.669 9	0.394 3
−0.459 8	1.535 2	0.270 5	−0.427 3	0.241 3	0.062 3	−0.063 1	0.354 8	0.160 4
0.556 6	0.054 5	−0.883 7	0.189 6	0.647 7	2.137 7	−2.083 6	−0.588 5	−0.339 5
0.722 2	−0.788 9	0.462 9	−0.205 8	1.866 8	1.571 3	−0.063 1	−0.556 6	−0.401 4
0.041 0	−0.713 9	0.655 3	0.758 8	1.054 0	−1.468 1	0.442 0	−1.222 9	−0.512 8
−0.133 2	−1.791 6	−0.883 7	−0.522 7	−0.165 1	2.794 0	−2.588 7	−0.420 5	−0.757 7
−0.774 8	1.347 8	0.078 1	−0.468 2	−1.384 2	0.948 1	−0.063 1	1.331 9	−0.536 5
−0.766 6	−0.179 8	0.847 6	0.404 3	0.647 7	−0.150 7	2.462 4	−1.052 5	−0.275 4
0.666 8	0.063 9	1.809 5	4.054 6	1.054 0	0.172 7	0.442 0	−1.438 7	−0.730 5
1.409 3	0.073 3	1.232 4	0.135 1	−0.165 1	−1.121 0	0.442 0	−1.381 0	−1.104 2
−1.024 4	−0.339 1	−0.691 3	−0.014 9	−0.165 1	−0.426 0	−0.063 1	0.993 5	−0.955 0
0.903 2	−0.385 9	0.078 1	0.056 7	0.647 7	1.387 5	−0.568 3	−1.171 4	−0.996 3
−1.390 6	−1.744 7	1.424 7	1.402 9	0.647 7	0.298 1	0.947 1	−0.933 0	−0.459 3
−1.156 3	0.076 1	−1.268 4	−0.577 3	−0.571 5	−0.214 6	−0.568 3	0.718 9	0.043 7
−0.135 9	0.410 6	0.270 5	0.060 1	1.054 0	0.003 9	0.947 1	−0.221 3	0.987 4
0.320 9	−0.610 8	−0.114 2	−0.495 5	0.241 3	0.474 0	0.442 0	0.967 2	−0.282 9
0.541 7	−0.882 6	2.194 2	2.572 0	1.054 0	0.260 3	1.452 2	−0.644 9	−1.035 4
1.132 7	−0.854 5	0.655 3	−0.120 6	0.647 7	−1.163 6	0.442 0	−0.435 9	−0.129 3
−0.636 6	−0.151 6	0.655 3	−0.181 9	0.241 3	1.300 0	−0.063 1	−0.970 4	1.585 4
3.696 0	−0.329 7	1.040 0	0.056 7	−0.977 8	−0.196 5	1.452 2	−1.162 2	−0.371 4
0.247 6	1.441 5	−0.306 6	−0.512 5	−1.384 2	−0.418 9	−0.063 1	0.755 7	2.305 2
−0.459 8	1.535 2	0.270 5	−0.3489	0.241 3	0.070 2	−0.063 1	0.354 2	0.166 6

(2) 权重的确定。本研究选择的城市客观建成环境评价指标的测量尺度不同，为避免出现因测量尺度不同造成少数变量解释多数的变异量，故采用相关矩阵进行分析，如表 5.5 所示。

表 5.5　各指标变量间相关系数矩阵

指标 变量		人口密度	建筑密度	街道连通性	人均道路总长度	土地利用混合度	至交通站点距离	交通站点数	至健身休闲场所距离	至商业场所距离
相关性	人口密度	1.000	−0.030	0.295	0.129	−0.095	−0.087	0.141	−0.300	−0.093
	建筑密度	−0.030	1.000	−0.094	−0.265	−0.261	−0.211	−0.005	0.466	0.421
	街道连通性	0.295	−0.094	1.000	0.697	0.432	0.047	0.582	−0.508	−0.286
	人均道路总长度	0.129	−0.265	0.697	1.000	0.428	0.074	0.362	−0.519	−0.351
	土地利用混合度	−0.095	−0.261	0.432	0.428	1.000	0.238	0.195	−0.474	−0.429
	至交通站点距离	−0.087	−0.211	0.047	0.074	0.238	1.000	−0.478	−0.098	−0.170
	交通站点数	0.141	−0.005	0.582	0.362	0.195	−0.478	1.000	−0.310	−0.062
	至健身休闲场所距离	−0.300	0.466	−0.508	−0.519	−0.474	−0.098	−0.310	1.000	0.303
	至商业场所距离	−0.093	0.421	−0.286	−0.351	−0.429	−0.170	−0.062	0.303	1.000

根据上述数据，即可得到综合得分模型，表达式为：Y＝人口密度×0.157＋建筑密度×−0.284＋街道连通性×0.174＋人均道路总长度×0.216＋土地利用混合度×0.196＋至交通站点距离×0.169＋交通站点数×−0.042＋至健身休闲场所距离×−0.272＋至商业场所距离×−0.25。

第一个主成分对人口密度、建筑密度有绝对值较大的负荷系数，而这两者都是与密度有关的指标，因此将这 2 个指标命名为“密度”。第二个主成分对街道连通性、人均道路总长度、土地利用混合度有绝对值较大的负荷系数，街道连通性和人均道路总长度与“设计”有关，土地利用混合度与“多样性”有关，因此将这 3 个指标命名为“设计与多样性”。第三个主成分对至健身休闲场所距离、至商业场所距离、至交通站点距离、交通站点数有绝对值较大的负荷系数，其中，至健身休闲场所距离和至商业场所距离与“目的地可达性”有关，至交通站点距离和交通站点数与“交通设施可达性”有关，因此将这 4 个指标命名为“可达性”。

二、客观建成环境的多阶层线性模型

城市老年人的户外体力活动既受到自身个体特征的影响，也受到其所处客观建成环境的影响，因此，可采用多层线性模型对个体效应和组效应加以区分。多层分析具有一个完整模型，模型中包含第一层和第二层的预测变量，可以通过理论构建来说明或解释因变量的总体变异受第一层因素与第二层因素的影响。以下给出只有 1 个第一层预测变量和 1 个第二层预测变量的完整模型作为说明。

第一层：

$$Y_{ij} = \beta_{0j} + \beta_{1j}X_{ij} + \gamma_{ij} \tag{5-1}$$

第二层：

$$\beta_{0j} = \gamma_{00} + \gamma_{01}W_{1J} + \mu_{0j} \tag{5-2}$$

$$\beta_{1j} = \gamma_{10} + \gamma_{11}W_{1J} + \mu_{1j} \tag{5-3}$$

其中，X_{ij} 为个体层的自变量，Y_{ij} 为个体层的因变量，i 是第一层个体编号；W_{1J} 为第二层的变量，j 是第二层组织编号。在每一组内做同样的回归后，得出 β_{0j} 和 β_{1j}，将其作为因变量，W_{1J} 作为自变量，再建立两个新的回归方程。

γ_{00} 为第二层的方程(5-2)的截距，可以解释为所有第二层单位的总体平均数；γ_{01} 为第二层的方程(5-2)的回归系数，可以解释为第二层变量 W 对第一层回归式(5-1)中截距项差异的影响；μ_{0j} 和 μ_{1j} 分别表示第二层方程(5-2)和(5-3)的残差或随机项，即第二层方程未被解释的部分；γ_{10} 是方程(5-3)的截距，可以解释为所有第二层的单位在第一层的斜率的总体平均数；γ_{11} 是方程(5-3)的回归斜率，可以解释为第二层变量 W 对第一层变量 X 对 Y 作用关系差异的影响①。

多阶层线性模型主要起到三种作用，首先是改善对个体单元内效应的估计，比如，通过借助在其他小区中存在的相似的估计，可以对单个小区的回归模型提出更好的估计。其次是形成和检验关于跨水平效应的假设，比如，不同的小区规模如何对小区内的月收入与户外体力活动之间的关系产生影响。最后是分离各水平内的方差和协方差成分，如把个人水平的一系列变量分解为小区水平的组内和组间成分②。

根据上述多阶层线性模型的原理，画出本研究分层模型的分析框架示意图(见图 5.2)，可形象化地看出多阶层线性模型的特点。其中，β 为待估系数，表示在个人层面上自变量 X(个体特征与截距)对因变量 Y(户外体力活动与健康)作用的方向及强度。

---

① 周叶芹. 多层线性模型在管理学研究中的应用[J]. 江西社会科学，2006(10)：180－182.

② 雷雳，张雷. 多层线性模型的原理及应用[J]. 首都师范大学学报(社会科学版)，2002(2)：110－114.

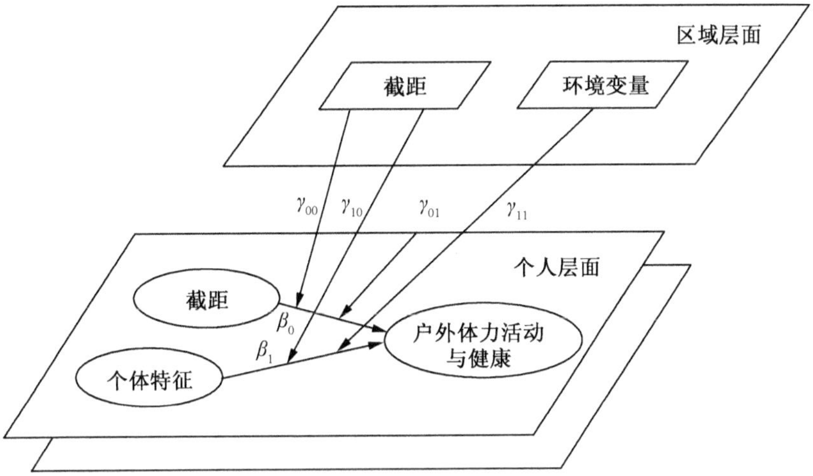

图 5.2　分层模型的分析框架

三、客观建成环境对户外体力活动的影响

1. 客观建成环境对平均日户外 MVPA 的影响

表 5.6　环境特征对平均日户外 MVPA 影响的 HLM 模型分析回归系数

变量	平均日户外 MVPA			
	回归系数	标准差	*T* 检验	*P* 值
人口密度	0.000 0	0.000 1	−0.548 0	0.583 7
建筑密度	−0.274 6	14.821 2	−0.185 0	0.853 1
街道连通性	0.117 3	0.447 6	2.621 0	0.009 0**
人均道路总长度	0.133 1	5.801 7	0.229 0	0.818 6
土地利用混合度	0.283 1	0.661 0	0.428 0	0.668 6
至交通站点距离	0.007 4	0.012 0	0.612 0	0.541 0
交通站点数	0.159 5	0.947 4	0.168 0	0.866 4
至健身休闲场所距离	−0.017 6	0.010 9	−1.608 0	0.108 6
至商业场所距离	−0.006 0	0.004 7	−1.277 0	0.202 4

注：** $P<0.01$。

如表 5.6 所示，客观建成环境变量中，街道连通性与平均日户外 MVPA 之间呈正向关联，在保持其他变量恒定的情况下，街道连通性变量每增加一个单位

(10%),平均日户外 MVPA 将增加 11.73%。该结果与国外的相关调查结果一致[①②],然而,也有研究报告了不同结果,Chudyk 等[③]通过研究,未发现街道连通性与老年人户外体力活动有关,究其原因,可能是因为老年人担心在连通性好的街道上进行户外体力活动容易发生交通事故。

2. 客观建成环境对工作日户外 MVPA 的影响

表 5.7　环境特征对工作日户外 MVPA 影响的 HLM 模型分析回归系数

变量	工作日户外 MVPA			
	回归系数	标准差	*T* 检验	*P* 值
人口密度	0.000 0	0.000 1	0.315 0	0.753 1
建筑密度	−0.233 6	15.584 2	−0.150 0	0.880 9
街道连通性	0.095 2	0.470 7	2.022 0	0.043 7*
人均道路总长度	0.411 8	6.100 4	0.675 0	0.499 9
土地利用混合度	0.271 3	0.695 0	0.390 0	0.696 4
至交通站点距离	0.027 5	0.012 6	2.173 0	0.030 3*
交通站点数	0.100 8	0.996 1	1.915 0	0.056 0
至健身休闲场所距离	−0.015 5	0.011 5	−1.347 0	0.178 6
至商业场所距离	−0.003 7	0.004 9	−0.750 0	0.453 8

注:* $P<0.05$。

如表 5.7 所示,客观建成环境变量中,街道连通性与工作日户外 MVPA 之间呈正向关联,在保持其他变量恒定的情况下,街道连通性变量每增加一个单位(10%),工作日户外 MVPA 将增加 9.52%。至交通站点距离与工作日户外 MVPA 之间呈正向关联,在保持其他变量恒定的情况下,至交通站点距离变量每增加一个单位(10%),工作日户外 MVPA 将增加 2.75%。具体到每个小区来说,增加的数量有一定的差异。街道连通性的平均值为 28.41,即在此平均值之上的小区老年人工作日户外 MVPA 比平均值之下的工作日户外 MVPA 多 2.7(28.41×

① Hanibuchi T, Kawachi I, Nakaya T, et al. Neighborhood built environment and physical activity of Japanese older adults: results from the Aichi Gerontological Evaluation Study (AGES) [J]. Bmc Public Health, 2011, 11(1):657.

② Cerin M, Macfarlane D, Sit C, et al. Effects of built environment on walking among Hong Kong older adults[J]. Hong Kong Med J, 2013, 19(3):39-41.

③ Chudyk A M, Mckay H A, Winters M, et al. Neighborhood walkability, physical activity, and walking for transportation: A cross—sectional study of older adults living on low income[J]. Bmc Geriatrics, 2017, 17(1):82.

0.095 2)min。街道连通性的极值分别为 26 和 5，即街道连通性最大值的小区比最小值的小区工作日户外 MVPA 多 2 min。

3. 客观建成环境对休息日户外 MVPA 的影响

表 5.8 环境特征对休息日户外 MVPA 影响的 HLM 模型分析回归系数

变量	休息日户外 MVPA			
	回归系数	标准差	T 检验	P 值
人口密度	−0.000 1	0.000 1	−0.823 0	0.410 7
建筑密度	−0.290 5	16.206 3	−0.179 0	0.857 8
街道连通性	0.126 2	0.489 4	2.578 0	0.010 2*
人均道路总长度	0.218 8	6.343 9	0.034 0	0.972 5
土地利用混合度	0.287 8	0.722 8	0.398 0	0.690 7
至交通站点距离	−0.000 7	0.013 1	−0.052 0	0.958 2
交通站点数	−0.539 6	1.035 9	−0.521 0	0.602 7
至健身休闲场所距离	−0.018 4	0.012 0	−1.540 0	0.124 1
至商业场所距离	−0.006 9	0.005 1	−1.346 0	0.178 9

注：* $P<0.05$。

如表 5.8 所示，客观建成环境变量中，街道连通性与休息日户外 MVPA 之间呈正向关联，在保持其他变量恒定的情况下，街道连通性变量每增加一个单位(10%)，休息日户外 MVPA 将增加 12.62%。具体到每个小区来说，增加的数量有一定的差异。街道连通性的平均值为 28.41，即在此平均值之上的小区老年人休息日户外比平均值之下的休息日户外 MVPA 多 3.59(28.41×0.126 2)min。街道连通性的极值分别为 26 和 5，即街道连通性最大值的小区比最小值的小区休息日户外 MVPA 多 2.65 min。

四、客观建成环境对 BMI 指数的影响

表 5.9 环境特征对 BMI 指数影响的 HLM 模型分析回归系数

变量	BMI 指数			
	回归系数	标准差	T 检验	P 值
人口密度	0.000 0	0.000 0	1.126 0	0.260 7
建筑密度	−0.080 8	0.394 4	−2.049 0	0.0409 7*

续表

变量	BMI 指数			
	回归系数	标准差	T 检验	P 值
街道连通性	0.005 3	0.011 9	0.445 0	0.656 8
人均道路总长度	0.049 4	0.154 4	3.197 0	0.014 8*
土地利用混合度	−0.031 9	0.017 6	−1.816 0	0.069 9
至交通站点距离	0.000 1	0.000 3	0.297 0	0.766 8
交通站点数	0.006 8	0.025 2	0.270 0	0.787 0
至健身休闲场所距离	0.000 7	0.000 3	2.394 0	0.017 03*
至商业场所距离	0.000 0	0.000 1	−0.400 0	0.689 3

注：* $P<0.05$。

如表 5.9 所示，客观建成环境变量中，建筑密度与 BMI 指数之间呈负相关，在保持其他变量恒定的情况下，建筑密度变量每增加一个单位(10%)，BMI 指数将减少 8.08%。人均道路总长度与 BMI 指数之间呈正向关联，在保持其他变量恒定的情况下，人均道路总长度变量每增加一个单位(10%)，BMI 指数将增加 4.91%。至健身休闲场所距离与 BMI 指数之间呈正向关联，在保持其他变量恒定的情况下，至健身休闲场所距离变量每增加一个单位(10%)，BMI 指数将增加 0.07%，说明较近距离的健身休闲场所，有利于降低 BMI 指数。

五、客观建成环境对慢性疾病的影响

表 5.10　环境特征对慢性疾病影响的 HLM 模型分析回归系数

变量	慢性疾病			
	回归系数	标准差	T 检验	P 值
人口密度	0.000 0	0.000 0	0.274 0	0.784 0
建筑密度	0.769 9	0.476 6	1.615 0	0.106 9
街道连通性	0.000 9	0.014 4	0.064 0	0.948 8
人均道路总长度	−0.029 9	0.186 6	−0.160 0	0.872 7
土地利用混合度	−0.024 0	0.021 3	−1.131 0	0.258 8
至交通站点距离	0.000 1	0.000 4	0.160 0	0.8729
交通站点数	−0.019 6	0.030 5	−0.644 0	0.519 7

续表

变量	慢性疾病			
	回归系数	标准差	T 检验	P 值
至健身休闲场所距离	−0.000 4	0.000 4	−1.040 0	0.299 1
至商业场所距离	−0.000 1	0.000 2	−0.793 0	0.428 4

如表 5.10 所示，所有客观建成环境变量与慢性疾病均无显著性关联。

六、客观建成环境对身体自我评价的影响

表 5.11　环境特征对身体自我评价影响的 HLM 模型分析回归系数

变量	身体自我评价			
	回归系数	标准差	T 检验	P 值
人口密度	0.000 0	0.000 0	0.9030	0.3671
建筑密度	−0.151 3	1.099 8	−1.376 0	0.169 5
街道连通性	0.003 0	0.033 2	0.089 0	0.929 2
人均道路总长度	−0.101 9	0.430 5	−0.237 0	0.812 9
土地利用混合度	0.038 1	0.049 0	0.777 0	0.437 4
至交通站点距离	0.000 4	0.000 9	0.444 0	0.657 3
交通站点数	0.053 2	0.070 3	0.757 0	0.449 6
至健身休闲场所距离	0.001 8	0.000 8	2.250 0	0.024 9*
至商业场所距离	0.000 0	0.000 3	0.113 0	0.910 5

注：* $P<0.05$。

如表 5.11 所示，客观建成环境变量中，至健身休闲场所距离与身体自我评价之间呈正向关联，在保持其他变量恒定的情况下，至健身休闲场所距离变量每增加一个单位(10%)，身体自我评价将增加 0.18%。

七、讨论

伴随着居住、商业、休闲等城市功能空间的日益分离，移动性已经成为个体参与建成环境、社会生活等方面的重要条件。与其他人群相比，老年人由于人体机能的下降，其个体移动性更容易受到户外环境等因素的制约，直接关系到他们的生活

质量和养老模式[①]。社会生态学模型认为，体力活动受多层次因素直接或间接的影响，包括公园及路径、娱乐设施、绿化和美学、适于步行的社区设计等在内的建成环境都可能对老年人在社区中的移动性产生积极的作用[②]。Kerr 等[③]研究认为，安全的邻里建成环境对于老年人户外体力活动和身体功能具有积极的促进作用。

住所及其附近是老年人体力活动的主要场所，有研究表明老年人在社区附近发生的体力活动达到 76.5%[④]，因此，社区建成环境对老年人户外体力活动的影响可能会更大。本研究发现，街道连通性与城市社区老年人户外 MVPA 呈正向关联，该结果与国外的相关调查结果一致[⑤]，然而，也有研究报告了不同结果，Chudyk 等[⑥]通过研究，未发现街道连通性与老年人户外体力活动有关，究其原因，可能是因为老年人担心在连通性好的街道上进行户外体力活动容易发生交通事故。街道连通性影响老年人户外体力活动的机制在于：城市主干道及其周边往往是由机动化主导的空间，对老年人步行或骑行行为有明显的抑制作用；相反，支路上的车流较少、车速更慢，使得出行环境的安全性得以提升，有利于促进老年人户外体力活动与健康。

道路既是连接不同目的地的通路，也是老年人进行户外体力活动的重要场所。与户外体力活动有关的道路内涵丰富，包括人行道长度和道路长度的比值、人均道路总面积、人行道平均宽度、至交通站点距离、缓冲区内人行道的总长度等[⑦]。本研究发现，至交通站点距离与工作日户外 MVPA 之间呈正向关联，至交通站点距离与身体自我评价之间呈正向关联，人均道路总长度与 BMI 之间呈正向关联，至健身休闲场所距离与 BMI 之间呈正向关联。国内有前期研究亦报告了类似的结果，至广场距离和至公园距离两个变量与 BMI 之间呈正向关联，即分别增加 10%，

---

① Webber S C, Porter M M, Menec V H. Mobility in older adults: a comprehensive framework[J]. The Gerontologist, 2010, 50(4): 443 - 450.

② Sallis J F, Floyd M F, Rodríguez D A, et al. Role of built environments in physical activity, obesity, and cardiovascular diseaseJ]. Circulation, 2012, 125(5): 729 - 737.

③ Kerr J, Marshall S, Godbole S, et al. The relationship between outdoor activity and health in older adults using GPS[J]. International journal of environmental research and public health, 2012, 9(12): 4615 - 4625.

④ Chaudhury H, Campo M, Michael Y, et al. Neighbourhood environment and physical activity in older adults[J]. Social Science & Medicine, 2016, 149:104 - 113.

⑤ Cerin M, Macfarlane D, Sit C H, et al. Effects of built environment on walking among Hong Kong older adults. [J]. Hong Kong Med J, 2013, 19(3):39 - 41.

⑥ Chudyk A M, Mckay H A, Winters M, et al. Neighborhood walkability, physical activity, and walking for transportation: a cross-sectional study of older adults living on low income[J]. Bmc Geriatrics, 2017, 17(1):82.

⑦ Brownson R C, Hoehner C M, Day K, et al. Measuring the built environment for physical activity: state of the science[J]. American journal of preventive medicine, 2009, 36(4): S99 - S123. e12.

则 BMI 就会增加 6%和 10%[①]。Nathan 等[②]在研究中指出，家庭住所至目的地距离为 400～800 m 时，老年人更有可能选择步行或散步。有研究表明，改善公园绿地、文体设施的可达性有助于抑制肥胖、减缓 BMI 上升和提高身体自我评价[③④]。通常来讲，如果老年人能方便地到达健身休闲场所，会增大对老年人外出活动的吸引力；但同时，设施场所的高可达性也缩短了出行距离，减少了体力消耗，可能对户外体力活动和健康产生负面影响，最终综合效应在一定程度上削弱了可达性的重要性。因此，为促进老年人户外体力活动与健康，广场、公园、娱乐中心等距离老年人家庭住所应在合理范围以内。

与西方城市低密度蔓延对公共健康带来消极影响不同，在中国相对紧凑的城市环境下，建筑密度较高的社区，各类生活设施可达性高，致使老年人非刚性出行距离减少[⑤]。在既定的出行方式下，户外体力活动降低，身体质量指数（BMI）增加。通常认为，大多数老年人没有工作，工休日对于他们影响较小，但是社会的主要劳动者大部分是按照工休日来安排生活时间的，所以工休日也会给老年人户外 MVPA 带来间接的影响。本研究中城市老年人户外体力活动水平，工作日户外 MVPA（30.11±29.47 min/d）显著高于休息日户外 MVPA（27.72±29.72 min/d）。究其原因，一方面，通过体力活动日志调查结果显示，部分老年人习惯于休息日与亲友团聚，相应地长距离、长时间外出活动增加，乘公交车出行的方式增加；另一方面，随着年龄增长，老年人的身体机能逐渐衰退，休息日晚辈有更多的时间照顾老年人，部分老年人待在家中的时间增加，外出购物、健身等活动减少。

研究局限：老年人工作与否是影响其户外体力活动水平的重要因素，但为便于社区工作人员协助课题组召集老年人以“面对面”方式进行现场调查，调查活动开始和结束时间均为工作日，因而导致部分有工作的老年人不能参与调查。未来研究应纳入“老年人工作与否”这一影响因素，深入发掘不同建成环境因素影响体力活动的背后机制。本研究为横向研究，城市社区建成环境与老年人户外体力活动、

---

① 张莹，刘东宁. 步行适宜性人居环境与体质健康关系的研究[J]. 环境与健康杂志，2013，30(5)：449－452.

② Nathan A，Pereira G，Foster S，et al. Access to commercial destinations within the neighbourhood and walking among Australian older adults[J]. Int J Behav Nutr Phys Act，2012，9(1)：133.

③ Samimi A，Mohammadian A，Madanizadeh S. Effects of transportation and built environment on general health and obesity[J]. Transportation Research Part D：Transport and Environment，2009，14(1)：67－71.

④ Xu Y，Wen M，Wang F. Multilevel built environment features and individual odds of overweight and obesity in Utah[J]. Applied Geography，2015，60：197－203.

⑤ 张延吉，秦波，唐杰. 基于倾向值匹配法的城市建成环境对居民生理健康的影响[J]. 地理学报，2018，73(2)：333－345.

健康之间的关系集中在统计学的关联上，不能说明先后顺序、因果关系。考虑到纵向研究的成本和难度较高，未来研究可通过搬迁研究、队列研究及准实验研究，探讨建成环境与居民体力活动之间的关系，进一步深化体力活动建成环境领域的研究。此外，要得到更加可信的结果，需要在后续研究中融合多学科知识、采用更为可靠的研究方法。

第三节　主观与客观建成环境质量的评价对比

研究选取与建成环境感知指标相对应匹配且能够反映不同类型社区客观建成环境质量的指标进行评价(见表 5.12)。需要说明的是，本研究所获取的客观建成环境数据有限，建成环境感知和客观建成环境所选取指标的含义和评价尺度无法做到完全匹配。对不同类型社区的人口密度、街道连通性、土地利用混合度、至交通站点距离、至健身休闲场所距离、至商业场所距离、综合得分进行比较，其目的是初步尝试探讨建成环境感知与客观建成环境的评价趋势。其中综合社区、单位社区、传统社区、边缘社区分别用代码 Z、D、C、B 来替代。

表 5.12　主观与客观建成环境评价数据及排序

建成环境评价	人口密度	街道连通性	土地利用混合度	至交通站点距离	至健身休闲场所距离	至商业场所距离	综合得分
数据及排序(主观)	B:3.82 D:3.69 Z:3.68 C:3.47	B:3.86 D:3.74 Z:3.73 C:3.60	Z:3.87 B:3.80 D:3.79 C:3.76	B:4.40 D:4.31 Z:4.27 C:3.94	B:4.27 D:3.99 Z:3.94 C:3.53	B:4.24 Z:4.03 D:3.95 C:3.77	B:1.046 4 Z:1.008 3 D:0.999 2 C:0.946 1
数据及排序(客观)	D:40 776.88 Z:32 169.13 C:26 983.75 B:25 121.63	B:17.62 C:16.88 D:13.87 Z:10.00	D:13.00 B:12.88 Z:12.50 C:12.25	B:320.16 Z:302.30 C:244.41 D:189.55	C:445.44 Z:280.23 B:239.06 D:154.11	C:691.73 B:506.19 D:477.30 Z:466.18	D:6 281.28 Z:4 915.59 C:3 989.42 B:3 813.23

根据建成环境感知因素与平均日户外 MVPA、工作日户外 MVPA、休息日户外 MVPA 的关联结果，南京市不同类型社区建成环境感知质量得分均为：边缘社区>综合社区>单位社区>传统社区。依据客观建成环境综合得分模型：Y＝人口密度×0.157＋建筑密度×－0.284＋街道连通性×0.174＋人均道路总长度×0.216＋土地利用混合度×0.196＋至交通站点距离×0.169＋交通站点数×－0.042＋至健身休闲场所距离×－0.272＋至商业场所距离×－0.253，南京市不同类型社区客观建成环境质量得分为：单位社区>综合社区>传统社区>边缘

社区。

此外，从人口密度、街道连通性、土地利用混合度、至交通站点距离、至健身休闲场所距离、至商业场所距离的主客观评价相比较的结果可以看出，其排序不尽相同。实际客观建成环境质量的高低并不能代表城市老年人的建成环境感知质量，建成环境感知受个人属性、自然环境、社会环境、人文环境等多重因素的影响。因此，要提高城市老年人的建成环境感知质量，一方面，需要着手改善客观建成环境质量；另一方面，需要厘清建成环境感知和客观建成环境之间的相互作用，探寻影响建成环境感知评价的多重因素。

同时也提示客观建成环境和建成环境感知之间具有关联性，但代表不同机制的体力活动的影响因素，未来体力活动建成环境研究应融合城市学、建筑学、技术科学、人文科学等多学科知识，将受试者心理特征、社会环境属性等因素共同纳入影响机制的分析中，深入发掘不同建成环境因素影响体力活动的背后机制。

第四节 本章小结

客观建成环境变量中，诸多因素能促进老年人户外体力活动与健康，其中街道连通性与平均日户外 MVPA、工作日户外 MVPA、休息日户外 MVPA 之间呈正向关联，至交通站点距离与工作日户外 MVPA、身体自我评价之间呈正向关联，人均道路总长度与 BMI 指数之间呈正向关联，至健身休闲场所距离与 BMI 指数之间呈正向关联，所有客观建成环境变量与慢性疾病均无显著性关联。后期有待于更严谨的调查研究，如长期纵向跟踪研究、队列研究和准实验研究。相关部门在进行城市及社区规划时可以通过整合优化建成环境中的上述有利因素，促进老年人户外体力活动，提高其健康水平，以缓解我国人口老龄化所带来的健康隐患。

第六章

主观与客观建成环境对老年人户外体力活动的影响

本研究采用结构方程模型对老年人户外体力活动建成环境影响因素进行分析，探索主观与客观建成环境和老年人户外体力活动、健康之间的关联性，验证研究假设是否成立，并对主观与客观建成环境构成要素的重要性进行排序，以期为老年人户外体力活动建成环境的优化发展建言献策。

第一节 结构方程模型拟合结果与检验

一、结构方程模型拟合结果

结构方程模型(Structure Equation Model，SEM)是基于变量的协方差矩阵来分析变量之间关系的一种统计方法，具有以下优点：(1) 可同时处理多个因变量；(2) 容许自变量和因变量含测量误差(传统方法假设自变量没有误差)；(3) 容许更大弹性的测量模型；(4) 可同时估计因子结构和因子关系；(5) 估计整个模型的拟合程度(用以比较不同模型)①。因结构方程模型方法能够解决本研究中面临的某些问题，且符合课题研究思路，故采用结构方程模型来验证城市老年人户外体力活动相关建成环境理论模型是否成立。

结构方程模型的构建是将所有指标带入模型中，为了将所有指标都统一化，数据是在第四、五章节数据的基础上进行指标正向化调整。在综合评价时，首先必须进行指标的正向化，通常是将逆向指标和适度指标转化为正向指标②。结构方程

① 邓绍云，邱清华.结构方程模型及其应用研究现状与展望[J].江苏科技信息，2015(24)：76-78.

② 叶宗裕.关于多指标综合评价中指标正向化和无量纲化方法的选择[J].浙江统计，2003(4)：25-26.

模型既能在分析中处理测量误差，又能描述潜变量之间的结构关系，但在求解结构方程模型的过程中需假设测量变量服从正态分布（见表 6.1）。

表 6.1　测量指标的正态性检验

指标变量	N	均值	标准差	偏度	峰度	Shapiro -Wilk
				skewness	kurtosis	sig.
BMI 指标	501	2.641	0.712	0.378	−0.608	0.000
慢性疾病	501	0.886	0.840	0.782	0.105	0.000
身体自我评价	501	3.353	1.938	1.8390	3.830	0.000
休息日户外 MVPA	501	27.723	29.721	2.018	6.117	0.000
工作日户外 MVPA	501	30.111	29.468	1.740	4.311	0.000
平均日户外 MVPA	501	28.405	27.587	1.910	5.846	0.000
人口密度	501	31 262.844	20 745.331	1.413	3.500	0.004
建筑密度	501	0.316	0.107	0.543	−0.154	0.112
街道连通性	501	14.594	5.198	0.051	−0.544	0.852
人均道路总长度	501	0.248	0.293	2.626	6.999	0.000
土地利用混合度	501	12.406	2.461	−0.205	−1.182	0.046
至交通站点距离	501	264.106	126.768	0.932	0.400	0.032
交通站点数	501	5.125	1.980	−0.289	0.789	0.059
至健身休闲场所距离	501	279.709	163.144	0.358	−0.908	0.162
至商业场所距离	501	535.531	319.702	1.129	0.086	0.000
健身场所	501	3.980	1.015	−0.850	0.379	0.000
商业场所	501	4.020	0.944	−0.759	0.183	0.000
服务场所	501	3.980	0.930	−0.775	0.411	0.000
娱乐场所	501	3.950	0.954	−0.664	0.006	0.000
交通站点	501	4.260	0.956	−1.380	1.670	0.000
社区治安	501	4.110	0.834	−0.748	0.438	0.000
活动环境安全	501	3.840	0.945	−0.592	0.052	0.000
专用服务设施	501	3.730	1.050	−0.438	−0.565	0.000
人文景观	501	3.850	0.936	−0.606	0.190	0.000
自然景观	501	3.800	0.966	−0.532	−0.147	0.000

续表

指标变量	N	均值	标准差	偏度	峰度	Shapiro -Wilk
				skewness	kurtosis	sig.
环境卫生	501	3.680	0.966	−0.449	−0.092	0.000
土地混合利用	501	3.810	1.034	−0.715	0.120	0.000
居住密度	501	3.690	0.971	−0.466	−0.108	0.000
建筑类型	501	3.810	1.053	−0.738	0.031	0.000
街道路面	501	3.830	1.022	−0.784	0.295	0.000
交通量	501	3.930	0.964	−0.776	0.392	0.000
交通安全	501	3.880	0.947	−0.584	−0.042	0.000
道路连通	501	3.750	0.952	−0.548	0.175	0.000

本研究采用 Shapiro-Wilk 检验法，从表 6.1 可以看出，各指标进行 W 检验的 P 值绝大部分<0.05，基本都呈非正态分布，且单变量数据的非正态性很严重，可以采用最大似然法拟合结构方程模型①。通过 AMOS17.0 做验证性因素分析，各项拟合指标如表 6.2 所示。

表 6.2　拟合指标选择及结果

统计检验指标			临界值	检验结果
绝对拟合度指标	x^2/df 值	卡方自由度检验	2.0～5.0	2.736
	GFI 值	拟合优度指数	>0.90	0.897
	AGFI 值	调整拟合优度指数	>0.90	0.912
	RMR 值	残差均方根	<0.05	0.083
	RMSEA 值	近似误差均方根	>0.1，差；0.05～0.1，良；<0.05，优	0.040
增值拟合度指标	NFI 值	规范拟合指数	>0.90	0.915
	RFI 值	相对拟合指数	>0.90	0.923
	IFI 值	增量拟合指数	>0.90	0.935
	CFI 值	比较拟合指数	>0.90	0.916
综合拟合度指标	PCFI 值	简效适配指标	>0.50	0.820
	PNFI 值	简效规范适配指标	>0.50	0.685

① 林嵩，姜彦福. 结构方程模型理论及其在管理研究中的应用[J]. 科学学与科学技术管理，2006，27(2)：38－41.

由表 6.2 可以看出，假设模型的卡方自由度检验、拟合优度指数、调整拟合优度指数、残差均方根、近似误差均方根、规范拟合指数、相对拟合指数、增量拟合指数、比较拟合指数、简效适配指标、简效规范适配指标均可以接受，效度整体较好。

二、结构方程模型检验

利用 AMOS17.0 软件对本研究提出的理论模型进行检验，得到如图 6.1 所示的结构方程模型(SEM)实证数据图。

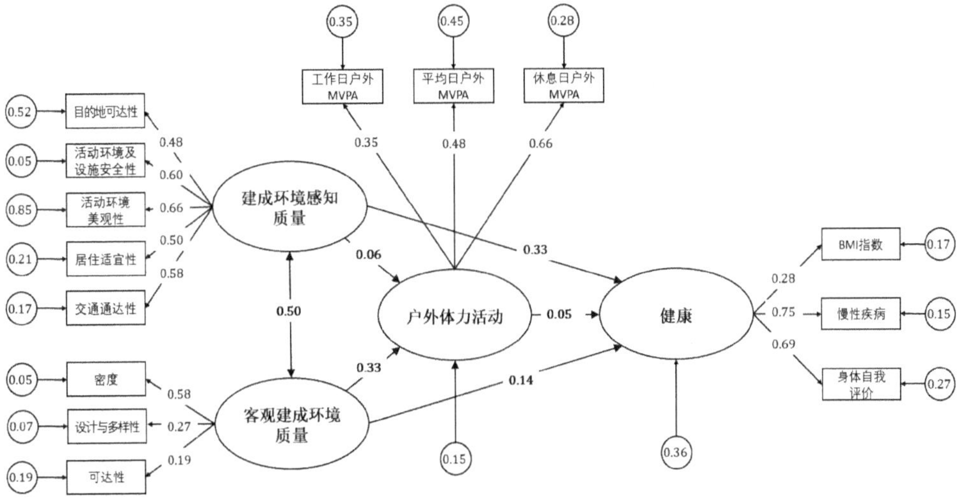

图 6.1　主客观建成环境与户外体力活动、健康关系的结构方程模型实证数据图

表 6.3　模型检验结果表

假设路径	标准化路径系数	T-value	是否支持假设
H1:建成环境感知→户外体力活动	0.06	2.31*	支持
H2:建成环境感知→健康	0.33	7.90**	支持
H3:客观建成环境→户外体力活动	0.33	8.07**	支持
H4:客观建成环境→健康	0.14	3.21**	支持
H5:建成环境感知↔客观建成环境	0.50	8.69**	支持
H6:户外体力活动→健康	0.05	2.17*	支持

注：** $P<0.01$；* $P<0.05$。

假设检验情况(见表 6.3)如下：

(1) H1～H2：建成环境感知对户外体力活动、健康起促进作用。

建成环境感知对户外体力活动有一定影响(0.06)，且具有显著性水平，因此支持假设。建成环境感知对健康有一定影响(0.33),且具有显著性水平,因此支持假设。可见,为促进城市老年人进行户外体力活动、提高健康水平,在整合优化客观建成环境的同时,还要改善建成环境感知质量。同时,户外体力活动的残差为0.15,说明有部分原因不能被建成环境感知质量所解释,还有诸如个人属性、自然环境、社会环境、人文环境等多重影响因素。

(2) H3～H4:客观建成环境对户外体力活动、健康起促进作用。

客观建成环境对户外体力活动有一定影响(0.33),且具有显著性水平,因此支持假设。客观建成环境对健康有一定影响(0.14),且具有显著性水平,因此支持假设。可见,客观建成环境的整合优化会提高城市老年人的户外体力活动、健康水平。

(3) H5:建成环境感知与客观建成环境正向相关。

有关建成环境感知与客观建成环境之间的研究,多为用客观建成环境来验证建成环境感知测量工具的效度,本研究中,建成环境感知与客观建成环境之间有相关性(0.50),具有显著性水平,因此支持假设。

(4) H6:户外体力活动对健康起促进作用。

经常在户外活动的老年人,其 MVPA 值更高,为获得更多的健康效益,应尽力为老年人提供安全和有吸引力的户外活动场所①。本研究中,户外体力活动与健康有相关性(0.05),且具有显著性水平,因此支持假设。

三、老年人户外体力活动建成环境预测联立方程

结构模型的联立方程:

$$\eta_1 = 0.06\xi_1 + 0.33\xi_2 + 0.15 \tag{6-1}$$

$$\eta_2 = 0.33\xi_1 + 0.14\xi_2 + 0.05\eta_1 + 0.36 \tag{6-2}$$

客观建成环境质量和环境感知质量的测量模型如下:

$$x_1 = 0.48\xi_1 + 0.52 \tag{6-3}$$

$$x_2 = 0.60\xi_1 + 0.05 \tag{6-4}$$

$$x_3 = 0.66\xi_1 + 0.85 \tag{6-5}$$

① Kerr J, Sallis J F, Saelens B E, et al. Outdoor physical activity and self rated health in older adults living in two regions of the U. S. [J]. International Journal of Behavioral Nutrition & Physical Activity, 2012, 9(1):89.

$$x_4 = 0.50\xi_1 + 0.21 \quad (6\text{-}6)$$

$$x_5 = 0.58\xi_1 + 0.17 \quad (6\text{-}7)$$

$$x_6 = 0.58\xi_2 + 0.05 \quad (6\text{-}8)$$

$$x_7 = 0.27\xi_2 + 0.07 \quad (6\text{-}9)$$

$$x_8 = 0.19\xi_2 + 0.19 \quad (6\text{-}10)$$

户外体力活动和健康的测量模型如下：

$$y_1 = 0.35\eta_1 + 0.35 \quad (6\text{-}11)$$

$$y_2 = 0.48\eta_1 + 0.45 \quad (6\text{-}12)$$

$$y_3 = 0.66\eta_1 + 0.28 \quad (6\text{-}13)$$

$$y_4 = 0.28\eta_2 + 0.17 \quad (6\text{-}14)$$

$$y_5 = 0.75\eta_2 + 0.15 \quad (6\text{-}15)$$

$$y_6 = 0.69\eta_2 + 0.27 \quad (6\text{-}16)$$

四、讨论

近年来，老年人的健康问题受到广大学者的关注，建成环境在促进健康的研究中也取得一定的效果。然而，现有研究主要从主观或客观建成环境的一个方面探究其对健康的影响，未有研究同时探索主观与客观建成环境对老年人健康的影响。因此，本研究采用两者相结合的测量方法揭示主客观建成环境对老年人健康的影响路径，并探究户外体力活动在主客建成环境与老年人健康之间的中介作用，为实现“健康中国 2030”战略目标提供理论意见。

本研究发现主观建成环境对老年人健康具有重要作用，能直接影响老年人的健康状况，直接影响效应为 0.33。其中，活动环境美观性、活动环境及设施安全性和交通通达性是老年人健康的主要影响因素。这与 Blay、陈春等人的研究结果一致。Blay 等[①]人探究主观建成环境对巴西老年人健康的影响发现，肺炎、关节炎、

① Blay S L, Schulz A J, Mentz G. The relationship of built environment to health-related behaviors and health outcomes in elderly community residents in a middle income country[J]. J Public Health Res, 2015, 4(2): 548.

视力障碍和抑郁的发病率与建成环境中不利条件的数量显著且正相关。说明随着不良环境特征数量的增加，出现多种慢性（如高血压、关节炎、视力）和急性（如支气管炎、肺炎、尿路）身体健康状况以及情绪困扰指标（如抑郁）的概率也在增加。陈春等[①]对200名重庆老年人的研究结果表明居住地是否有休闲运动场所、居住地到休闲运动场所的距离与老年人健康状况有积极的联系。本研究结果表明良好的主观建成环境对老年人健康具有促进作用，如提升环境美观性、提供设施安全性、良好的街道连通性和交通安全性均有可能促进健康状况。本研究发现客观建成环境质量也对老年人健康有重要作用，能直接影响老年人的健康状况，路径系数为0.14。其中密度、多样性设计是老年人健康的主要影响因素。这与吴志建、Zhang等的研究结果一致。吴志建等人探究客观建成环境和个体属性与老年人健康的关系发现，客观建成环境对老年人健康状况产生直接影响，影响效应为0.26。Zhang等人探究客观建成环境对上海中老年人健康的影响发现，居住区河流、公园、广场的可达性与肥胖正相关，土地混合利用、居住类型与肥胖负相关。研究表明老年人健康状况受客观建成环境的影响。因此，改善建筑密度、土地混合利用、可达性能有效提高老年人的健康水平。这可能是因为良好的建成环境能够吸引老年人进行户外活动，促进社会交流，从而使其健康水平提高。

本研究还发现主观建成环境还通过户外体力活动影响老年人的健康状况，户外体力活动在主观建成环境与健康之间起到中介作用，中介效应为0.003。表明主观建成环境不仅能直接影响健康，还可以通过户外体力活动影响健康水平。活动环境美观性、活动环境及设施安全性和交通通达性是建成环境感知中负荷指数较大的三个因素。建成环境感知良好能够吸引老年人进行户外活动，户外活动概率也会增加，进而促进健康水平。Gao等人的研究认为居住区步行指数与老年人体力活动呈正相关关系，对健康的提高有十分重要的意义[②]。冯建喜等人也认为主观建成环境与体力活动之间有积极的关系，其中主观可达性、安全性和吸引力与老年人体力活动呈正相关[③]。因此，提高老年人主观感知质量，有利于户外体力活动的增加与健康水平的提升。本研究还发现体力活动在客观建成环境与老年人健康之间也起到正向中介作用，中介效应为0.016 5。这表明客观建成环境在老年人健康水平上发挥了积极的导向作用，客观建成环境的改善能在一定程度上促进体

① 陈春，陈勇，于立，等．为健康城市而规划：建成环境与老年人身体质量指数关系研究[J]．城市发展研究，2017，24(4)：7-13.

② Gao J L, Fu H H, Li J, et al. Association between social and built environments and leisure-time physical activity among Chinese older adults-a multilevel analysis[J]. BMC Public Health, 2015, 15(1): 1-11.

③ 冯建喜，黄旭，汤爽爽．客观与主观建成环境对老年人不同体力活动影响机制研究——以南京为例[J]．上海城市规划，2017(3)：17-23.

力活动的投入进而转化为健康的回报。客观建成环境质量的因素中，密度的负荷指数排在首位，说明居住小区及其附近的人口密度和建筑密度对老年人户外体力活动具有重要影响。一般而言，密度越高，老年人在居住地、健身场所、商业场所和其他场所之间通勤的距离就越小，对机动车交通的依赖越低；另外，较高的密度有利于增强街道生活活力和邻里商业的支撑能力，进而促进老年人户外体力活动①。设计与多样性位列第二，适当的土地利用混合度、增加人均道路总长度有助于对活动人群产生较强的吸引力，从而影响老年人的户外活动出行频率②。可达性位列第三，如果老年人能方便地到达健身休闲场所、公交站点，小区附近有超市、菜市场等场所，会增大对老年人外出活动的吸引力③。因此，客观建成环境的改善能促进老年人体力活动的提高，其健康状况也能得到改善。

第二节　主观与客观建成环境构成要素的重要性分析

主观与客观建成环境构成要素的重要性分析是优化城市建成环境、促进老年人户外体力活动、提高身体健康的一个重要前提，由于在第四章、第五章对建成环境感知、客观建成环境分别做过具体的指标分析，因此，本章只针对主客观建成环境的一级指标进行分析。

一、建成环境感知构成要素的重要性分析

由表 6.4 可知，活动环境美观性是建成环境感知中负荷指数最大的构成要素（0.66）。说明随着老年人需求层次的提高，其户外体力活动也会从对目的地可达性“量”的需求向活动环境美观性“质”的需求提升。随着社会的发展，城市老年人对自然景观、人文景观、环境卫生的要求越来越高，活动环境美观性已经成为影响城市老年人户外体力活动的一个重要因素。

① Colley R C, Christidis T, Michaud I, et al. An examination of the associations between walkable neighbourhoods and obesity and self-rated health in Canadians[J]. Health Rep, 2019,30(9):14-24.

② Chen B I, Hsueh M C, Rutherford R, et al. The associations between neighborhood walkability attributes and objectively measured physical activity in older adults[J]. PLoS One, 2019,14(9):e222268.

③ Minicuci N, Naidoo N, Corso B, et al. Data resource profile: cross-national and cross-study sociodemographic and health-related harmonized domains from SAGE plus CHARLS, ELSA, HRS, LASI and SHARE(SAGE+Wave 2)[J]. Int J Epidemiol, 2019,48(1):14.

排在第二位的是活动环境及设施安全性(0.60)。随着生理机能的老化,老年人成为户外活动中容易发生危险的群体,安全成为老年人日常事务中不可忽视的因素。根据马斯洛的需求层次理论,只有基本的安全需求被满足时,老年人才会转而寻求更高层次的需求。

交通通达性(0.58)位列第三。街道路面、交通量、道路连接等对城市老年人户外体力活动具有一定影响,老年人通常喜欢在坡度较小、路面平整、交通量较少的地方活动。

居住适宜性(0.50)位列第四。这可能和老年人感知环境的方式有关,视觉性、安全性的环境更容易被感知,对土地混合利用、居住密度、建筑类型等建成环境因素的感知敏感度较低。

目的地可达性(0.48)位列第五。通常来讲,目的地可达性是影响城市老年人户外体力活动的一个重要因素,但便捷的南京市交通站点、对老年人的公交补贴政策、商品的价格因素会消除城市老年人对设施场所距离的顾虑,最终综合效应在一定程度上削弱了目的地可达性的重要性。

表 6.4 建成环境构成要素影响程度排序

建成环境感知质量	参数值	排序	客观建成环境质量	参数值	排序
活动环境美观性	0.66	1	密度	0.58	1
活动环境及设施安全性	0.60	2	设计与多样性	0.27	2
交通通达性	0.58	3	可达性	0.19	3
居住适宜性	0.50	4			
目的地可达性	0.48	5			

二、客观建成环境构成要素的重要性分析

从表 6.4 中可以看出,影响客观建成环境质量的因素中,密度的负荷指数排在首位,说明居住小区及其附近的人口密度和建筑密度对老年人户外体力活动具有重要影响。一般而言,密度越高,老年人在居住地、健身场所、商业场所和其他场所之间通勤的距离就越小,对机动车交通的依赖越低;另外,较高的密度有利于增强街道生活活力和邻里商业的支撑能力,进而促进老年人户外体力活动。研究表明,

密度对体力活动的影响主要体现在交通性步行方面①。

设计与多样性(0.27)位列第二。研究表明,适当的土地利用混合度、增加人均道路总长度有助于对活动人群产生较强的吸引力,从而影响老年人的户外活动出行频率。街道连通性过低会影响老年人外出活动的便捷性,街道连通性过高会给老年人外出活动带来一定的安全隐患和干扰。本研究结果显示,街道连通性与平均日户外 MVPA、工作日户外 MVPA、休息日户外 MVPA 之间均呈正向关联,在保持其他变量恒定的情况下,街道连通性变量每增加一个单位(10%),平均日户外 MVPA、工作日户外 MVPA、休息日户外 MVPA 将分别增加 11.73%、9.52%、12.62%。

可达性(0.19)位列第三。通常来讲,如果老年人能方便地到达健身休闲场所、公交站点,小区附近有超市、菜市场等场所,会增大对老年人外出活动的吸引力;但同时,设施场所的高可达性也缩短了出行距离,减少了体力消耗,对户外体力活动和健康产生了负面影响,最终综合效应在一定程度上削弱了可达性的重要性。

第三节　本章小结

(1) 本研究采用结构方程模型验证主观与客观建成环境对城市老年人户外体力活动、健康影响的理论模型,明确了城市社区建成环境与老年人户外体力活动、健康的量化关系。结果表明建成环境感知对户外体力活动、健康起促进作用,客观建成环境对户外体力活动、健康起促进作用,建成环境感知与客观建成环境正向相关,户外体力活动对健康起促进作用。

(2) 对主观与客观建成环境构成要素的重要性分析结果表明,建成环境感知构成要素影响程度排序依次为活动环境美观性、活动环境及设施安全性、交通通达性、居住适宜性、目的地可达性,说明随着老年人需求层次的提高,其户外体力活动也将会从对目的地可达性"量"的需求向活动环境美观性"质"的需求提升。客观建成环境构成要素影响程度排序依次为密度、设计与多样性、可达性,说明居住小区及其附近的人口密度和建筑密度对老年人户外体力活动具有重要影响,较高的密度有利于降低老年人对机动车交通的依赖、增强街道生活活力和邻里商业的支撑能力,进而促进老年人户外体力活动。

---

① Coogan P F, White L F, Adler T J, et al. Prospective study of urban form and physical activity in the Black Women's Health Study[J]. American Journal of Epidemiology, 2009, 170(9):1105-1117.

第七章

老年人户外体力活动建成环境的优化发展

在人口老龄化与城市化交汇的背景下，城市规划建设的一个重要内容就是通过建成环境的优化发展来满足老年人的户外体力活动需求。从现象上看，老年人户外体力活动建成环境优化发展是把城市建成环境的设施网点、街道网络、土地利用、公共空间组成合理的空间结构、布局形态。从本质上来看，它是日益增长的老年人户外体力活动需求与发展滞后的城市建成环境供给之间的博弈。

第一节　老年人户外体力活动建成环境优化依据

一、老年人户外体力活动建成环境存在的问题

1. 设施网点:场所特征与空间布局

通过对不同类型社区建成环境进行比较，单位社区老年人对小区及其周围的专用服务设施评价较低;传统社区老年人至健身场所和至商业场所距离较远，对小区及其周围的健身场所、专用服务设施评价较低;边缘社区老年人至商业场所距离较远。究其原因，可能与场地特征、空间布局有关。

场地特征对老年人户外体力活动具有重要影响，在课题组实地调查中发现，南京市旧城区缺乏便捷的健身休闲场所，公园绿地等场所距离老年人家庭住所较远，如韶山路 288 号、蒋王庙等小区受交通、河流、山川影响(见图 7.1)，造成实际步行可达性较差，从而导致了空间便利性缺失。此外，近年来受老年人青睐的菜市场、便利店等小经济实体正逐渐被大型超市所替代，一定程度上影响了城市社区老年人的购物活动。

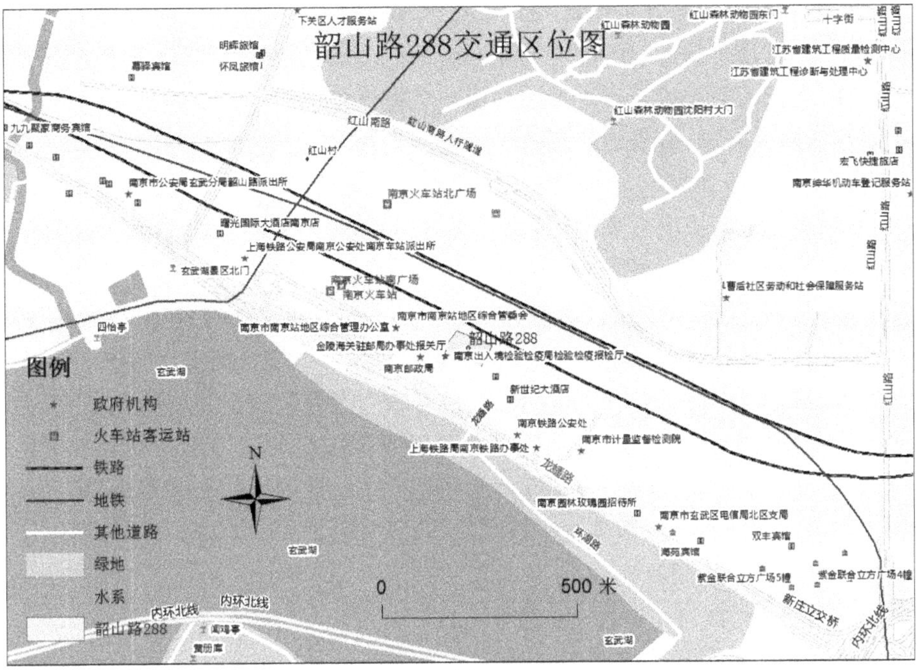

(a)

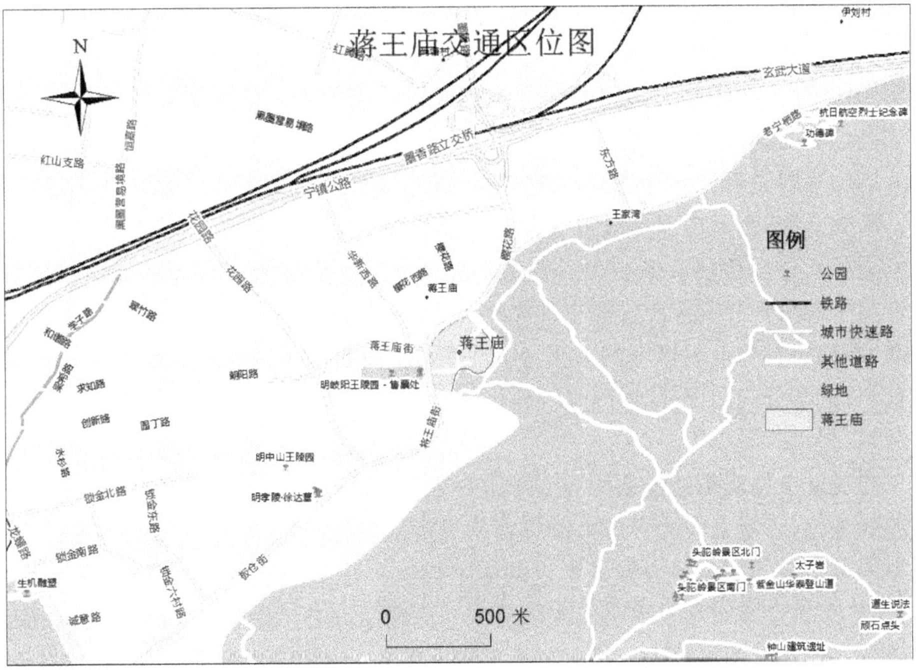

(b)

图 7.1　韶山路 288 号、蒋王庙交通区位图

当前城市社区设施网点空间布局有待改善。第一，设施网点的供给出现方向性偏差。长期以来，政府部门过于关注经济的发展，缺乏对休闲民生的长远规划和战略考虑，大量的资金投入到大型公共服务场馆设施之中；与之相对应的是社区小型设施网点较为匮乏，健身休闲场所等难以满足社区居民尤其是老年人群的需求，老年人户外体力活动空间“热点”与设施网点规划布局之间存在空间错位现象。第二，许多体育设施网点的布局，建设之初主要是服务于体育赛事，忽视了体育设施的高效利用和公共服务的空间布局，导致了相关活动设施分布不均衡；同时，没有明确和解决现有体育场馆（如学校的体育场馆）向社会开放的安全责任、维护经费问题，依旧存在现有体育场馆利用不科学、权责属性不明确的现象。致使有些大型体育场馆或学校体育场馆不向居民开放，或受诸多条件限制出现闲置的情况，而有些居民健身场所却供不应求，以致为了争夺健身休闲场所而发生冲突。不可否认的是，设施网点空间布局缺乏合理性的问题在一定时期内会长期存在，扭转这一局面需要在顶层设计和市场调节上进行双向驱动，降低重心、切实做好城市居民活动环境的供给与保障性服务。

2. 街道网络：街道连通与交通安全

通过对不同类型社区建成环境进行比较，单位社区街道连通性较低，老年人对小区及其周围的道路连通性评价较低；传统社区人均道路总长度较短，老年人对小区及其周围的活动环境安全性评价较低；综合社区街道连通性较低，人均道路总长度较短，老年人对小区及其周围的道路连通性评价较低。以上问题主要体现在街道连通性和交通安全性两个方面。

街道不仅是连接居住地与活动场所的重要路径，也是承载各类活动的功能场所。研究表明，街道连通性过低会影响老年人外出活动的便捷性，街道连通性过高会给老年人外出活动带来一定的安全隐患和干扰。课题组调查结果显示，街道连通性与平均日户外 MVPA、工作日户外 MVPA、休息日户外 MVPA 之间均呈正向关联，在保持其他变量恒定的情况下，街道连通性变量每增加一个单位（10%），平均日户外 MVPA、工作日户外 MVPA、休息日户外 MVPA 将分别增加 11.73%、9.52%、12.62%。

交通安全性对街道连通性与老年人户外体力活动的关系影响较大。随着生理机能的老化，老年人成为户外活动中容易发生危险的群体，安全成为老年人日常事务中不可忽视的因素。根据马斯洛的需求层次理论，只有基本的安全需求被满足时，老年人才会转而寻求更高层次的需求。课题组调查结果显示，主观与客观街道连通性评价排序不尽相同，说明实际客观街道连通性质量的高低并不能代表老年人的街道连通性感知质量，可能是因为机动车事故导致行人死亡已经确定为老年人非天然死亡的一个重要原因，从而使老年人对在连通性好的街道上步行产生“恐惧”[①]。改善交通安全性可能会抑制因街道连通性好而带来的交通事故发生率，从而消除老年人的“恐惧”心理，提高老年人户外体力活动水平。

3. 土地利用：混合多样与封闭管理

通过对不同类型社区进行比较，单位社区老年人对小区及其周围的土地利用混合度评价较低，老年人户外 MVPA 排名靠后；传统社区土地利用混合度较低，老年人户外 MVPA 排名垫底。南京市的单位社区以及近年来新建的居住区多为封闭社区，这些封闭社区沿公路干道蔓延，改变了城市的土地利用形式，其封闭性和内聚性的特征使得小区可入性较差，围墙内老年人的日常活动多集中于居住小区里，缺少与其他小区的联系，给围墙内外的居民强加了心理障碍，妨碍了老年人外出活动。

城市化过程中的土地利用，涉及经济增长方式的选择，与居民的住房、交通等需求更是直接相关，并影响到自然环境污染等问题[②]。土地利用是政府治理的重要决策内容，即在稀缺土地资源的前提之下，如何为居民提供衣食住行等。其中，住房是各国城市建设与土地利用规划的重要议题，对政府治理也提出了严峻的挑战。评价城市社区是否有利于老年群体形成积极的生活方式，促进他们改善健康，我们常采用西方发达国家的评价标准。但中国与西方国家在国情和发展阶段都存在很大不同，西方尤其是北美地广人稀，城市化进程基本完成，需要应对的是低密度郊区化蔓延带来的过度依赖私人汽车、能耗增加、健康状况恶化的问题；国内由于城市规模和人口密度较大，土地资源有限，需要应对的是高密度人口和有限资源带来的住房紧缺、医疗卫生不足、食品安全威胁、自然环境污染等问题。鉴于此，我们需要立足本国国情，在全面调查公共健康需求的基础上，科学、审慎地借鉴并加以改造。

4. 公共空间：环境品质与空间视域

通过对不同类型社区建成环境进行比较，单位社区老年人对小区及其周围的自然景观评价较低；四种类型社区的老年人都对小区及其周围的环境卫生评价较低。究其原因，可能与公共空间的环境品质和空间视域有关。

对建成环境感知构成要素的重要性分析结果表明，活动环境美观性是建成环境感知中负荷指数最大的构成要素(0.66)。说明随着老年人需求层次的提高，其户外体力活动也会从对目的地可达性“量”的需求向活动环境美观性“质”的需求提

---

① 吴志建，王竹影，宋彦李青. 老年人休闲性体力活动建成环境影响因素的 meta 分析[J]. 上海体育学院学报，2018，42(1)：64－71，78.

② 何蓉. 城市化：发展道路、特征与当前问题[J]. 国外社会科学，2013(2)：5－13.

升。随着社会的发展，城市老年人对自然景观、环境卫生的要求越来越高，环境品质已经成为影响城市老年人户外体力活动的一个重要因素。但目前城市社区老年人对小区及其周围的环境卫生评价排名垫底（平均值 3.68）、自然景观评价位列第 14 名（平均值 3.80），小区环境品质亟待改善。

适宜的空间视域对老年群体的活动体验有一定的积极作用。但伴随着城市化的快速推进，许多住宅小区和单位大院周围高墙四立，与外界相隔离，形成彼此独立的封闭区域。封闭式空间会对老年群体形成一定的压抑感，增加了社区内外居民交往的难度，压缩了城市公共空间的范围，降低了城市建成环境空间的使用效率。

二、老年人户外体力活动建成环境优化的影响因素

1. 城市自然环境的影响

自然环境是环境的一个重要组成部分，也是老年人户外活动资源的重要来源。自然环境的特征和变化深刻地影响着老年人的户外体力活动与健康，如优美的公园景观可以积极调动老年人的感官系统；湿度的变化让患有关节疾病的老年人倍感痛苦；极冷极热的环境会增加高血压、脑出血的发病率。老年人因为社会角色的转变、身体健康下降等问题，经常会产生孤独、焦虑、不安的心理问题①，而良好的自然环境有益于老年人降低孤独感、缓解焦虑、释放压力、重新树立自信心。近年来，城市居民一直在自然环境中谋求各种自然资源为社会体育服务，利用"自然力"进行体育锻炼，利用机械设备进行休闲游戏，利用自然环境进行户外体力活动等，不断利用和改造着自然环境的面貌，增强了对自然环境的适应能力。

南京位于长江下游中部地区，市内山、水、城、林融为一体，四季分明，冬夏温差显著，年降水量充沛，建成区绿化覆盖率达到 45%。随着城市化进程的发展，与南京城市接壤的森林、青山、绿水等自然环境发生了巨大的变化，城市中幸存的自然环境也逐渐被道路、广场、高楼兼并，自然环境人工化现象日趋严重，自然环境的生态平衡系统遭到严重破坏。例如，面积约 110 km^2 的南京东山地区，部分城市建设已然侵入保护绿带，对自然资源本体造成一定程度的破坏，秦淮河沿线的滨河绿带宽度缩至 20 世纪 90 年代的三成；作为疏解主城区人口的重要区域，近年来有上百个小区搬迁至东山地区，绝大多数小区采用"依山傍水"的选址形式，大量生态资源

---

① 谢立黎，黄洁瑜. 中国老年人身份认同变化及其影响因素研究[J]. 人口与经济，2014(1)：55 - 66.

界面的私有化开发方式人为阻隔了自然环境与城市腹地之间的联系[①]。

城市的山、水、城、林是相辅相成的，绝不能孤立地看待某一方面的问题，城市自然环境需要全面考虑、整体规划。在城市建成环境整合优化过程中，一方面要符合自然规律，不能以对自然环境的肆意破坏来换取城市的形象和价值；另一方面通过设计，创造出相应自然环境下适宜老年人户外活动的健康小环境，以鼓励老年人多参与户外体力活动，增强免疫力，维持健康水平。

2. 城市社会环境的影响

我国自 20 世纪 90 年代中后期以来，在经济体制转轨和市场竞争加剧的转型背景下，居民贫富分化呈现加速态势，一定数量的居民陷入贫困境况，随着城市传统的单位制居住模式被打破以及快速的城市化进程，部分城市居住隔离现象逐渐显现。与此同时，房价高涨、生活成本上升等城市问题日益严重，成为困扰居民日常生活的心病，是阻碍城市社区建成环境建设的核心问题。

为推进健康环境建设，促进老年人积极参与全民健身，政府颁布了一系列国家政策。2016 年 6 月，国务院印发《全民健身计划（2016—2020 年）》，明确提出，推进老年宜居环境建设，统筹规划建设公益性老年健身体育设施，加强社区养老服务设施与社区体育设施的功能衔接，提高使用率，支持社区利用公共服务设施和社会场所组织开展适合老年人的体育健身活动，为老年人健身提供科学指导[②]。同年 10 月，中共中央、国务院印发《"健康中国 2030"规划纲要》，明确提出，统筹建设全民健身公共设施，加强健身步道、骑行道、全民健身中心、体育公园、社区多功能运动场等场地设施建设[③]。到 2030 年，基本建成县、乡、村三级公共体育设施网络，人均体育场地面积不低于 2.3 平方米，在城镇社区实现 15 分钟健身圈全覆盖。推行公共体育设施免费或低收费开放，确保公共体育场地设施和符合开放条件的企事业单位体育场地设施全部向社会开放。加强全民健身组织网络建设，扶持和引导基层体育社会组织发展。制定实施老年群体的体质健康干预计划。加强科学指导，促进老年人积极参与全民健身。

任何时期城市建成环境的整合优化都是在国家政策领导下发展，同时又受城市经济发展规律的影响。南京经济高速发展带来了居民生活水平的提高，2017 年南京人均地区生产总值达到 20 890 美元，表明南京早已经进入"休闲时代"。城市经济发展规律对老年人户外体力活动的影响是城市建成环境整合优化的一个重要

---

① 高源，王建国，杨俊宴. 衔接与深化——从不同层面的城市设计实施对南京东山地区自然资源的保护利用[J]. 中国园林，2014，30(1)：79－83.

② 国务院. 国务院关于印发全民健身计划(2016—2020 年)的通知(国发〔2016〕37 号)[Z].

③ 中共中央　国务院印发《"健康中国 2030"规划纲要》[EB/OL]. (2016-10-25)[2020-10-20]. http://www.gov.cn/zhengce/2016-10/25/content_5124174.htm.

参考因素，从“质”“量”两方面入手，合理规划和布局城市建成环境，力争满足老年人户外体力活动的多样化、差异化需求。

3. 城市人文环境的影响

城市人文环境既包括城市社会本体中的有形环境，又包括社会本体中隐藏的无形环境，人文环境建设越来越成为现代化城市建成环境建设的重要内容①。良好的人文环境可以为当地的发展提供强大的智力支持和精神动力，为当地人民尤其是老年人群提供心理慰藉。南京作为六朝古都，国家级历史文化名城，江苏省的文化中心，具有丰富的历史文化资源。2 500 多年的建城史为这座钟灵毓秀的古都留下了光辉灿烂的历史遗迹，构成南京地区重要的环境风貌区和历史文化保护区；良好的文化教育氛围、雄厚的现代教育基础为南京的发展倾注了活力。

南京城市人文环境建设取得了长足进步，但在城市建成环境建设过程中仍存在一定问题。如在城市建设过程中，为了追求利益最大化，开发商缩小楼间距、增大建筑密度，使得众多居民公共生存空间减少，缺少舒适感和亲切感；诸多小区在环境设计中较少考虑本地文化属性，真正的本土文化逐渐被外来文化侵蚀。城市建成环境的建设要充分挖掘和整合当地特色、历史传统、社会文化，让居民产生较强的“家园感”，激发居民走向户外进行健身休闲的热情。

城市建成环境是一个开放的有机体，随着时代的发展、人民需求的改变而不断变化，这种变化不仅表现在城市功能和城市形象方面，也反映在生活习俗和文化内涵方面。为促进老年人户外体力活动，我们不仅需要“西医外科手术式”的城市改造，更需要“中医调理式”的城市人文环境整合优化，注重老年群体、建筑和自然的关系，增加城市建成环境的文脉性。这样，可以使城市充满温馨，让老年人惬意地栖居在城市环境中。

4. 老年人多元需求的影响

我国多数大城市或城市群地区已经步入后工业社会，不同群体的需求将诱导人居环境演变②。十九大报告明确指出，我国社会主要矛盾已经转化为人民日益增长的美好生活需要和不平衡不充分的发展之间的矛盾③。伴随着社会经济的快速发展和收入水平的不断提高，老年人开始注重消费，开始追逐“社会交往”“自我实现”等高层次需求，现有的建成环境难以满足老年人的多元化需求。

建成环境整合优化的着力点在于满足老年人的多元化需求。第一，关注老年

---

① 林柔伟，谢冬兴，高伟，等.绿道体育与城市环境耦合模式构建探析——以广州增城为例[J].体育文化导刊，2018(5)：52－57.

② 张文忠，余建辉，李业锦，等.人居环境与居民空间行为[M].北京：科学出版社，2015.

③ 习近平.决胜全面建设小康社会 夺取新时代中国特色社会主义伟大胜利：在中国共产党第十九次全国代表大会上的报告[N].人民日报，2017－10－18(01).

人户外活动的基本需要。加强居住区基础设施，完善便利的健身休闲、商业、医疗和文化设施场所，提供健康的食品、空气、水和住宅。第二，使老年人户外活动有足够的安全感。在道路规划中，采用车行道、人行道与自行车道分设的做法，保证居民的安全；提供公厕扶手和休息座椅；加强健身休闲设施安全维护和城市景观照明建设与管理。第三，满足老年人的社会交往需要。课题组调查数据显示，城市拥有比重较高的单身老人、空巢老人（见表 7.1），加之现代城市社区是陌生人社会，邻里之间缺少天然的联系，迫切需要有关部门在社区建有足够的健身休闲、商业、服务等设施场地为老年人的社会交往提供场所。第四，尊重老年人和场所环境[①]。一方面，要充分考虑建成环境使用者的性别、年龄、态度、观念、认知和尊重需求等属性，设计出让使用者有舒适感和亲切感的建成环境；另一方面，坚持可持续发展的观念，推动节能和可再生能源的利用，坚决不以对自然环境的肆意破坏来换取城市的发展。第五，关注老年人的自我实现需求。现代城市小区的老年人更需要的是在居住区内能拥有被尊重感与自我实现感，有一个真正属于自己的户外活动空间，如传统社区的老年人，面对一街之隔的高楼大厦无动于衷，始终安然地栖息于传统旧宅中，怡然自得的与周围邻居、朋友传授经验、交流心得。

表 7.1 老年人家庭属性

家庭属性	人数(人)	百分比(%)
夫妻双方健在，与子女同住	162	32.34
夫妻双方健在，未与子女同住	265	52.89
单身，与子女同住	29	5.79
单身，未与子女同住	45	8.98
合计	501	100

三、老年人户外体力活动建成环境优化的原则

1. 以人为本的原则

人是社会的主体，城市建成环境整合优化的抓手最终还得落实到“人”。以人为本，就是尊重人的主体发展，尊重人的主体内在感受和内在期许，一切以人的需求为出发点[②]。任何身体活动都离不开人们的参与，“以人为本”正是从根本出发，

① 黄江松，鹿春江，徐唯燊. 基于马斯洛需求理论构建宜居城市指标体系及对北京的宜居评价[J]. 城市发展研究，2018，25(5)：89－93.

② 张伶俐. 人的全面发展与城市文化建设[J]. 城市发展研究，2013，20(6)：155－157.

以人的发展为最终目的[①]。

根据马斯洛的需求层次理论，低层次需求被合理满足之后会转而寻求更高层次的需求，因而在城市小区规划设计中，应当在满足小区生理需求和安全需求的基础上再发展其他需求关系。低层次需求向高层次需求的转变，在小区老年人户外体力活动建成环境方面则表现为老年人从单纯的户外体力活动向休闲、相互交流、彼此尊重等复合需求转变。现代城市社区是陌生人社会，邻里之间缺少天然的联系，具有充足空闲时间的老年人迫切需要有关部门提供可以在小区及其附近进行户外体力活动的设施场所，以便于他们健身休闲、传授经验、交流心得。

城市中的一切设施场所都是为了满足人们的需求。建成环境的“以人为本”不仅仅在于满足人们健身休闲、购物等综合需求，还在于规划的时候兼顾社会低收入者、老年人群、残疾人群等弱势群体。据统计，截至 2015 年底，我国总人口达 13.75 亿，其中 60 岁以上人口占总人口比例为 16.1%，65 岁以上人口占总人口比例为 10.5%，已经超过国际上 7%的老龄化标准。到 2050 年老年人口将达到 4 亿人，并长期保持 4 亿人的规模。比起青壮年，老年人使用小区健身休闲等设施场所的机会更多、时间更长，因此在建设时可以适当增加部分适宜老年人户外活动的场地设施。

2. 统筹规划、合理布局的原则

近年来，南京开始了大规模的城市建成环境建设，中山路的砍树扩路成为南京城建的序曲。随着城市化进程的不断加快，南京城区面积迅速扩张，农村土地不断被侵占并改变用途，大量农业人口转为城市人口[②]。为了突破原有城市形态的束缚，行政区划频繁变动，指导思想和功能定位不断更改，城市的规模和功能不断调整，居住用地、交通用地、工业用地、仓储用地、公共设施用地、道路广场用地、市政公用设施用地、特殊用地等不同的城区土地利用被多次剥离或设置，不仅造成城市建成环境建设的重复和浪费，而且也难以顾及城市自然环境、社会环境和人文环境的整体协调[③]。

课题组在边缘社区调研时发现，南京城市外延一些地方存在“农村、城市犬牙交错”的现象，主要原因是有关部门在征地时为了减少困难，人为避开了一些农村居民点，为后期城市建成环境的统筹治理埋下了隐患；在城市边缘的城郊接合部和一些外来人口集聚区，存在大量工业废弃物和生活垃圾，恶化了周围的小区环境，

---

① 王格芳. 建设共享城市：新时代以人为本新型城镇化的必由之路[J]. 理论学刊，2018(1)：109－115.

② 张银银，翟国方，谢莹，等. 从南京统筹城乡发展试点实践看城镇化路径选择[J]. 现代城市研究，2014(8)：100－104，112.

③ 孙涉. 统筹南京城乡资源开发与环境建设实现人与自然和谐发展[J]. 南京社会科学，2004(Z1)：200-205.

影响了当地居民的户外体力活动。为此，要加强城市建成环境的规划与整治，合理安排城区各部分之间的关系，加大对土地资源的利用；统筹规划、合理布局建成环境设施场所，对不同特色的建成环境资源进行功能定位、错位发展，避免重复建设的同时，尽量发挥城市建成环境的最大功能效益。

3. 可持续发展的原则

"可持续发展"的概念源于生态学，其内涵极其丰富，几乎涉及所有的物质和精神领域，它不仅要求社会系统、经济系统和自然生态系统之间和谐发展，还要求人们把局部利益与全局利益、眼前利益与长远利益相结合①。可持续发展是当今世界城市发展的重要方向②。只有坚持可持续发展原则，准确把握城市发展趋势和动向，才能更好地配置建成环境资源，减少资源浪费和对自然环境的破坏，更好地为老年人提供户外体力活动服务。

随着城市化进程的推进，许多城市都面临建成环境规划建设缺乏合理性的问题，严重威胁了公共健康。鉴于此，各国纷纷出台政策促进城市建成环境的可持续发展。2016 年 10 月，中共中央、国务院印发《"健康中国 2030"规划纲要》，统筹城市建成环境的可持续发展随之成为健康中国战略发展中所面临的一项重要问题③。《"健康中国 2030"规划纲要》明确提出，统筹建设全民健身公共设施，加强健身步道、骑行道、全民健身中心、体育公园、社区多功能运动场等场地设施建设；到 2030 年，基本建成县、乡、村三级公共体育设施网络，人均体育场地面积不低于 2.3 平方米，在城镇社区实现 15 分钟健身圈全覆盖④。美国从 1980—2010 年共发布了 4 个"健康公民计划"，在政策层面上加强"精明增长"理论对建成环境促进公共健康的导向作用，涵盖了包括城市规划、交通运输、建筑设计、经济、卫生交通、公共设施管理、土地使用等领域；并通过重视定量评估，推进建成环境促进公共健康的立法工作，促进了城市建成环境的可持续性发展⑤。

4. 兼顾公平性、差异性的原则

建成环境主要指城市规划环境，尤其是可以通过相关政策、人为行为改变的环境，是土地混合利用、建筑密度和强度、街道连通性、景观审美质量和区域空间格局等一系列要素的组合。公共性是城市建成环境的本质属性，公共性意指需要让城

---

① 曾珍香，顾培亮，张闽. 可持续发展的概念及内涵的研究[J]. 管理世界，1998(2)：209－210，214.

② 杨振山，丁悦，李娟. 城市可持续发展研究的国际动态评述[J]. 经济地理，2016，36(7)：9－18.

③ 卢文云，陈佩杰. 全民健身与全民健康深度融合的内涵、路径与体制机制研究[J]. 体育科学，2018，38(5)：25－39，55.

④ 中共中央　国务院印发《"健康中国 2030"规划纲要》[EB/OL]. (2016-10-25)[2020-10-20]. http://www.gov.cn/zhengce/2016-10/25/content_5124174.htm.

⑤ 吕和武，吴贻刚. 美国建成环境促进公共健康对健康中国建设的启示[J]. 体育科学，2017，37(5)：24－31.

市居民公平地享用城市建成环境。《全民健身计划(2016—2020 年)》明确提出,“着力推动基本公共体育服务均等化和重点人群、项目发展”①,其中的“公共体育服务均等化”就是公平性的体现,城市设施场地的可达性、可入性等问题的实质就是以公平性为基础的。在城市建成环境公平性方面,澳大利亚的经验值得借鉴,就职于南澳大利亚州游憩与体育处、主持编制南澳大利亚州游憩与体育战略规划的吉米·戴利认为,澳大利亚规划设计户外场地设施的一个重要原则就是“公平性”,不管社区成员的性别、年龄、种族和能力如何,要考虑到针对目标社区各个方面的服务需求②。澳大利亚推崇“循证依据”,所制定的《活跃澳大利亚蓝图:十大重点领域行动计划》战略行动基于大量研究佐证,公平地促进儿童、青少年、老年人等各类人群参与健身休闲活动,并以此促进社会的经济、健康、环境发展③。

建成环境的整合优化既要统筹公平性,又要兼顾差异性。城市社区的自然环境、社会环境、人文环境和个人属性等方面存在一定的差异,差异化的存在意味着需要城市建成环境不同档次、不同形态、不同规模的多元化供给。充分利用现有的建成环境,因时因地因需开展老年人户外体力活动,在满足老年人建成环境需求的公平性基础上,兼顾差异化的建成环境供给。

第二节　老年人户外体力活动建成环境优化模式

一、单位社区建成环境优化模式

单位社区,主要是指在中华人民共和国成立后至改革开放前,居住区按照“居住区—居住小区—组团”规划理念进行布局,工业、企事业单位自己建房,主要由本单位职工居住,单位居住区内居住、就业功能重合。早期单位居住区的住宅以 4~6 层单元房为主,20 世纪 90 年代以来新建了部分小高层、高层住宅;配套设施较齐全,居住环境较好;居住在单位社区的居民绝大多数为工业、行政机关、科研教育单位的职工及其家属。本研究所抽取的调查小区有西华东村、聚宝山、钟麓花园、樱驼花园、东井亭、线路新村、计算新村、华电新村,基本情况见表 7.2。

---

① 国务院. 国务院关于印发全民健身计划(2016—2020 年)的通知(国发〔2016〕37 号)[Z].

② 吉米·戴利. 游憩与运动的规划和设计[M]. 高峻,吴云,赵德芳等,译. 重庆:重庆大学出版社,2011.

③ Australian Bureau of Statistics. Patient experiences in Australia: summary of findings, 2010 - 11 [R]. Canberra: Australian Bureau of Statistics, 2012.

表 7.2　调查小区基本情况

序号	调查小区	区位	市辖区	街道	建设年代
1	西华东村	市中心区	秦淮区	瑞金路	1998 年左右
2	聚宝山	市中心区	玄武区	玄武湖	2005—2010 年
3	钟麓花园	市中心区	玄武区	玄武湖	2000 年左右
4	樱驼花园	市中心区	玄武区	玄武湖	2000 年左右
5	东井亭	市中心区	鼓楼区	小市	2000 年左右
6	线路新村	市中心区	鼓楼区	小市	2002 年左右
7	计算新村	郊区	栖霞区	尧化	2001 年左右
8	华电新村	郊区	栖霞区	迈皋桥	20 世纪 60—70 年代

单位是计划经济时期中国社会的基础单元，集政治、社会、文化、经济功能四位于一体。单位全能化的制度安排导致了单位与社会在地理空间和职能结构上的重叠，决定了单位社区的封闭性和内聚性，具有以地缘与血缘为基础的组织结构、以集团形式聚居的空间格局、以社区为中心的生活方式等特点①。不可否认的是，我国当前正处于由单位社会向非单位社会的转型期，因社会体制和社会发展进程等原因，单位社会在一定时期内依旧普遍存在。

1. 增添设施网点

调研发现，老年人喜欢在小区及其附近活动，具有封闭性和内聚性的单位社区的老年人尤其如此。通过 GPS 定位器采集的活动轨迹发现，单位社区老年人大部分时间的户外体力活动在离家距离 500 m 范围以内；不同类型户外体力活动离家距离的平均值均在 2 000 m 范围以内；与户外体力活动相关度较高的健身休闲场所、商业场所的中位数在离家距离 500 m 范围以内。

通过调查访谈了解到，影响单位社区老年人健身休闲活动的重要因素是健身休闲品质的高低和设施完善情况；影响单位社区老年人购物活动的重要因素是购物设施的形式适宜性与空间临近性，但近年来受老年人青睐的菜市场、便利店等小经济实体正逐渐被大型超市所替代，一定程度上影响了老年人的购物活动。为提高老年人的户外体力活动，一方面要完善健身休闲场所设施；另一方面，商业设施规划应当做好设施需求与供给的双向考虑，保障商业设施“有而能用”且“方便好用”。

2. 完善交通网络

单位社区占据了城市的大量土地，形成高墙围合的自治地域，道路一般不能穿

① 塔娜，柴彦威，刘志林. 单位社区杂化过程与城市性的构建[J]. 人文地理，2012，27(3)：39－43.

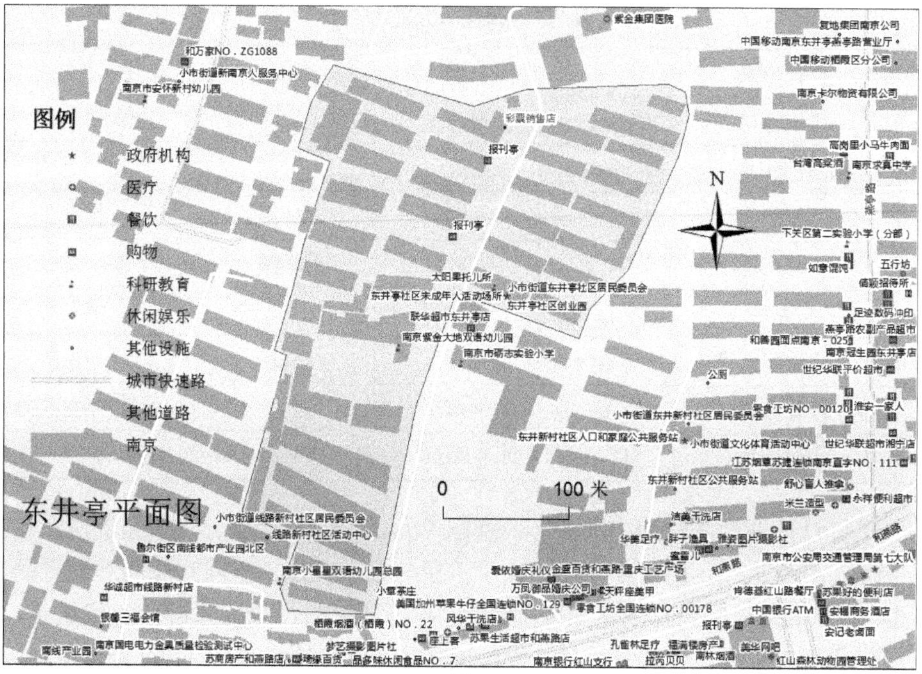

(a)

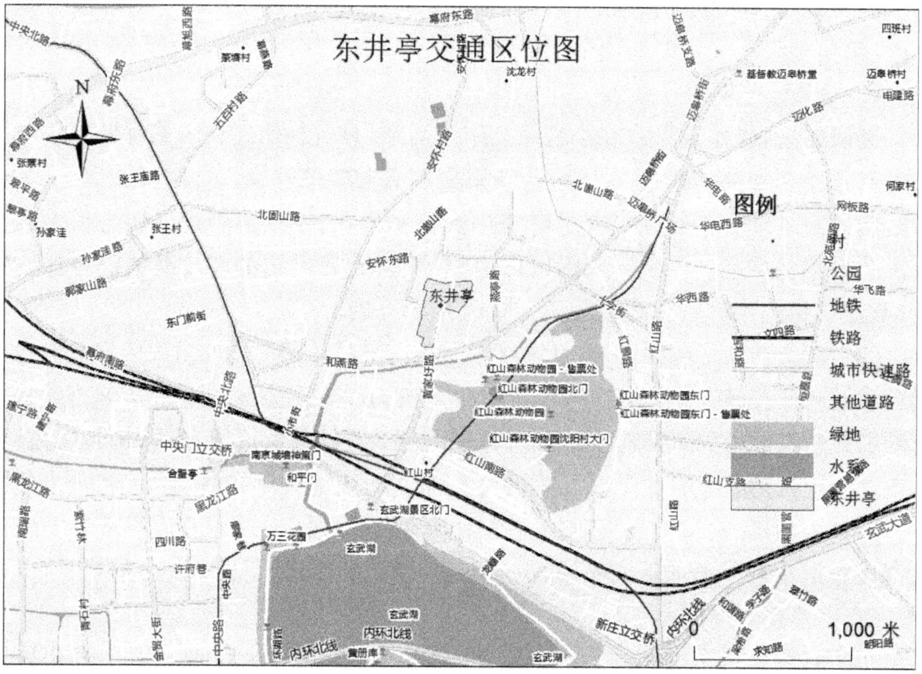

(b)

图 7.2　东井亭平面图与交通区位图

越单位，城市交通网络设计时只能选择绕行或避开（见图 7.2）。规模较小的单位与周围交通之间的矛盾纠纷通过多方斡旋基本能够协调，但规模较大的单位与城市道路系统之间的矛盾纠纷通常难以调和。2016 年 2 月初，《中共中央国务院关于进一步加强城市规划建设管理工作的若干意见》提出，“新建住宅要推广街区制，原则上不再建设封闭的住宅小区，已建成的住宅小区和单位大院要逐步打开”①。针对此问题，中国城市规划学会常务理事王引认为，居住区及单位大院将成为“小街区”工作的重要对象②。

调研结果显示，单位社区老年人至最近交通站点的平均距离为 319.21 m，高于传统社区（278.28 m）、边缘社区（269.33 m）和综合社区（189.61 m）。基于单位社区居民尤其是老年人的出行特征，单位社区建成环境优化过程中应着力完善交通网络。首先，提高道路出行效率，改造道路的同时考虑与周围交通系统的衔接。其次，营造道路安全性，采取人车分流，保障居民出行安全。最后，对单位社区周边公交站点和公交线路进行优化，进一步方便单位社区老年人户外活动。

3. 改善户外环境

户外空间环境的特征和变化深刻地影响着老年人户外体力活动与健康，优美的户外空间环境可以积极调动老年人的感官系统，有利于老年人降低孤独感、缓解焦虑、重新树立自信心。通过调查访谈了解到，完善的场地设施和优美的户外环境是单位社区老年人参加户外活动的重要条件。在对单位社区户外空间环境进行优化时，要结合周围景观要素，对健身器材、休息座椅等设施进行布局，为社区老年人提供一个优美、舒适的交流环境。

4. 分享公共空间

从城市空间层面来看，单位社区纵向上隶属一定的党政、行业机构，横向上缺乏必要的联系，形成一个个彼此独立的小社会。在城市景观上单位社区表现为一个个高墙围合的自治地域，围墙通常被理解为一种隔离，增加了人们交往的难度，给围墙内外的居民强加了心理障碍③。本属于城市的公共空间被化整为零，分散到诸多单位社区中，单位社区居民外出活动时，周围通常是高墙后院和单调的活动空间，增加了社区内外居民交流的难度。

调研过程中，许多老年人表示，愿意和周围小区居民分享公共空间，欢迎周边小区的老年人前来健身休闲、彼此交流。如樱驼花园是金陵石化的房改房，小区配

---

① 新华社. 中共中央 国务院关于进一步加强城市规划建设管理工作的若干意见[EB/OL].（2016－02－21）[2016－09－28]. http://www.gov.cn/zhengce/2016－02/21/content_5044367.htm.

② 曾九利，王引，胡滨，等. 小街区，大战略[J]. 城市规划，2017，41(2)：75－80.

③ Low S M. The edge and the center: gated communities and the discourse of urban fear[J]. American anthropologist, 2001, 103(1): 45－58.

备良好的老年人活动中心(内有棋牌室、台球桌、舞蹈室、乒乓球场地、羽毛球场地等)和宽敞的健身广场,并安排了丰富的文体活动,吸引了周围樱铁村、跃新园、钟山山庄、樱驼山庄等小区的老年人纷纷前往。

二、传统社区建成环境优化模式

传统社区主要坐落在南京明城墙以内的老城区旧居住地带,总面积约为 49.75 km^2,主要以秦淮河、护城河、金川河和玄武湖东北岸为界。老城区旧居住地带是中华人民共和国成立前南京市居民居住的核心地区,中华人民共和国成立后在原有基础上充分利用空间建设了部分住房。住房建筑形式以平房、低层为主(见图 7.3);建筑密度较高,住房陈旧、拥挤,环境和卫生条件差;社区内有较多租房人员,居住者以商业、服务业从业人员为主;由于地处市中心,在一定距离范围内老年人还可以利用市中心的各种生活服务设施。本研究所抽取的调查小区有评事街、洪公祠、全福、大四福巷、小西湖、乌衣巷、韶山路 288 号、山西路,基本情况见表 7.3。

(a) (b)

图 7.3 传统社区老式住房

表 7.3 调查小区基本情况

序号	调查小区	区位	市辖区	街道	建设年代
1	评事街	市中心区	秦淮区	朝天宫	20 世纪 70—80 年代,有大量老式平房
2	洪公祠	市中心区	秦淮区	朝天宫	20 世纪 70—80 年代,有大量老式平房
3	全福	市中心区	秦淮区	夫子庙	清末、民国时期
4	大四福巷	市中心区	秦淮区	夫子庙	清末、民国时期
5	小西湖	市中心区	秦淮区	夫子庙	清末、民国时期

续表

序号	调查小区	区位	市辖区	街道	建设年代
6	乌衣巷	市中心区	秦淮区	夫子庙	清末、民国时期
7	韶山路288号	市中心区	玄武区	锁金村	20世纪60—70年代,部分为老式平房
8	山西路	市中心区	鼓楼区	宁海路	20世纪50年代

1. 整治违章搭建

住房建筑年代较为久远,很多住房没有得到较好的维护和整修,部分旧式住宅已经破败不堪,加上房价高涨、住房紧张,违章搭建现象不断出现。以致出现小区住户砍树毁花,前后门搭建违章建筑,堵大路、变小道;部分住户甚至把违章建筑出租,使原先一院一户增长为一院几户,人口十分密集;外来人口流动频繁,鱼龙混杂,盗窃事件时常发生,给小区治安带来了隐患;加之基础设施落后,卫生设施缺乏,小区居民生活很不方便。调查问卷结果显示,传统社区老年人最不满意的是"环境卫生",小区环境卫生亟待改善。通过整治违章搭建,诸如人口密集、小区治安、道路交通、环境卫生等问题有望得到缓解。

2. 疏通巷道网络

课题调研结果显示,现有传统社区街巷空间尺度过小、交通混乱、存在安全隐患,对老年人户外体力活动影响较大。在优化传统社区巷道网络过程中,首先,营造适宜老年人户外活动的街巷空间尺度,充分考虑各街巷空间与节点的人口密度,通过扩建等手段减弱空间的压迫感,为老年人打造出一个安全、舒适的街道空间场所[①]。其次,保证老年人在旧街巷空间中步行的连续性与安全性,一方面疏堵结合治理占道现象;另一方面,通过人车分流保证老年人的步行安全。最后,增添适老性公共服务设施,设置休息座椅、公厕扶手、无障碍巷道等,方便老年人户外活动。

3. 打造景观节点

传统社区位于市中心区,坐拥秦淮河、玄武湖、紫金山、白鹭洲公园、朝天宫景区、夫子庙等各类景观,丰富的自然景观和人文景观给予传统社区打造景观节点的舞台。景观节点主要是指景观区域中的重要空间及象征性空间[②],它不仅是道路交汇处也是老年人的聚集处。打造传统社区的景观节点,一方面要突出视觉景观以增强视觉体验,强化人文要素以丰富文化体验;另一方面,要创造丰富多元的景观节点,针对不同年龄、不同需求等来设计节点空间里面的因素,定位节点空间的功能。例如,南京市部分公园根据年龄差异设置儿童游乐场、中老年人健身广场,

① 魏佳继.旧城区混合型社区户外空间环境适老性优化研究[D].西安:西安建筑科技大学,2017.

② 王婧,徐峰.景观节点主导下的城市带状公园设计[J].中国园林,2010,26(4):77-80.

并不断完善相关服务设施，方便人们使用。

4. 提升街道风貌

传统社区建成环境是南京城市的“根”，承载着六朝文化、明文化和民国文化，保护传统社区珍贵的建成环境资源具有重要的意义。重视传统社区建成环境资源的保护，其目的并非仅仅为守住历史遗存，而是古为今用，增强历史遗存的生机与活力。传统社区建成环境的建设要充分挖掘和整合当地特色、历史传统、社会文化，这一过程可以进行大的修补，但不能破坏街道等建成环境的传统风貌。文脉统合、文脉并置和文脉延续是新建筑的立面与传统风貌协调统一的三种重要方式，其中，文脉延续强调各个时代的延续性，寻求谨慎的改变，使用较多[①②]。在旧城街道中设置一定数量的文化吸引点，提升街道风貌，增强感知度的同时，还可以激发社区老年人走向户外进行健身休闲的热情。

三、边缘社区建成环境优化模式

南京市的边缘社区主要分布于郊区和市中心区的偏远地带。20 世纪 90 年代以来，随着南京的郊区化发展，政府为解决低收入家庭的住房问题，建设了大量的政策性住房居住区。由于政府在建设方面采取了利润控制等措施，政策性住房的价格低于商品房，满足了低收入家庭的住房需求。边缘社区居民部分为城市动迁居民，部分为原地居住安置的农民，此外还有数量较多的流动人口，呈组团状镶嵌或位于城乡接合部。本研究所抽取的调查小区有莲花北苑、水西门、八卦花园、翠林苑、吉祥庵、听竹苑、五福家园、芝嘉花园，基本情况见表 7.4。

表 7.4 调查小区基本情况

序号	调查小区	区位	市辖区	街道	建设年代
1	莲花北苑	市中心区	玄武区	沙洲	2009 年左右
2	水西门	市中心区	建邺区	莫愁湖	2007 年左右
3	八卦花园	郊区	栖霞区	八卦洲	1999 年左右
4	翠林苑	郊区	栖霞区	尧化	2006 年左右
5	吉祥庵	郊区	栖霞区	燕子矶	20 世纪 70—80 年代

① 张松. 城市历史环境的可持续保护[J]. 国际城市规划，2017，32(2)：1－5.

② 李玲玲，庞招伟. 旧城主街更新设计策略——文化回归背景下的街道再生路径[J]. 规划师，2014，30(S5)：101－108.

续表

序号	调查小区	区位	市辖区	街道	建设年代
6	听竹苑	郊区	栖霞区	西岗	2006 年左右
7	五福家园	郊区	栖霞区	栖霞	2004 年左右
8	芝嘉花园	郊区	栖霞区	马群	2004 年左右

1. 完善配套设施

提高老年人户外体力活动，既要从全局方面入手，完善健身休闲、购物、服务、交通等方面的设施，还要从细节方面入手，定期安全维修，增添照明设备、休息座椅、公厕扶手、标识牌等。完善小区配套设施，使之具有良好的可达性、易识别的场地模式、配套设施的适当集中。良好的可达性，表现在老年人使用公共设施的可达性，以及老年人专属配套设施和小区其他配套设施之间的可达性，通过设置无障碍、便捷的步行道路，方便老年人进行户外活动。易识别的场地模式，老年人所熟悉的道路布局是不规则的、有等级的场地空间模式，通过设置清晰的标志空间和场地，有利于协助老年人建立方向感①。配套设施的适当集中，一方面可以增加老年人彼此之间的交往活动，另一方面还可以减少配套设施的成本。

2. 建设社区绿道

绿道是指提供居民接近居住地周边的开放性空间，连接乡村和城市空间，并将其串联成一个巨大的循环系统②。边缘社区是城市与农村关系的枢纽，由于紧密连接乡村，自然景观丰富，土地资源较为充裕，可以利用这里的林区、河流、水库等建设绿道的健身休闲驿站，以满足老年人、青少年等各类人群的户外体力活动。根据建设规模可以将绿道划分为“区域绿道、城市绿道、社区绿道”3 个等级，南京的绿道建设目前着重于城市层面，重点在建成区的生态环境保护方面③。社区绿道串联了社区公园、各类广场、景区节点、街边绿地、历史古迹等活动场所，为本小区及其周边小区老年人提供了快捷、安全、方便的绿色出行空间和理想的健身休闲场所。绿道线路的选择要注重与小区、公园绿地、景观节点的连接，增加老年人、青少年等各类人群使用社区绿道的可能性，将绿道的慢行系统、健身休闲和景观美化融为一体，实现社区绿道的功能多元化。

---

① 伊丽莎白·伯顿，琳内·米切尔. 包容性的城市设计——生活街道[M]. 费腾，付本臣，译. 北京：中国建筑工业出版社，2009：99.

② 王婕，李庆卫，彭凌迁. 广东社区绿道建设启示——以深圳福荣绿道为例[J]. 中国园林，2014，30(5)：97-101.

③ 王晓晓，张鸣洲. 我国城市绿道的规划途径初探——以南京市为例[J]. 生态经济，2016，32(2)：215-220.

3. 改善土地利用

土地利用主要是指特定区域内存在不同用途的土地利用或多样性，有关土地混合利用的定义与计算方法较多，很多学者将目的地的数量和土地用途类型用作土地混合利用的度量①②。本研究依据 Hanibuchi 的观点，将目的地的数量用作土地混合利用的度量，目的地主要分为银行、书店、咖啡厅/茶馆、服装店、社区中心、便利店、牙科诊所、电器店、快餐店、美容院、医院、洗衣店、图书馆、政府机构、药房、邮局、超市 17 种类型。调查结果显示，边缘社区土地混合利用率与老年人户外体力活动之间具有相关性，该结果与国外相关研究一致③④⑤。鉴于此，应改善土地混合利用率，推进教育用地、居住用地、交通用地、工业用地、公共设施用地、道路广场用地、市政公用设施用地等的合理布局，方便老年人进行健身、购物等户外体力活动。

4. 整合周边资源

边缘社区是城市与农村关系的枢纽，由于紧密连接乡村，自然景观丰富，土地资源较为充裕，可以整合周边的林区、河流、水库等资源促进城市居民户外体力活动。如东山地区作为疏解南京主城区人口的重要区域，近年来有上百个小区搬迁至此，绝大多数小区采用"依山傍水"的选址形式，享有怡人的风景；这一区域的拆迁安置居民，生活场域和地理空间从实质意义的"乡下"变成具有象征意义的"城市"，一定程度上满足了他们的美好生活需要。整合优化边缘社区周边资源的同时，还得加强对周边资源的保护利用：首先，防止生态挤压，即严防城市建设侵入保护绿带对自然资源本体造成破坏；其次，防止界面私有化，即严防大量生态资源界面的私有化开发方式人为阻隔自然环境与城市腹地之间的联系；最后，防止城市生态网络破损，即严防自然资源周边必要的保护性生态空间被不断蚕食、侵占。

四、综合社区建成环境优化模式

20 世纪八九十年代之后，南京开发建设了大量的商品房居住区，以居住区的

---

① Hanibuchi T, Kawachi I, Nakaya T, et al. Neighborhood built environment and physical activity of Japanese older adults: results from the Aichi Gerontological Evaluation Study (AGES) [J]. BMC public health, 2011, 11(1): 657.

② 杨阳. 济南市住区建成环境与家庭出行能耗关系的量化研究[D]. 北京：清华大学，2013.

③ Shigematsu R, Sallis J F, Conway T L, et al. Age differences in the relation of perceived neighborhood environment to walking[J]. Medicine & Science in Sports & Exercise, 2009, 41(2): 314 - 321.

④ Cerin E, Sit C H P, Barnett A, et al. Walking for recreation and perceptions of the neighborhood environment in older Chinese urban dwellers[J]. Journal of urban health, 2013, 90(1): 56 - 66.

⑤ Cain K L, Millstein R A, Sallis J F, et al. Contribution of streetscape audits to explanation of physical activity in four age groups based on the Microscale Audit of Pedestrian Streetscapes (MAPS) [J]. Social Science & Medicine, 2014, 116: 82 - 92.

形式而非单位形式为主开发，就业地与居住区分离。房屋类型以多层、小高层、高层为主；居住分化明显，有私人高收入人群购买的花园式别墅和高级住宅，也有单位和政府组织的旧城改造、城市建设搬迁来的和低收入人群购买的经济实用型康居工程。依据社区建设标准可将其分为高档社区和低档社区，高档社区主要位于交通条件便利、环境条件优越、配套设施完善、社区规划先进的区域，社区居民以高收入群体为主；低档社区多位于郊区或较偏远的区域，配套设施条件以及管理相对较差，房价偏低，居住者多为中低等收入人群。随着 1998 年国家全面取消福利分房制度，包括南京在内的多数城市都经历了大规模的更新、改造、扩张和升级，在可预期的将来，商品房将是城市居民住房的最主要供给方式①，综合社区则成为最主要的社区类型。本研究所抽取的调查小区有瑞金北村、锁金三村、锁金四村、蒋王庙、汇林绿洲、恒盛嘉园、长虹路、香樟园，基本情况见表 7.5。

表 7.5　调查小区基本情况

序号	调查小区	区位	市辖区	街道	建设年代
1	瑞金北村	市中心区	秦淮区	瑞金路	20 世纪 80 年代初 至 90 年代末
2	锁金三村	市中心区	玄武区	锁金村	20 世纪 80 年代初
3	锁金四村	市中心区	玄武区	锁金村	20 世纪 80 年代初
4	蒋王庙	市中心区	玄武区	玄武湖	20 世纪 90 年代左右
5	汇林绿洲	市中心区	鼓楼区	中央门	2005 年左右
6	恒盛嘉园	市中心区	鼓楼区	宝塔桥	1999 年左右
7	长虹路	市中心区	建邺区	莫愁湖	1984—2005 年
8	香樟园	郊区	栖霞区	仙林	2008 年左右

1. 共享活动资源

近年来，国家体育总局先后开展了四次全国群众体育现状调查，调查活动均涉及 65 周岁以上的老年人群，1996 年的调查结果显示，我国老年人群的体育人口与 12.48%；2000 年的调查结果显示，老年人群的体育人口占 22.4%；2007 年的调查结果显示，老年人经常参与体育健身活动的人数比例上升至 31.79%；2015 年调查结果显示，老年人经常参与体育健身活动的人数比例上升至 40.35%②。说明我国老年人的体育健身活动需求正在日益增长，但与此同时，城市健身活动供给资源短

① 曹志刚. 顶层设计商品房社区治理[N]. 中国社会科学报，2016-01-20(006).

② 杨永钟，江瑞，袁锋，等. 我国全民健身活动发展特征研究——基于 4 次全国群众体育调查结果的分析[J]. 西南师范大学学报(自然科学版)，2017，42(6)：121-128.

缺，健身活动资源存在供需失衡，现阶段老年人体育健身活动需求与城市健身活动资源供给之间的矛盾依旧显著[①]。鉴于此，应鼓励小区将体育设施向公众开放，将丰富的健身活动资源与周围社区居民分享，同时为保护小区的健身活动资源不被恶意破坏，可通过实名制、收费制准许周围社区的居民入内，将有恶劣行为的居民拉入黑名单，禁止其使用相关健身活动资源。

2. 统筹街道网络

综合社区占据了城市的大量土地，形成高墙围合的区域，造成综合社区周围交通拥挤，降低了城市街道使用效率和城市交通运行效率。综合社区封闭式的开发和发展违背了城市规划的诸多原则，给城市管理带来了极大挑战，但是在利益考虑下，许多国家和地区没有出台或严格执行相应的规划指引和政策。加拿大和英国的一些城市提出了相应的规划政策，如禁止在社区内修建私有道路，限制封闭社区的建设或禁止小区大门上锁，保证社区内道路与公共交通的连通性[②]；在一定情形下，开发商应为经济较差的邻里修建道路、供水供电等基础设施[③]。为促进老年人户外体力活动，应统筹街道网络：(1)公交线路方面，公交线路的布局应注重居住区与广场、公园、超市、菜市场等的有效衔接[④]；(2)路网密集方面，统筹路网密集的适度程度，过高或过低的街道密集程度均不利于老年人的活动、出行[⑤]；(3)道路拓扑方面，经调研访谈得知，拓扑深度过高会在一定程度上削弱老年人的出行意愿，街道网络优化时应予以兼顾。

3. 改善生态环境

生态环境是影响老年人户外体力活动的重要因素，主要包括自然环境、社会环境、人文环境 3 个方面。通过改善城市生态环境可以为居民提供各类体力活动场所，有效地促进公共健康。近年来，美国致力于借鉴城市精明增长理论整合优化建成环境并取得了显著成效[⑥]。为促进老年人户外体力活动，首先，改善综合社区及其周围的自然环境，采取提高土地混合利用，限制城市土地的转化，保护动植物栖息地，治理空气污染、水污染，减少汽车使用，提升公共绿地面积等措施[⑦]。其次，

---

① 付春明，陶永纯. "患不均，更患不公"：体育资源供给的"公平"与"冲突"[J]. 体育与科学，2017，38(4)：49-54，48.

② Grant J. Planning responses to gated communities in Canada[J]. Housing Studies，2005，20(2)：273-285.

③ Thuillier G. Gated communities in the metropolitan area of Buenos Aires，Argentina：a challenge for town planning[J]. Housing Studies，2005，20(2)：255-271.

④ 赵俊. 住区内外建成环境对老年人身体活动影响研究[D]. 大连：大连理工大学，2016.

⑤ 刘正莹. 邻里建成环境对老年人活动出行的影响研究[D]. 大连：大连理工大学，2014.

⑥ 吕和武，吴贻刚. 美国建成环境促进公共健康对健康中国建设的启示[J]. 体育科学，2017，37(5)：24-31.

⑦ 吕和武，吴贻刚. 美国城市精明增长干预公共健康的镜鉴[J]. 体育学刊，2017，24(5)：52-56.

改善社会环境，通过出台“全民健身计划”“城市规划建设管理工作意见”等政策，促进老年人体力活动。最后，改善人文环境，城市建成环境的建设要充分挖掘和整合历史传统、当地文化，让老年人对小区人文环境产生亲近感、自豪感，激发老年人户外活动的热情。

4. 营造公共空间

伴随着城市化的快速推进，加之国家全面取消福利分房制度的影响，商品房供给方式的综合社区日渐成为新型城市社区的重要类型。综合社区人口流动频繁，居民之间相对陌生；小区外围高墙四立，与外界相隔离，形成一个个彼此独立的封闭社会。这一特征增加了社区内外居民交往的难度，给围墙内外的居民强加了心理障碍，压缩了城市公共空间的范围，降低了城市建成环境空间的使用效率。通过调查访谈得知，南京市 2000 年之后的综合社区大部分为封闭社区，多位于主城与城市的优质区位，该调查结果与徐昀等①的研究一致。封闭社区的围墙阻碍了城市道路的连续性，加剧了社区内外居民之间的社会排斥。为此，要在综合社区内外营造公共空间，发起一年一度的小区“拆墙”活动，欢迎小区外居民走进本小区，鼓励本小区居民到周围小区活动、交流，拉近人与人之间的距离②；为不同年龄的居民开辟一些公共活动场所，供他们相互交流，营造和谐景观。

第三节　老年人户外体力活动建成环境优化建议

通过改善建成环境进而促进居民体力活动与健康已经成为诸多国家健康战略中的一个重要组成部分。为优化老年人户外体力活动建成环境，首先，注重顶层规划设计。当前建成环境规划中遇到的一个突出问题是缺乏对休闲民生的长远规划和战略考虑，迫切需要城市规划部门的顶层规划设计，从全局视角对城市建成环境建设的各方面、各层次、各要素统筹规划，集中有效资源，以期实现结构优化、功能协调、资源整合等目标。其次，提倡多方合作治理。建成环境涉及城市规划、建筑学、环境学、行为学等多个领域，需要以政府行政力量为主导，全社会共同参与，从促进老年人户外体力活动与健康的视角整合优化建成环境。再次，完善康体环境评估。为保证城市建成环境规划的顺利实施，在城市建成环境规划中增加建成环境影响评估，并将

① 徐昀，宋伟轩，朱喜钢，等. 封闭社区的形成机理与社会空间效应[J]. 城市问题，2009(7)：2－6.

② Brunn S D. Gated minds and gated lives as worlds of exclusion and fear[J]. GeoJournal，2006，66(1－2)：5－13.

评估结果应用到城市建成环境规划的决策中，可以大幅度提高城市建成环境规划的效率和科学性。最后，兼顾老年群体的需求。在满足老年人基本需求的基础上，进一步关注老年人的尊重需求和自我实现需求，让老年人在一块真正属于自己的户外活动空间内，怡然自得的与同伴传授经验、交流心得。具体建议如下。

一、设施网点优化建议

健身休闲场所：小区内的健身场所、休闲场所应采用集中式为主、分散式为辅的布局模式，健身休闲设施场所的适当集中，一方面可以增加老年人彼此之间的交往活动，另一方面还可以降低所需的成本。小区外的健身场所、休闲场所宜采用分散式为主、集中式为辅的布局模式。对于空间较小、环境复杂的地段，适宜采用分散式的布局，便于周边的老年人进行健身休闲活动；而集中式布局的健身休闲场所，可为老年人提供完善的健身休闲设施、开阔的活动空间、沟通交流的平台，深受老年人青睐。此外，还要从细节方面入手，定期进行安全维修，增添照明设备、休息座椅、公厕扶手、标识牌等。

商业场所：通过调查访谈了解到，影响老年人购物活动的重要因素是购物设施的形式适宜性与空间临近性。近年来，受老年人青睐的菜市场、便利店等小经济实体正逐渐被大型超市所替代，一定程度上影响了老年人的购物活动。商业设施场所的布局宜采用以中小型商业场所为主、大型商业场所为辅的布局模式，中小型商业场所应布局在人流较多、位置便利的地点，既能提升商业场所的进店率，又能促进老年人外出进行购物活动；大型商业场所的布局既要结合区域功能中心，又要兼顾与周边居住区的联系以保证居民出行的便捷性。因此，商业场所规划应当做好设施需求与供给的双向考虑，保障商业设施场所“有而能用”且“方便好用”。

公交站点：为方便老年人乘坐公交，提升他们公交出行的意愿，公交站点应在注重均衡的基础上优先靠近居住人口多的方位布局，尽量靠近居住区的主要行人出入口。为解决公交车站到目的地“最后 1 公里”的问题，应细致周到地谋划，考虑公交车站与公园、商场等场所的衔接。

二、街道网络优化建议

为促进老年人户外体力活动，可统筹街道网络。(1) 路网密集方面：统筹路网密集的适度程度，过高或过低的街道密集程度均不利于老年人的活动出行；(2) 道路拓扑方面：拓扑深度过高会在一定程度上削弱老年人的出行意愿，街道网络优化时应予以兼顾；(3) 道路铺装及绿化：老年人的日常生活依赖于步行，人行道的铺装及绿化直接影响着老年人的出行意愿和舒适度;(4) 公交线路方面:公交线路的布局应注重居住区与广场、公园、超市、菜市场等场地的有效衔接。

为将现有的城市空间资源科学有效地配置,南京市需要加大力度建设社区绿道。根据建设规模可以将绿道划分为"区域绿道、城市绿道、社区绿道"3 个等级,南京市的绿道建设目前着重于城市层面,重点在建成区的生态环境保护方面。社区绿道串联了社区公园、各类广场、景区节点、街边绿地、历史古迹等活动场所,为居住区及其周边区域老年人提供了安全、方便的绿色出行空间和理想的健身休闲场所。绿道线路选择要注重与小区、公园绿地、景观节点的连接,增加老年人等各类人群使用社区绿道的可能性,将绿道的慢行系统、健身休闲和景观美化融为一体,实现社区绿道的功能多元化。

近年来,南京市新建的居住区多为封闭社区①。这些封闭社区占据了城市的大量土地,形成高墙围合的区域,城市交通网络设计时只能选择绕行或避开,造成综合社区周围交通拥挤,降低了城市街道使用效率和城市交通运行效率。因此,应严格执行相关政策推广"街区制",基本上不再建设封闭住宅小区,已建成的住宅小区和单位大院要逐步向外开放②。一方面要提高道路出行效率,改造道路的同时考虑与周围交通系统的衔接;另一方面要营造道路安全性,采取人车分流,保障居民出行安全。

三、土地利用优化建议

土地布局模式和土地混合利用都可以影响老年人户外体力活动的出行频率。土地布局模式方面:应采用分散式与集中式相结合的布局模式,小区内以集中式布局为主、分散式布局为辅的模式;小区外以分散式为主、集中式为辅的模式。集中式的土地布局,可为老年人提供完善的场地设施、开阔的活动空间、沟通交流的平台,比分散布局的场所更具优势,能够吸引更多的老年人积极参与活动;分散式的土地布局,适宜空间较小、环境复杂的地段,老年人到达活动场所的便捷性较好。南京市的单位社区以及近年来新建的居住区多为封闭社区,这些封闭社区沿公路干道蔓延,改变了城市的土地利用形式,其封闭性和内聚性的特征使得小区内的老年人日常健身休闲等活动多集中于居住区内,缺少与其他小区的联系,给围墙内外的居民强加了心理障碍。因此,小区外集中式布局的场所有利于小区内外居民之

---

① 徐昀,宋伟轩,朱喜钢,等.封闭社区的形成机理与社会空间效应[J].城市问题,2009(07):2-6.

② 新华社.中共中央 国务院关于进一步加强城市规划建设管理工作的若干意见[EB/OL].(2016-02-21)[2016-09-28].http://www.gov.cn/zhengce/2016-02/21/content_5044367.htm.

间的交流，从而促进老年人的户外体力活动；小区外分散式布局的场所以及小区内的设施场所，可以通过整合优化，为特殊需求的老年人提供便捷式服务。

土地混合利用方面：适当的土地混合利用有助于增加地块的吸引力，成为促进老年人积极活动出行的因素，因此，应注重健身休闲、商业等场所周边土地利用的多样性。土地混合利用度较高的小区，赋予了土地复杂的功能，周围环境也较为复杂①。老年人作为特殊群体，其需求的健身休闲、商业等场所应尽量避免在这种区域中，而是选择周边有适当的健身、商业等用地较为单一的地块，以减少外界环境给老年人户外活动所带来的干扰。在集中布局模式下，土地利用混合度越高则意味着活动场所的空间承载力越大、更容易形成场所活力，能够对老年人群积极参与户外体力活动起到"拉力"作用；在分散布局模式下，土地利用混合度越高则意味着活动场所的可达性越高，这种出行途中的满意程度，对老年人群积极参与户外体力活动具有良好的"推力"作用。

四、公共空间优化建议

空间开敞度方面：封闭式空间会对老年人群形成一定的压抑感，容易让老年人群体产生压抑情绪；开敞式空间可能对老年人的活动体验形成一定的干扰；半开敞式空间由于同时具备一定的私密性和对外联系性，因而其对老年人群健身活动的吸引力要强于封闭式空间和开敞式空间。因此，健身、休闲等场所的空间开敞度应考虑以半开敞式为主，开敞式和封闭式为辅的原则。

空间视域方面：空间视域为老年人群对外界环境进行感知提供了媒介，空间视域越大其外界感知就越全面，空间体验也愈加丰富，因此较大的空间视域对老年人群的活动体验有一定的积极作用。但完全开放的空间因为缺少明确的空间界线，使得老年人群难以对空间进行较为全面的认知，从而形成一定的心理妨碍，影响了他们的健身休闲活动体验。在户外场所规划设计时，要避免因过于追求局部空间围合而导致空间视野过度局限，应当从老年人的心理需求和社会需求等方面出发，切实保障建成环境的品质，提高活动空间的使用率。

界面活力方面：界面活力可以提升空间体验的丰富度，有利于增强老年人群的安全感知。由于老年人群出行基本为步行，且步行速度较慢，因而对界面活力的感知较为深入，尤其对于沿人行道散步、慢跑等线型健身活动来说，较高的界面活力可以使老年人群在健身活动的同时得到良好的空间体验。总体而言，界面活力对

① 刘正莹，杨东峰．邻里建成环境对老年人户外休闲活动的影响初探——大连典型住区的比较案例分析[J]．建筑学报，2016(6)：25－29．

老年人群活动出行的影响呈“倒马鞍形”，适度的界面活力更能激发老年人群户外活动的热情。在空间界面规划设计时，应当从空间体验主体——“人”的角度出发，使老年人在公共空间中得到丰富的感知体验，增加活动出行的趣味性。伴随着城市化的快速推进，许多小区周围高墙四立，与外界相隔离，形成一个个彼此独立的封闭区域，增加了社区内外居民交往的难度，压缩了城市公共空间的范围，降低了城市建成环境空间的使用效率。为此，应当增加小区内外的公共开放空间，强化区域空间界面的互动性，为老年人群提供交往空间，进而促进老年人积极外出活动。

附录

附录A　调查小区基本情况

序号	类型	调查小区	区位	市辖区	街道	建设年代
1	综合社区	瑞金北村	市中心区	秦淮区	瑞金路	20世纪80年代初至90年代末
2	综合社区	锁金三村	市中心区	玄武区	锁金村	20世纪80年代初
3	综合社区	锁金四村	市中心区	玄武区	锁金村	20世纪80年代初
4	综合社区	蒋王庙	市中心区	玄武区	玄武湖	20世纪90年代左右
5	综合社区	汇林绿洲	市中心区	鼓楼区	中央门	2005年左右
6	综合社区	恒盛嘉园	市中心区	鼓楼区	宝塔桥	1999年左右
7	综合社区	长虹路	市中心区	建邺区	莫愁湖	1984—2005年
8	综合社区	香樟园	郊区	栖霞区	仙林	2008年左右
9	单位社区	西华东村	市中心区	秦淮区	瑞金路	1998年左右
10	单位社区	聚宝山	市中心区	玄武区	玄武湖	2005—2010年
11	单位社区	钟麓花园	市中心区	玄武区	玄武湖	2000年左右
12	单位社区	樱驼花园	市中心区	玄武区	玄武湖	2000年左右
13	单位社区	东井亭	市中心区	鼓楼区	小市	2000年左右
14	单位社区	线路新村	市中心区	鼓楼区	小市	2002年左右
15	单位社区	计算新村	郊区	栖霞区	尧化	2001年左右
16	单位社区	华电新村	郊区	栖霞区	迈皋桥	20世纪60—70年代
17	传统社区	评事街	市中心区	秦淮区	朝天宫	20世纪70—80年代，有大量老式平房

续表

序号	类型	调查小区	区位	市辖区	街道	建设年代
18	传统社区	洪公祠	市中心区	秦淮区	朝天宫	20 世纪 70—80 年代，有大量老式平房
19	传统社区	全福	市中心区	秦淮区	夫子庙	清末、民国时期
20	传统社区	大四福巷	市中心区	秦淮区	夫子庙	清末、民国时期
21	传统社区	小西湖	市中心区	秦淮区	夫子庙	清末、民国时期
22	传统社区	乌衣巷	市中心区	秦淮区	夫子庙	清末、民国时期
23	传统社区	韶山路 288 号	市中心区	玄武区	锁金村	20 世纪 60—70 年代，部分为老式平房
24	传统社区	山西路	市中心区	鼓楼区	宁海路	20 世纪 50 年代
25	边缘社区	莲花北苑	市中心区	玄武区	沙洲	2009 年左右
26	边缘社区	水西门	市中心区	建邺区	莫愁湖	2007 年左右
27	边缘社区	八卦花园	郊区	栖霞区	八卦洲	1999 年左右
28	边缘社区	翠林苑	郊区	栖霞区	尧化	2006 年左右
29	边缘社区	吉祥庵	郊区	栖霞区	燕子矶	20 世纪 70—80 年代
30	边缘社区	听竹苑	郊区	栖霞区	西岗	2006 年左右
31	边缘社区	五福家园	郊区	栖霞区	栖霞	2004 年左右
32	边缘社区	芝嘉花园	郊区	栖霞区	马群	2004 年左右

附录B　体力活动建成环境调查策划方案

________社区领导，您好！我们是“城市环境与老年人体力活动”课题组，本次调查的目的是“了解城市建成环境对老年人日常身体活动的影响”。社区老年人所填写的内容仅被用作学术研究，我们承诺对社区老年人填写的内容严格保密。请告知老年人积极配合调查、认真填写问卷，以便我们获得准确的研究数据，为城市老年人日常身体活动的空间规划与改造贡献一份力量。在此课题组向您表示衷心感谢！

1. 活动概述

(1) 活动名称：老年人健身指导进社区系列活动。

(2) 活动时间：____月____日 至____月____日。

(3) 活动对象：①年龄 60～80 岁老年人；
②能听懂普通话并能与课题组成员口头交流；
③在所选择的社区居住至少 1 年；
④身体健康；
⑤男 15 名，女 15 名；
⑥包括经常运动者和很少运动者。

2. 活动流程

(1) 填写调查问卷，了解老年人体力活动相关建成环境基本情况(约 15 分钟，必须填写)；

(2) 连续 4 天佩戴加速度计和 GPS 定位器，了解老年人户外体力活动时间、空间特征(必须佩戴)；

(3) 预防老年痴呆大脑功能测试(约 10 分钟，可选测)；

(4) 人体成分测试(约 5 分钟，可选测)；

(5) 第 5 天归还加速度计、GPS 等物品，为老年人赠送日常生活用品 1 份(毛巾、大桶洗衣液等)；

(6) 针对老年人日常活动情况，向老年人反馈本人体力活动水平，并提出健身意见与建议。

我们郑重承诺：调查活动无任何商业目的，调查结果仅被用作学术研究，绝不会对老年人的后续生活造成任何打扰和负面影响。

课题组联系人
联系方式

填表要求：

1. **请填写您所在社区的名称，并在与其对应的社区类型中打"√"**

（1）传统社区____。基本是在 1949 年以前建成，位于明城墙以内，是中华人民共和国成立前南京市居民居住的核心地区，中华人民共和国成立后在原有基础上充分利用空间建设了部分住房。住房建筑形式以平房、低层为主；建筑密度较高，住房陈旧、拥挤，环境和卫生条件差；社区内有较多租房人员，居住者以商业、服务业从业人员为主；由于地处市中心，在一定距离范围内老年人还可以利用市中心的各种生活服务设施。

（2）单位社区____。主要是指在中华人民共和国成立后至改革开放前（现在也有，但数量较少）工业、企事业单位自己建房，主要由本单位职工居住，单位居住区内居住、就业功能重合。早期单位居住区的住宅以 4～6 层单元房为主，20 世纪 90 年代以来新建了部分小高层、高层住宅；配套设施较齐全，居住环境较好；居住在单位社区的居民绝大多数为工业、行政机关、科研教育单位的职工及其家属。

（3）综合社区____。20 世纪八九十年代之后，南京开发建设了大量的商品房居住区，以居住区的形式而非单位形式为主开发，就业地与居住区分离。房屋类型以多层、小高层、高层为主；居住分化明显，有私人高收入群购买的花园式别墅和高级住宅，也有单位和政府组织的旧城改造、城市建设搬迁来的和低收入人群购买的经济实用型康居工程。

（4）边缘社区____。20 世纪 90 年代以来，随着南京的郊区化发展，政府为解决低收入家庭的住房问题，建设了大量的政策性住房居住区。由于政府在建设方面采取了利润控制等措施，政策性住房的价格低于商品房，满足了低收入家庭的住房需求。边缘社区外来人口较多、流动性大，条件差，呈组团状镶嵌或位于城乡接合部。

2. **社区符合如下住宅类型的，请在相应的位置打"√"**

社区主要住宅类型：①低层（1～3 层）________；
②多层（4～6 层）________；
③小高层（7～9 层）________；
④高层（10 层及以上）________。

附录C　知情同意书

1. **背景介绍**

您好，我们是“城市建成环境与老年人体力活动”课题组成员。诚邀您参与老年人健身指导进社区系列活动并聆听健康知识讲座。

2. **过程与方法**

本次研究项目一共持续4天时间（填写调查问卷当天除外），过程如下：①填写调查问卷，了解老年人体力活动相关建成环境基本情况（约10分钟，必须填写）；②连续4天佩戴加速度计和GPS定位器，了解老年人体力活动时间、空间特征（必须佩戴）；③预防老年痴呆大脑功能测试（约5分钟，可选测）；④人体成分测试（约5分钟，可选测）；⑤第5天归还加速度计、GPS等物品，为老年人赠送日常生活用品1份（雨伞、毛巾、腰包、大桶洗衣液等）。请配合工作人员的安排依次测试。

3. **收益**

您将“免费”获得参与预防老年痴呆大脑功能测试、人体成分测试，聆听健康知识讲座的机会，同时获得价值上百元的礼品。此外，我们会将本次调研的老年人体力活动情况反馈给您，并结合实际情况为您提出相应的健身意见与建议。

4. **隐私与保密措施**

调查活动无任何商业目的，您填写的个人基本情况以及参与的测试数据仅被用作学术研究，我们将会进行保密处理，并在研究结束后予以销毁，绝不会对您的后续生活造成任何打扰和负面影响。

5. **参与条款**

参与“城市建成环境与老年人体力活动”调查纯属自愿，为保证本次研究真实、有效，请您在今后的4天时间内保持正常的生活状态，认真佩戴加速度计和GPS定位器。

6. **联系方式**

如果对本次测试产生任何疑问，请您联系体育科学学院运动康复实验室研究人员：__________；电话：__________。

7. **知情同意书签字**

本人已认真阅读上述资讯，决定自愿参加“城市建成环境与老年人体力活动”研究项目。

参与者签字：________　　　　联系方式：________

日期：______年______月______日

附录D　老年人体力活动建成环境调查问卷

问卷编号__________________；

姓名________ / 电话__________________ ；

您的家庭住址__________小区______ 栋______ 单元；

您的性别________，年龄________，身高________（厘米），体重________（千克）。

您好！我们是“城市建成环境与老年人体力活动”课题组，本调查结果仅被用作学术研究，旨在为城市健康型人居环境建设提供依据。恳请您按顺序无遗漏地填写真实情况，以便我们获得准确的研究数据，为城市老年人日常身体活动的空间规划与改造贡献一份力量。我们郑重承诺，对您填写的所有内容严格保密，绝不会对您的后续生活造成任何打扰和负面影响。在此课题组向您表示衷心感谢！

第一部分：个人基本情况

1. 您的最高学历是________

①小学及以下　　②初中

③高中（含中专）　　④大学（含大专）及以上

2. 您以前所从事的职业________

①干部、管理人员　　②企事业、厂矿职工

③农、林、牧、渔、水利业生产人员　　④军人

⑤商业、服务业人员　　⑥自由职业者、个体户

⑦无业、失业、半失业者　　⑧其他

3. 您的月平均收入大致在________

①500 元以下　　②501～1 000 元

③1 001～2 000 元　　④2 001～4 000 元

⑤4 000 元以上

4. 您的情况属于下列选项中的哪一个【单选】________

①夫妻双方健在，与子女同住　　②夫妻双方健在，未与子女同住

③单身，与子女同住　　④单身，未与子女同住

5. 您有无以下常见的老年疾病【多选】__________

①高血压　　②糖尿病　　③高血脂　　④无

6. 您对自己身体状况的自我评价是______分

（1 分表示最差，2 分表示较差，3 分表示一般，4 分表示较好，5 分表示最好）

7. 您对您所在社区老年人日常身体活动环境的评价是______分

（1 分表示最差，2 分表示较差，3 分表示一般，4 分表示较好，5 分表示最好）

8. 您所在小区主要的房屋类型（总层数）是________

①低层（1～3 层）　　②多层（4～6 层）

③小高层（7～9 层）　　④高层（10 层及以上）

9. 您经常参与的健身活动项目主要有【多选】____________

①步行；②跑步；③有氧健身操（跳舞、扭秧歌等）；④器械健身；⑤武术/太极拳；⑥自行车；⑦乒乓球/羽毛球/网球；⑧台球/保龄球/门球；⑨篮球/排球/足球；⑩登山；⑪民间体育（柔力球、空竹、踢毽子等）；⑫游泳；⑬力量练习；⑭其他，请自行填写__________________________。

第二部分：居住区及周边环境调查

在相应的栏目中打"√"，5 代表完全同意，4 代表基本同意，3 代表一般，2 代表不太同意，1 代表很不同意。

居住区及周边环境	完全同意	基本同意	一般	不太同意	很不同意
1. 从您家出发，到您常去的健身场所方便吗（如广场、健身路径、羽毛球场、学校等）					
2. 从您家出发，到您常去的商业场所方便吗（菜市场、超市、便利店、餐馆等）					
3. 从您家出发，到您常去的老年人服务场所方便吗（医院、银行、药店、快递网点等）					
4. 从您家出发，到您常去的娱乐场所方便吗（棋牌室、街边开敞空间、公园、老年人活动中心等）					
5、从您家出发，10～15 分钟能步行到达交通站点吗					
6. 您家附近的治安情况能否满足您的外出活动安全					
7. 您家附近活动环境是否安全（健身设施是否损坏、照明设备是否良好）					
8. 在您家附近活动时，可以很方便地找到休息座椅和厕所吗					

续表

居住区及周边环境	完全同意	基本同意	一般	不太同意	很不同意
9. 您家附近参加健身活动的人多吗(如广场舞、太极拳、散步、慢跑等)					
10. 您家附近活动环境是否美观(如绿化良好、景观优美)					
11. 您家附近活动环境卫生情况怎么样					
12. 您家附近配套设施是否齐全,便于生活(如超市、银行、医院等)					
13. 小区人口不多,便于外出健身活动					
14. 您所居住的房屋楼层较低,便于外出健身活动					
15. 您家附近街道路面是否平坦(如斜坡、路面损坏)					
16. 您家附近道路交通通畅(不拥挤),便于外出健身活动吗					
17. 您家附近交通安全吗(如交通信号灯时间长、人行道与自行车道分设)					
18. 您家附近有很多交叉路口吗(如十字路口、T形路口、Y形路口)					

附录 E　户外体力活动日志

问卷编号__________________

在测试期间，请您每天睡觉前回忆并准确记录当天在户外的各项身体活动。如果您在某一天或某个时间段没有佩戴加速度计或 GPS 定位器，请在此写明：________________________。

1. 健身休闲场所（小区附近的健身路径、广场、山路、湖边等）
2. 商业场所（商店、超市、菜市场等）
3. 老年人服务场所（邮局、医院、银行等）
4. 其他场所（亲戚朋友家、宗教活动场所等）
⇩（主要活动场所）

1. 500 米以内
2. 500～1 000米
3. 1 000～2 000米
4. 2 000米以上
⇩（离家距离）

活动天数	活动次数	开始和结束时间	主要活动场所	出行方式	离家距离
第 1 天	1				
	2				
	3				
	4				
	5				
	6				
	7				
	8				
第 2 天	1				
	2				
	3				
	4				
	5				
	6				
	7				
	8				

续表

活动天数	活动次数	开始和结束时间	主要活动场所	出行方式	离家距离
第 3 天	1				
	2				
	3				
	4				
	5				
	6				
	7				
	8				
第 4 天	1				
	2				
	3				
	4				
	5				
	6				
	7				
	8				

1. 步行；2. 自行车；3. 公共汽车；4. 地铁；5. 电动车；6. 私人汽车

附录 F　调查小区平面图与交通区位图（部分）

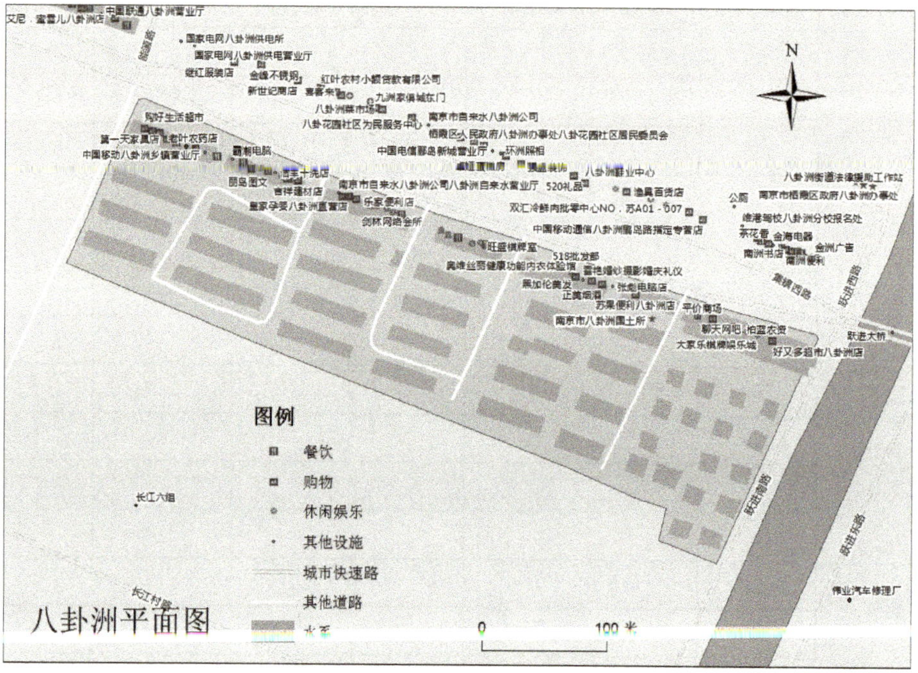

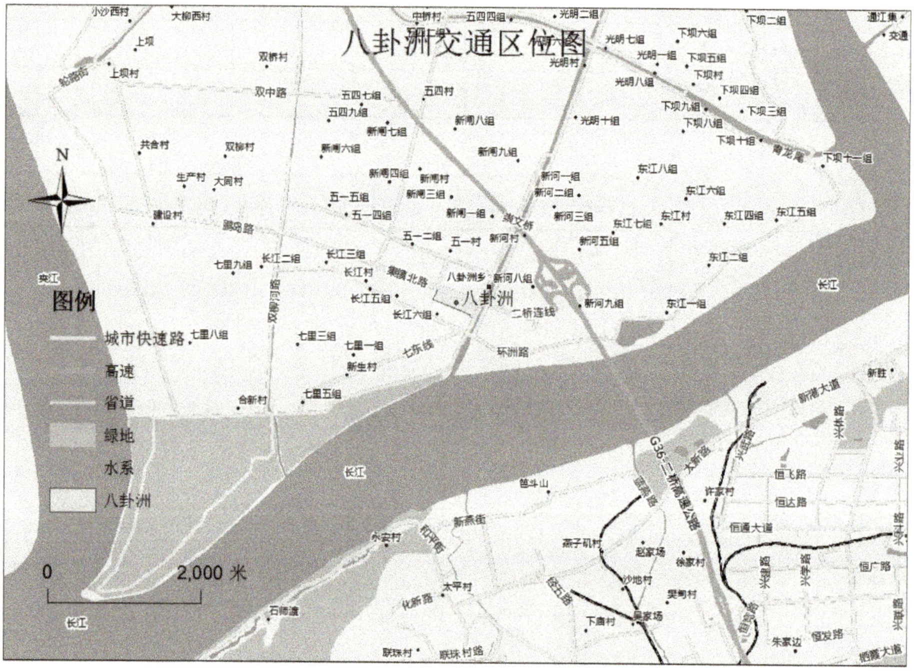

图 F.1　八卦洲平面图与交通区位图

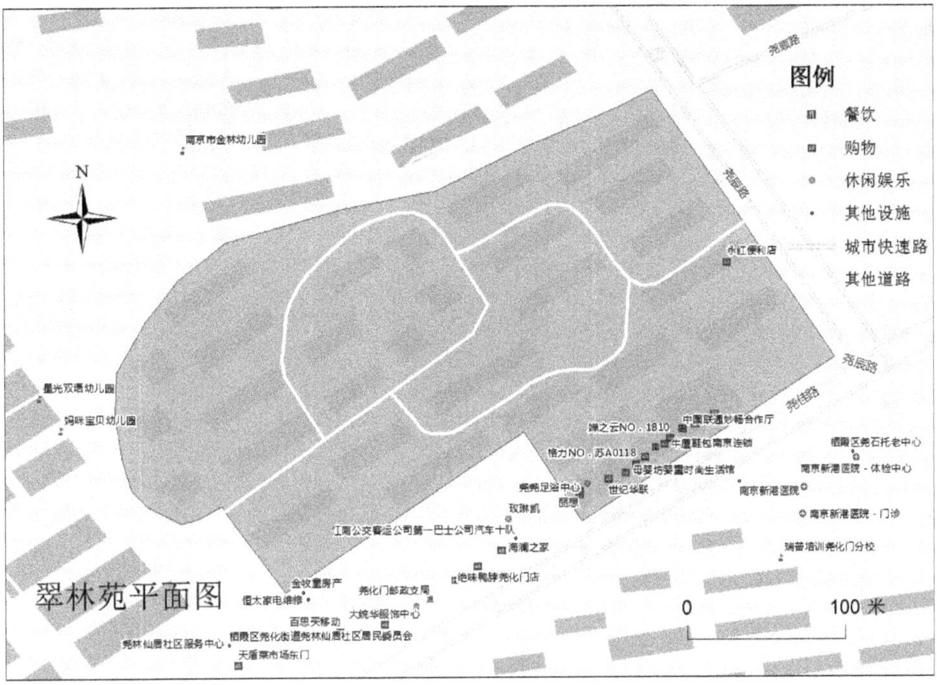

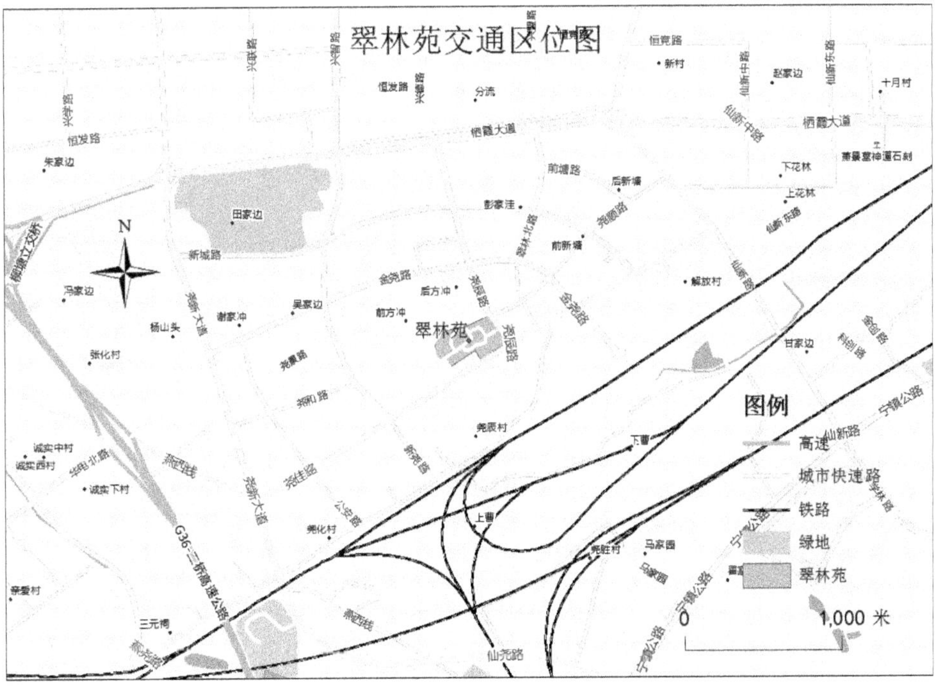

图 F. 2　翠林苑平面图与交通区位图

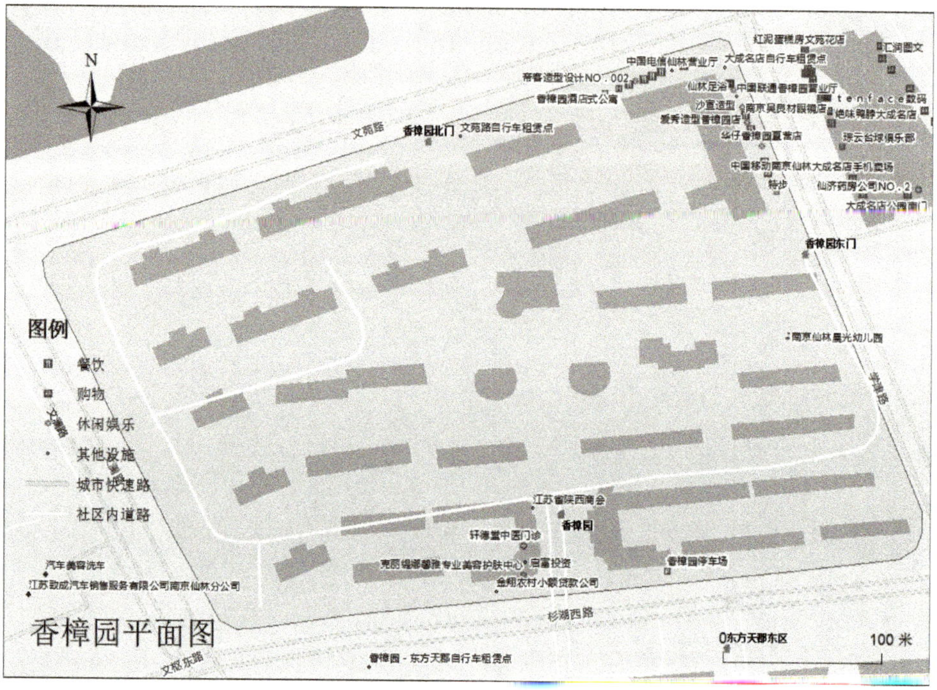

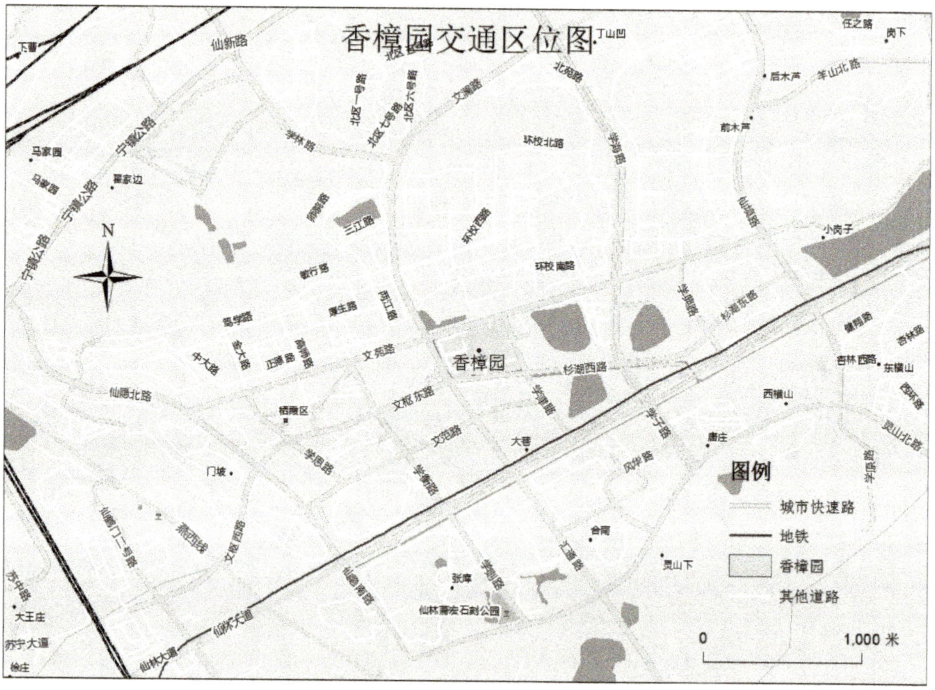

图 F.3　香樟园平面图与交通区位图

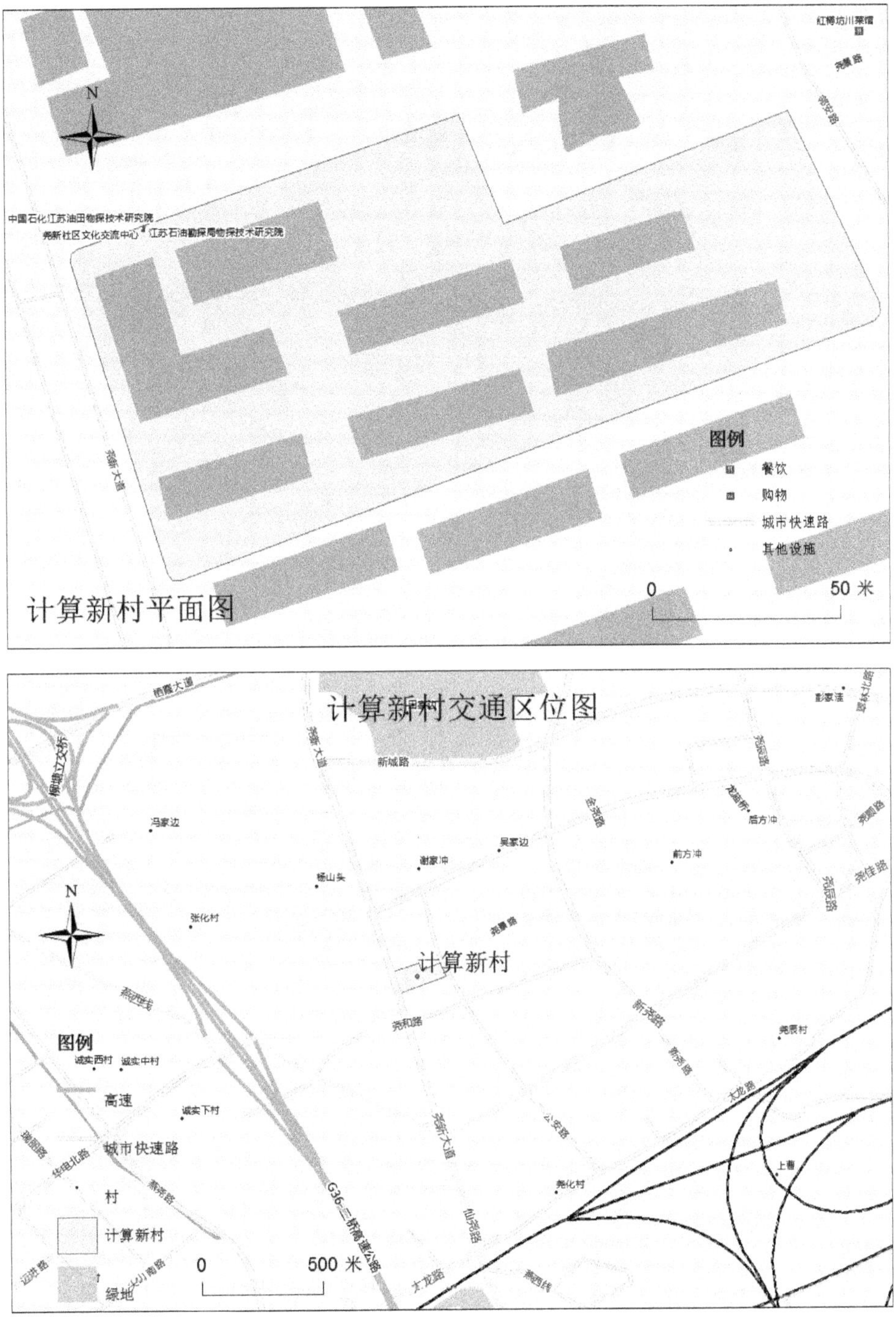

图 F.4　计算新村平面图与交通区位图

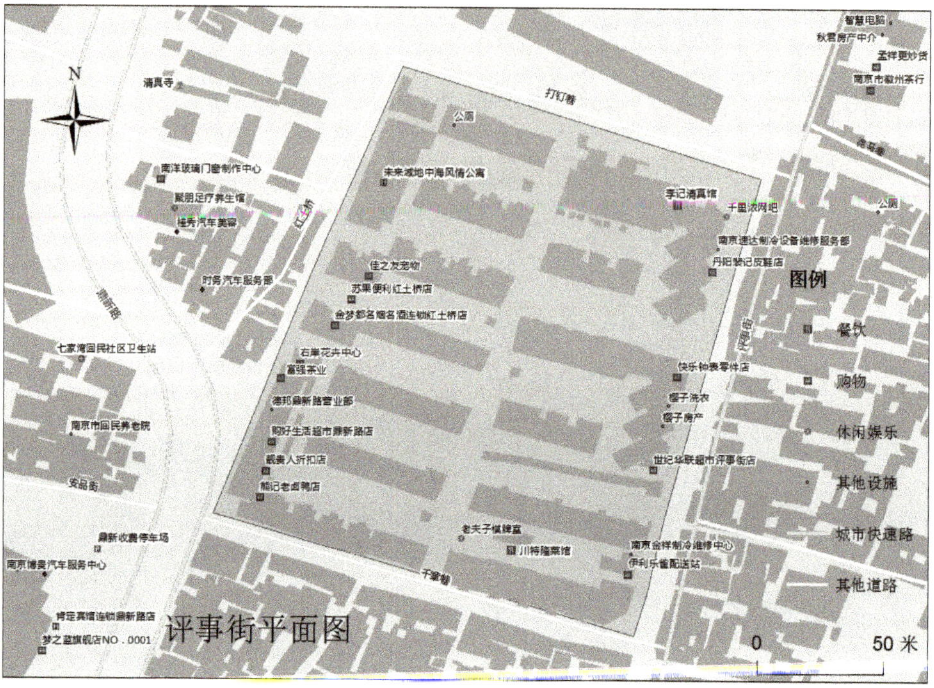

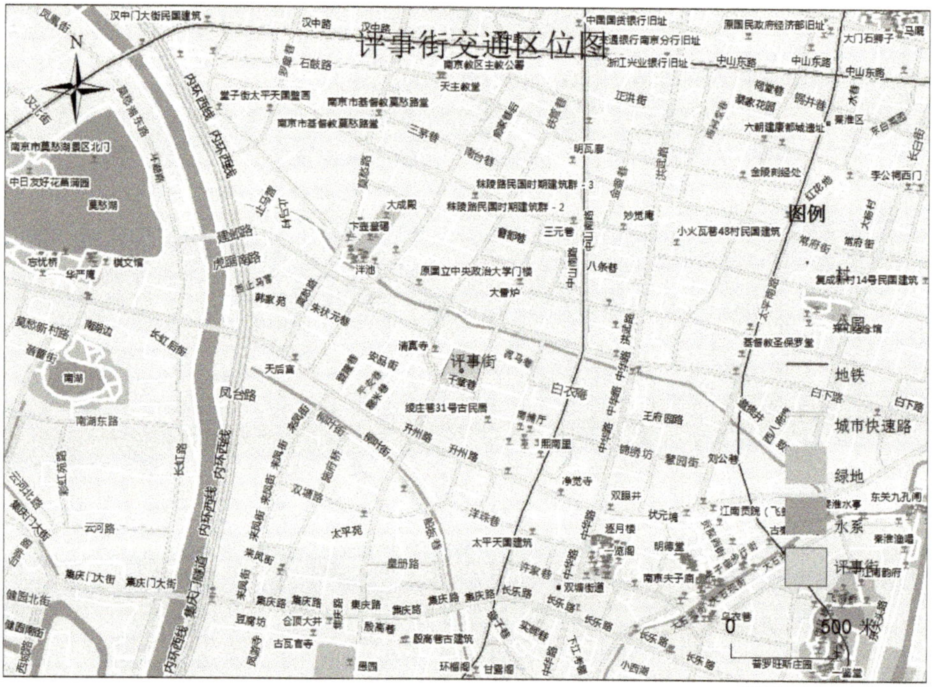

图 F.5　评事街平面图与交通区位图

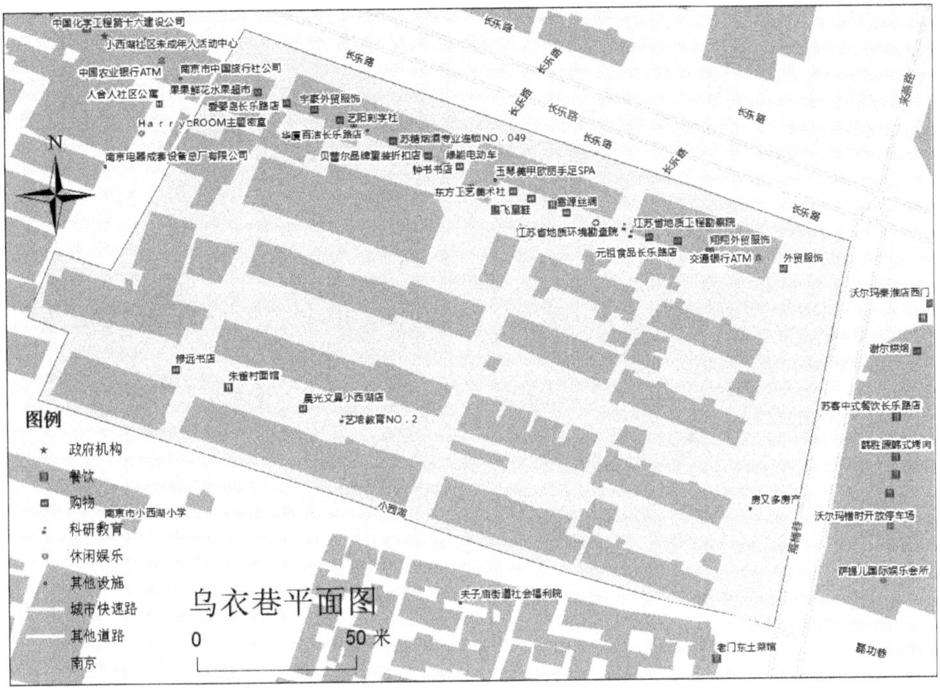

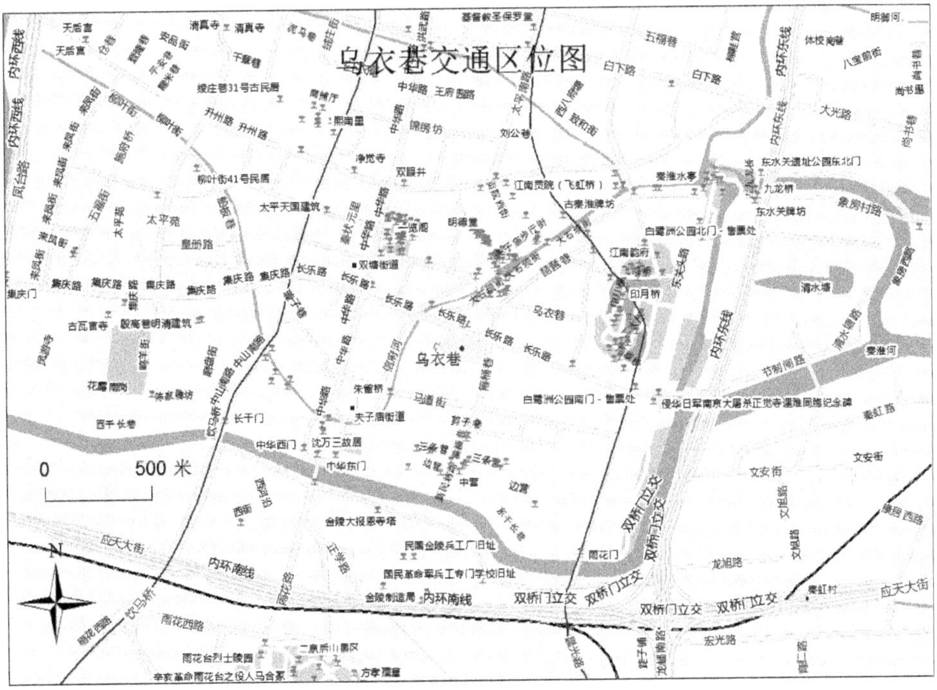

图 F.6 乌衣巷平面图与交通区位图

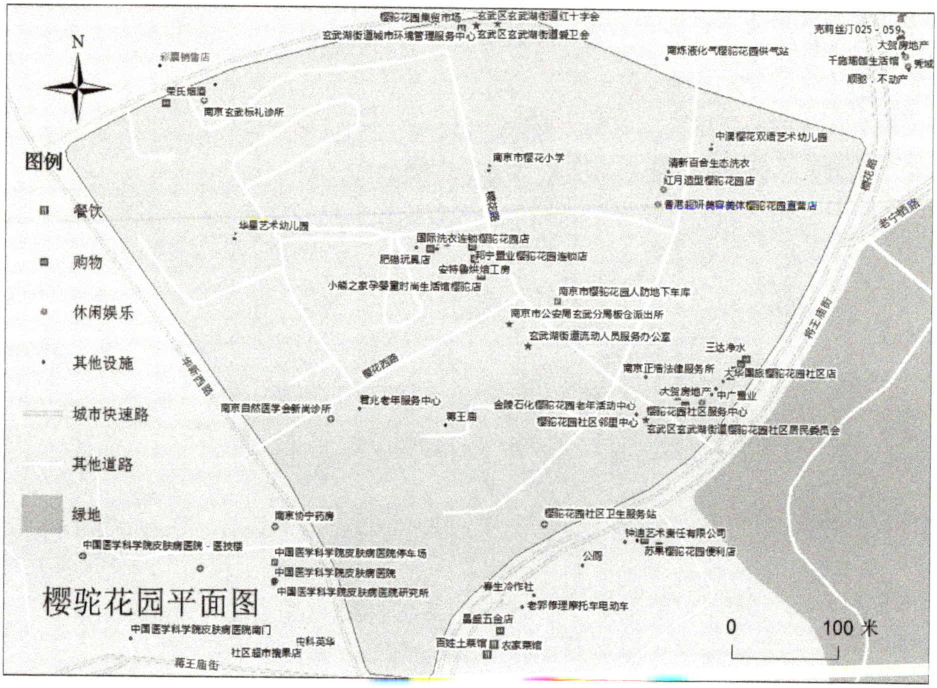

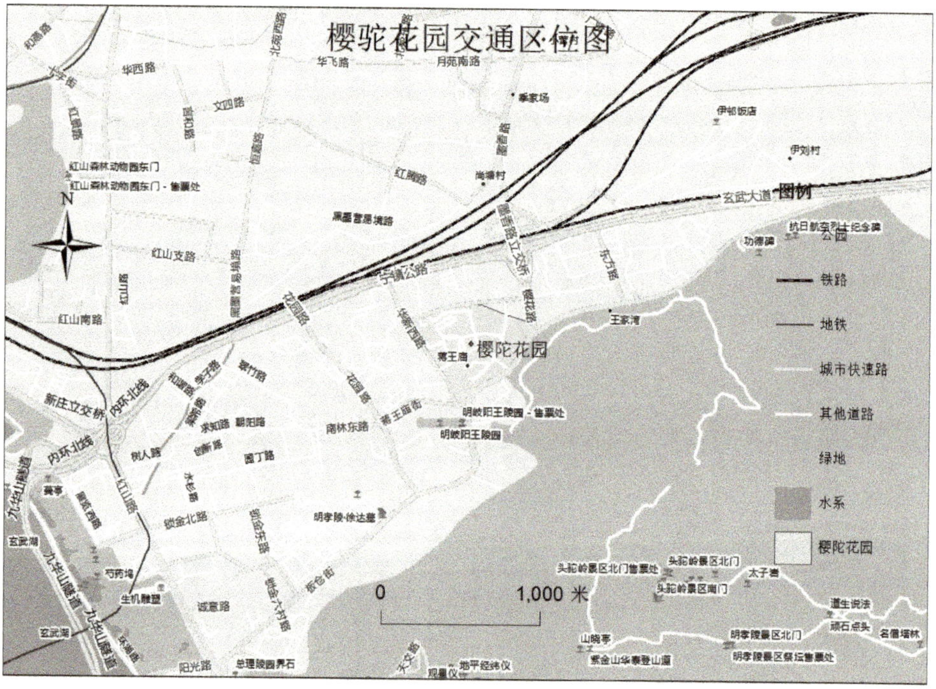

图 F.7　樱驼花园平面图与交通区位图

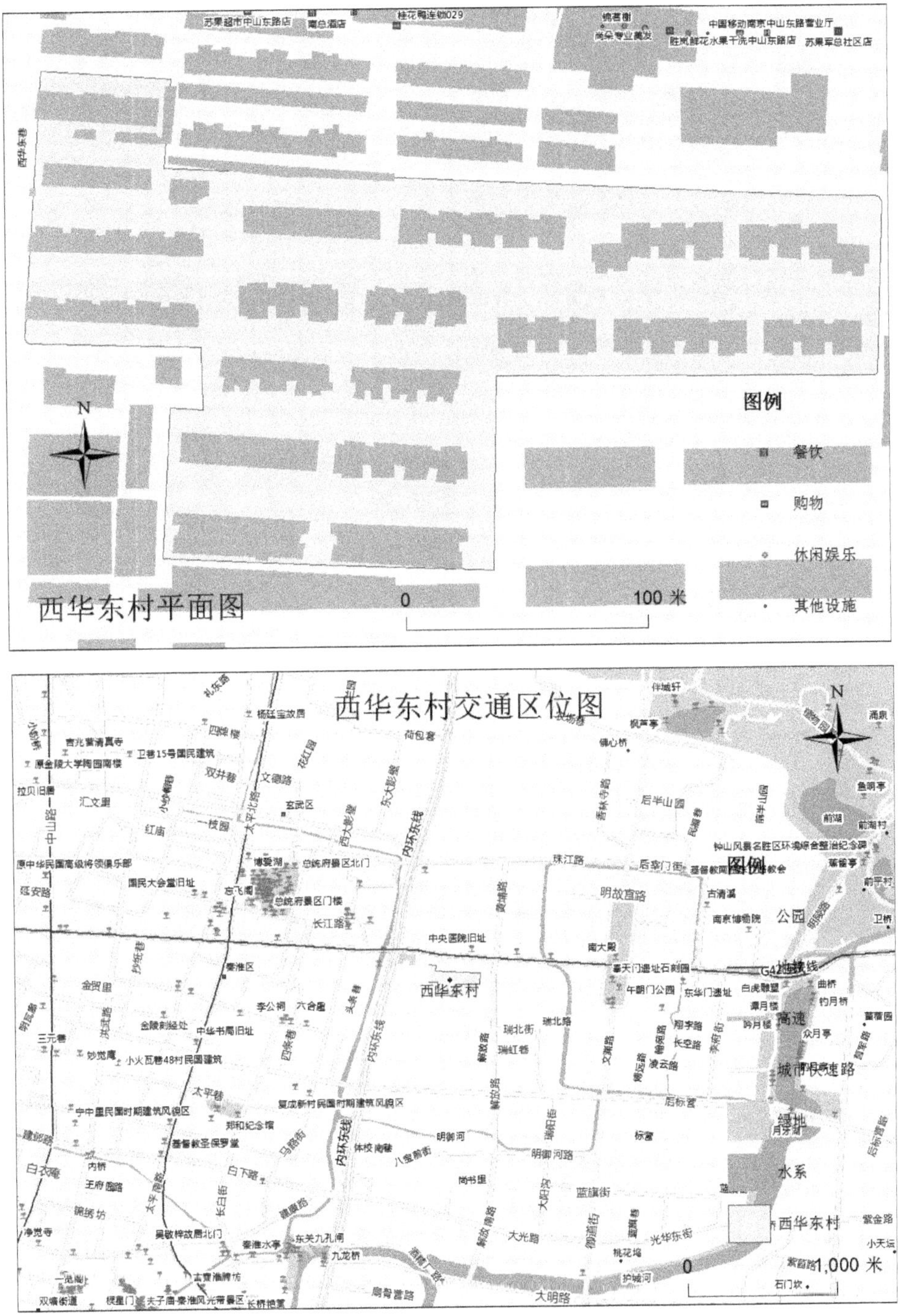

图 F.8　西华东村平面图与交通区位图

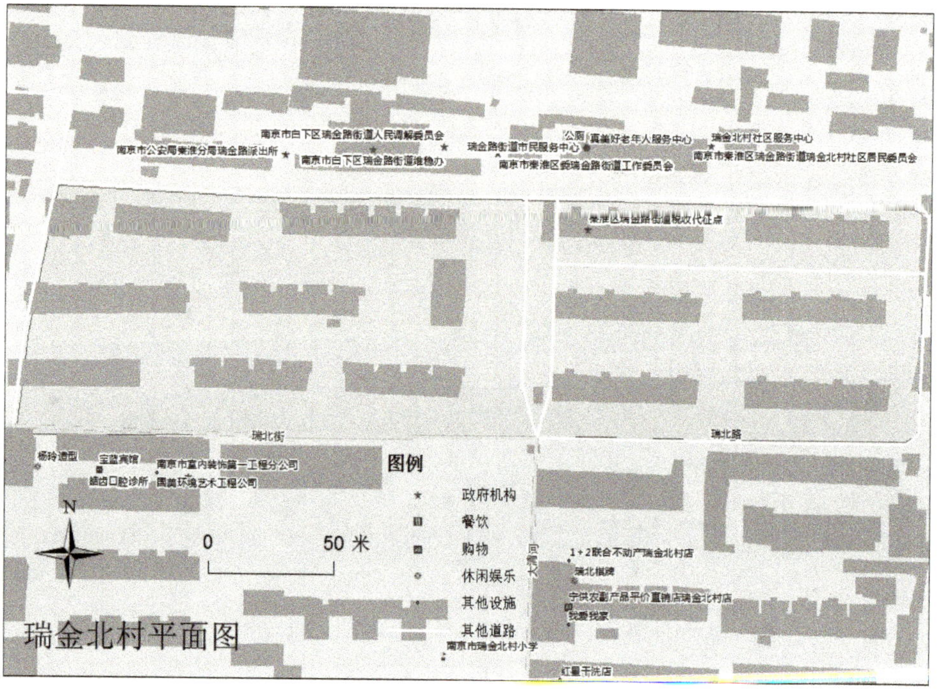

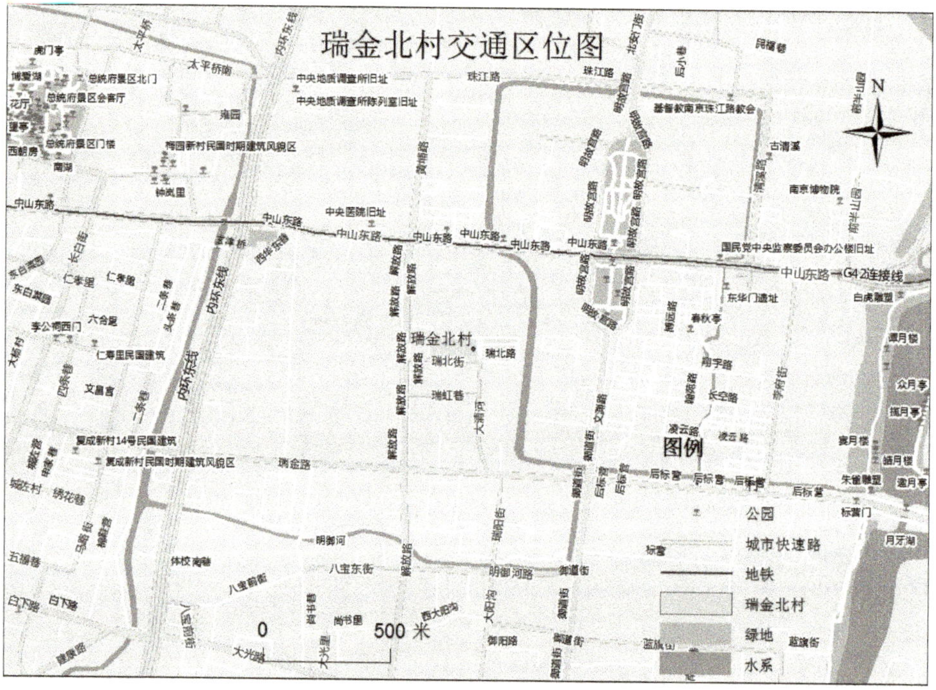

图 F.9　瑞金北村平面图与交通区位图

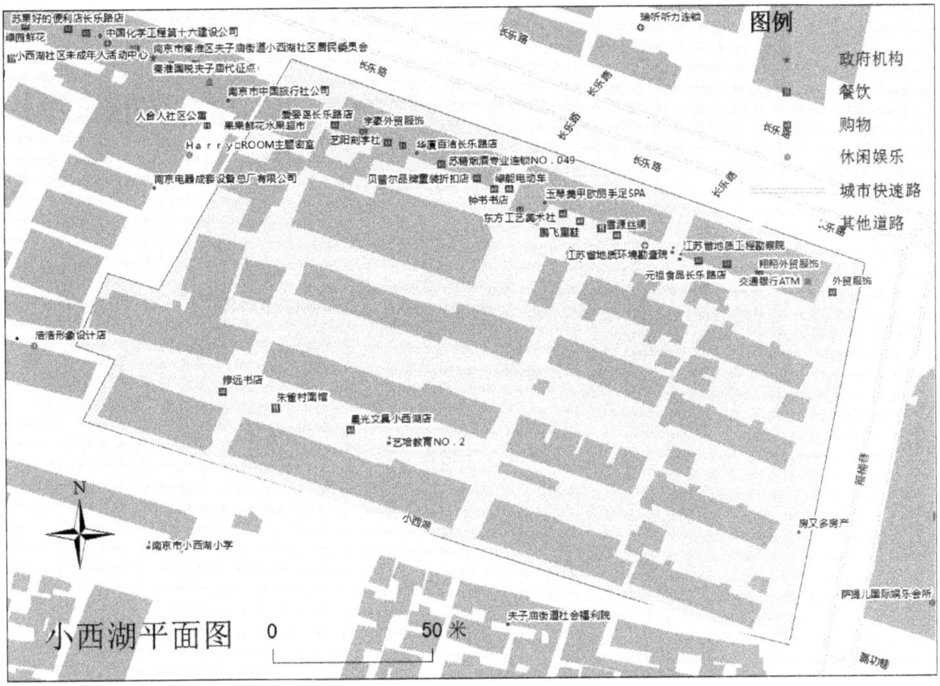

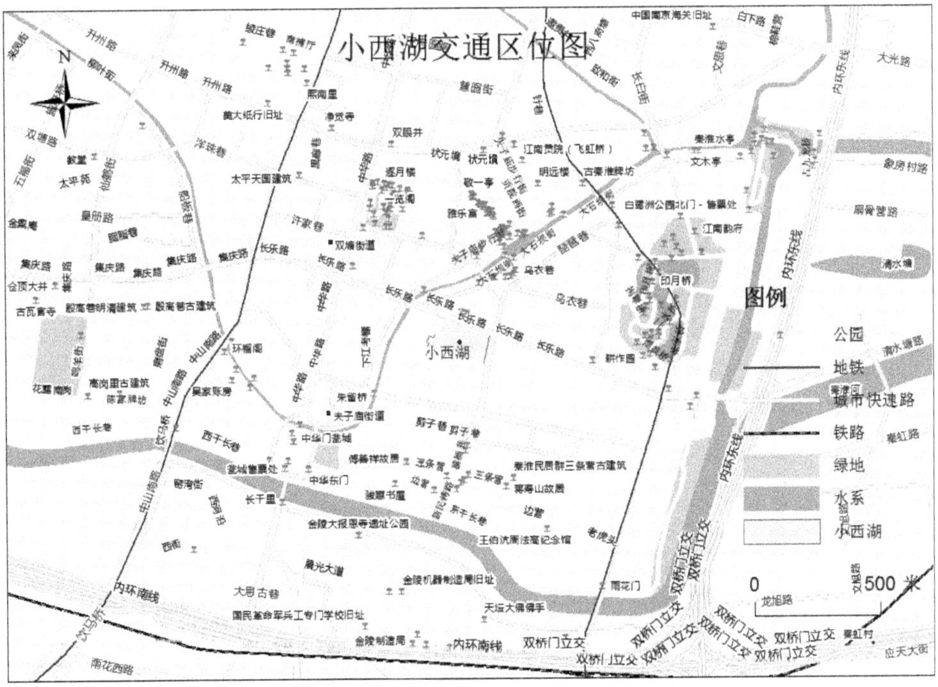

图 F. 10　小西湖平面图与交通区位图

附录 G　户外体力活动场所调查图表（以华电新村为例）

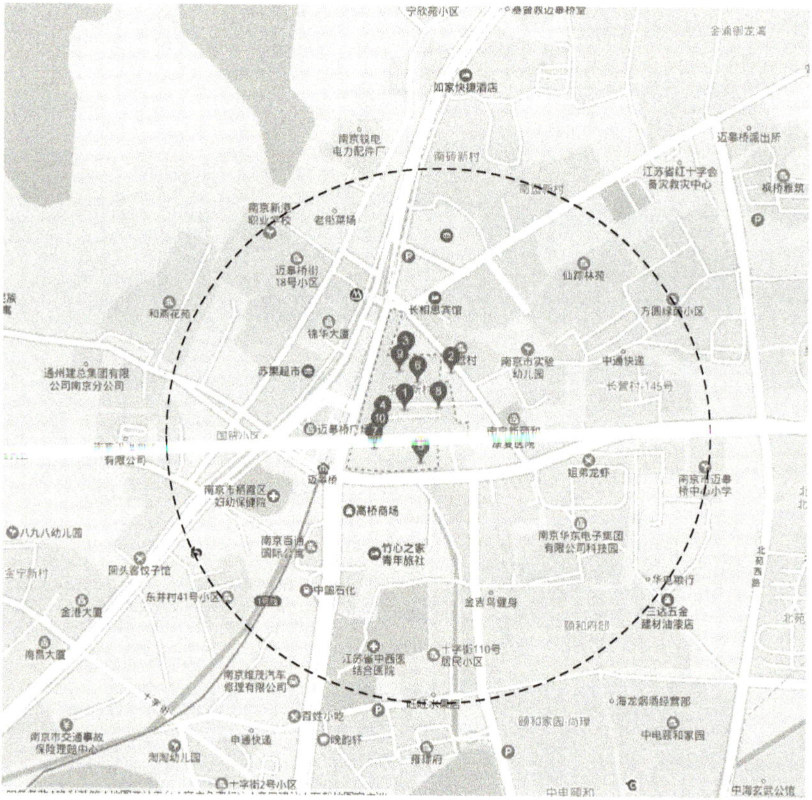

向城市社区老年人和社区负责人员咨询老年人经常去的场所，在调查图上标注相应的活动场所，并予以详细说明。

JX_1	JX_2	JX_3	JX_4	JX_5	JX_6
SY_1	SY_2	SY_3	SY_4	SY_5	SY_6
JT_1	JT_2	JT_3	JT_4	JT_5	JT_6
FW_1	FW_2	FW_3	FW_4	FW_5	FW_6
QT_1	QT_2	QT_3	QT_4	QT_5	QT_6

备注：健身休闲场所（JX）；商业场所（SY）；交通站点（JT）；服务场所（FW）；其他场所（QT）。

参考文献

[1] 曹新宇. 社区建成环境和交通行为研究回顾与展望:以美国为鉴[J]. 国际城市规划,2015,30(4):46-52.

[2] 曹志刚. 顶层设计商品房社区治理[N]. 中国社会科学报,2016-01-20(006).

[3] 曾九利,王引,胡滨,等. 小街区,大战略[J]. 城市规划,2017,41(2):75-80.

[4] 曾珍香,顾培亮,张闽. 可持续发展的概念及内涵的研究[J]. 管理世界,1998(2):209-210,214.

[5] 柴彦威. 空间行为与行为空间[M]. 南京:东南大学出版社,2014.

[6] 柴彦威,谭一洺,申悦,等. 空间—行为互动理论构建的基本思路[J]. 地理研究,2017,36(10):1959-1970.

[7] 陈培友,孙庆祝. 青少年体力活动促进的社会生态学模式构建——基于江苏省中小学生的调查[J]. 上海体育学院学报,2014,38(5):79-84.

[8] 陈佩杰,翁锡全,林文弢. 体力活动促进型的建成环境研究:多学科、跨部门的共同行动[J]. 体育与科学,2014(1):22-29.

[9] 陈庆果,林家仕. 体力活动建筑环境测量方法评述[J]. 北京体育大学学报,2013(2):71-78.

[10] 陈庆果,温煦. 建成环境与休闲性体力活动关系的研究:系统综述[J]. 体育与科学,2014(1):46-51.

[11] 陈庆果,袁川,陈恩格,等. 基于智能手机内置加速度传感器的日常体力活动监测研究[J]. 中国体育科技,2016,52(6):128-136.

[12] 邓绍云,邱清华. 结构方程模型及其应用研究现状与展望[J]. 江苏科技信息,2015(24):76-78.

[13] 丁川. 考虑空间异质性的城市建成环境对交通出行的影响研究[D]. 哈尔滨:哈尔滨工业大学,2014.

[14] 杜雯翠,朱松,张平淡. 我国工业化与城市化进程对环境的影响及对策[J]. 财经问题研究,2014(5):22-29.

[15] 杜宇坤,苏萌,刘庆敏,等. 城市体力活动相关建成环境客观评价工具的信度和效度研究[J]. 中华疾病控制杂志,2012,16(7):551-555.

[16] 冯建喜,黄旭,汤爽爽. 客观与主观建成环境对老年人不同体力活动影响机制研究——以

南京为例[J]. 上海城市规划,2017(3):17 - 23.
[17] 付春明,陶永纯. "患不均,更患不公":体育资源供给的"公平"与"冲突"[J]. 体育与科学,2017,38(4):49 - 54,48.
[18] 方慧. 体力活动研究的热点与走向——学术论坛综述[J]. 体育与科学,2018,39(4):8 - 14.
[19] 高源,干律国,杨俊宴. 衔接与深化——从不同层面的城市设计实施对南京东山地区自然资源的保护利用[J]. 中国园林,2014,30(1):79 - 83.
[20] 国务院. 国务院关于印发全民健身计划(2016—2020年)的通知(国发〔2016〕37号)[Z].
[21] 中共中央 国务院印发《"健康中国2030"规划纲要》[EB/OL]. (2016-10-25)[2020-10-20]. http://www.gov.cn/zhengce/2016-10/25/content_5124174.htm.
[22] 何晓龙,陈佩杰,庄洁,等. 城市蔓延影响青少年体力活动研究的地理信息指标分析[J]. 体育科学,2013,33(3):38 - 48.
[23] 何晓龙,庄洁,朱政,等. 影响儿童青少年中高强度体力活动的建成环境因素——基于GIS客观测量的研究[J]. 体育与科学,2017,38(1):101 - 110,51.
[24] 何晓龙. 影响儿童青少年中到大强度体力活动的建成环境因素研究[D]. 上海:上海体育学院,2015.
[25] 贺刚,黄雅君,王香生. 加速度计在儿童体力活动测量中的应用[J]. 体育科学,2011,31(8):72 - 75.
[26] 贺刚,黄雅君,王香生,等. 香港儿童体力活动与住所周围建成环境:应用GIS的初步研究[J]. 中国运动医学杂志,2015,34(5):431 - 436.
[27] 贺刚,王香生,黄雅君. 建成环境影响儿童青少年体力活动研究进展[J]. 中国运动医学杂志,2018,37(2):166 - 171.
[28] 黄江松,鹿春江,徐唯燊. 基于马斯洛需求理论构建宜居城市指标体系及对北京的宜居评价[J]. 城市发展研究,2018,25(5):89 - 93.
[29] 黄小平,胡中锋. 论教育评价的效度及其构建[J]. 高教探索,2014(2):13 - 17.
[30] 吉米·戴利. 游憩与运动的规划和设计[M]. 高峻,吴云,赵德芳等,译. 重庆:重庆大学出版社,2011.
[31] 雷雳,张雷. 多层线性模型的原理及应用[J]. 首都师范大学学报(社会科学版),2002(2):110 - 114.
[32] 李斌. 环境行为学的环境行为理论及其拓展[J]. 建筑学报,2008(2):30 - 33.
[33] 李玲玲,庞招伟. 旧城主街更新设计策略——文化回归背景下的街道再生路径[J]. 规划师,2014(Z5):101 - 108.
[34] 李文川. 身体活动干预与老年人健康促进研究进展[J]. 中国体育科技,2010,46(6):129 - 137.
[35] 李志明,张艺. 城市规划与公共健康:历史、理论与实践[J]. 规划师,2015,31(6):5 - 11,28.
[36] 林柔伟,谢冬兴,高伟,等. 绿道体育与城市环境耦合模式构建探析——以广州增城为例

[J]. 体育文化导刊,2018(5):52-57.
[37] 刘建军,陈佩杰,何晓龙. 国际体力活动与建成环境网学术信息[J]. 中国运动医学杂志,2015,34(1):91-95.
[38] 刘正莹. 邻里建成环境对老年人活动出行的影响研究[D]. 大连:大连理工大学,2014.
[39] 卢文云,陈佩杰. 全民健身与全民健康深度融合的内涵、路径与体制机制研究[J]. 体育科学,2018,38(5):25-39,55.
[40] 鲁斐栋,谭少华. 建成环境对体力活动的影响研究:进展与思考[J]. 国际城市规划,2015,30(2):62-70.
[41] 吕和武,吴贻刚. 美国城市精明增长干预公共健康的镜鉴[J]. 体育学刊,2017,24(5):52-56.
[42] 吕和武,吴贻刚. 美国建成环境促进公共健康对健康中国建设的启示[J]. 体育科学,2017,37(5):24-31.
[43] 齐兰兰,周素红. 邻里建成环境对居民外出型休闲活动时空差异的影响——以广州市为例[J]. 地理科学,2018,38(1):31-40.
[44] 全明辉,陈佩杰,王茹,等. 体力活动对认知能力影响及其机制研究进展[J]. 体育科学,2014,34(9):56-65.
[45] 宋彦李青. 老年人休闲性体力活动城市社区建成环境评价研究[D]. 南京:南京师范大学,2017.
[46] 宋彦李青,王竹影,吴志建. 老年人休闲性体力活动城市社区建成环境模糊评价研究[J]. 西安体育学院学报,2018,35(3):309-317.
[47] 孙红卫,吕春燕,祁爱琴,等. 综合评价中数据标准化的原理研究[J]. 中国卫生统计,2015,32(2):342-344,349.
[48] 孙涉. 统筹南京城乡资源开发与环境建设实现人与自然和谐发展[J]. 南京社会科学,2004(Z1):200-205.
[49] 塔娜,柴彦威,刘志林. 单位社区杂化过程与城市性的构建[J]. 人文地理,2012,27(3):39-43.
[50] 谭少华,王莹亮,肖健. 基于主动式干预的可步行城市策略研究[J]. 国际城市规划,2016,31(5):61-67.
[51] 汤国安,刘学军,闾国年,等. 地理信息系统教程[M]. 北京:高等教育出版社,2007.
[52] 王超. 中国儿童青少年日常体力活动推荐量研究[D]. 上海:上海体育学院,2013.
[53] 王超,贺刚,陈晓红. 健身场所空间特征与青少年身体活动的关系——基于 GIS 与加速度计的实证研究[J]. 上海体育学院学报,2018,42(3):36-43.
[54] 王开. 健康导向下城市公园建成环境特征对使用者体力活动影响的研究进展及启示[J]. 体育科学,2018,38(1):55-62.
[55] 王丽岩,冯宁,王洪彪,等. 中老年人邻里建成环境的感知与体力活动的关系[J]. 沈阳体育学院学报,2017,36(2):67-71,84.
[56] 王格芳. 建设共享城市:新时代以人为本新型城镇化的必由之路[J]. 理论学刊,2018(1):

109 - 115.

[57] 王婕,李庆卫,彭凌迁. 广东社区绿道建设启示——以深圳福荣绿道为例[J]. 中国园林,2014,30(5):97 - 101.

[58] 王婧,徐峰. 景观节点主导下的城市带状公园设计[J]. 中国园林,2010,26(4):77 - 80.

[59] 王凯珍. 中国城市不同类型社区居民体育活动现状的调查研究[J]. 北京体育大学学报,2005,28(8):1009 - 1013.

[60] 王晓晓,张鸣洲. 我国城市绿道的规划途径初探——以南京市为例[J]. 生态经济,2016,32(2):215 - 220.

[61] 魏佳继. 旧城区混合型社区户外空间环境适老性优化研究[D]. 西安:西安建筑科技大学,2017.

[62] 翁锡全,何晓龙,王香生,等. 城市建筑环境对居民身体活动和健康的影响——运动与健康促进研究新领域[J]. 体育科学,2010(9):3 - 11.

[63] 翁锡全,裴立新,林文弢,等. 广东省城镇社区健身环境服务现状的调查分析[J]. 中国体育科技,2007,43(4):23 - 26.

[64] 吴健生,秦维,彭建,等. 基于步行指数的城市日常生活设施配置合理性评估——以深圳市福田区为例[J]. 城市发展研究,2014,21(10):49 - 56.

[65] 吴明隆. 结构方程模型:AMOS 的操作与应用[M]. 重庆:重庆大学出版社,2010

[66] 吴铁辉,王杰龙. 建成环境对老年人休闲性体力活动影响综述[J]. 中国运动医学杂志,2016,35(11):1074 - 1082.

[67] 吴志建,王竹影,宋彦李青. 老年人休闲性体力活动建成环境影响因素的 meta 分析[J]. 上海体育学院学报,2018,42(1):64 - 71,78.

[68] 习近平. 决胜全面建设小康社会 夺取新时代中国特色社会主义伟大胜利:在中国共产党第十九次全国代表大会上的报告[N]. 人民日报,2017 - 10 - 18(01).

[69] 肖体琼. GPS 经纬度坐标转平面坐标的简化计算方法及精度分析[C]//中国农业工程学会. 农业工程科技创新与建设现代农业——2005 年中国农业工程学会学术年会论文集(第三分册). 中国农业工程学会,2005:4.

[70] 谢奔一,蒋惠园. 基于路网饱和度的城市土地混合利用规划[J]. 公路交通科技,2015(5):129 - 134.

[71] 谢立黎,黄洁瑜. 中国老年人身份认同变化及其影响因素研究[J]. 人口与经济,2014(1):55 - 66.

[72] 新华社. 中共中央 国务院关于进一步加强城市规划建设管理工作的若干意见[EB/OL]. (2016 - 02 - 21)[2016 - 09 - 28]. http://www.gov.cn/zhengce/2016 - 02/21/content_5044367.htm.

[73] 徐昀,宋伟轩,朱喜钢,等. 封闭社区的形成机理与社会空间效应[J]. 城市问题,2009(7):2 - 6.

[74] 杨阳. 济南市住区建成环境与家庭出行能耗关系的量化研究[D]. 北京:清华大学,2013.

[75] 杨永钟,江瑞,袁锋,等. 我国全民健身活动发展特征研究——基于 4 次全国群众体育调查

结果的分析[J]. 西南师范大学学报(自然科学版),2017,42(6):121-128.
[76] 杨振山,丁悦,李娟. 城市可持续发展研究的国际动态评述[J]. 经济地理,2016, 36(7): 9-18.
[77] 杨东峰,刘正莹. 邻里建成环境对老年人身体活动的影响——日常购物行为的比较案例分析[J]. 规划师,2015,31(3):101-105.
[78] 姚佳纯. 马斯洛需求理论下的现代社区规划设计思考[J]. 规划师,2015,31(1):140-144.
[79] 姚士谋,官卫华. 南京创建最佳人居环境的现实条件及策略研究[J]. 南京社会科学,2004(Z2):248-253.
[80] 叶宗裕. 关于多指标综合评价中指标正向化和无量纲化方法的选择[J]. 浙江统计,2003(4):25-26.
[81] 伊丽莎白·伯顿,琳内·米切尔. 包容性的城市设计——生活街道[M]. 费腾,付本臣,译. 北京:中国建筑工业出版社,2009:99.
[82] 于一凡,胡玉婷. 社区建成环境健康影响的国际研究进展——基于体力活动研究视角的文献综述和思考[J]. 建筑学报,2017(2):33-38.
[83] 张伶俐. 人的全面发展与城市文化建设[J]. 城市发展研究,2013,20(6):155-157.
[84] 张松. 城市历史环境的可持续保护[J]. 国际城市规划,2017,32(2):1-5.
[85] 张文霖. 主成分分析在满意度权重确定中的应用[J]. 市场研究,2006(6):18-22.
[86] 张银银,翟国方,谢莹,等. 从南京统筹城乡发展试点实践看城镇化路径选择[J]. 现代城市研究,2014(8):100-104,112.
[87] 张莹. 城市体质健康型人居环境建设研究[D]. 上海:东华大学,2011.
[88] 赵鹏军,李南慧,李圣晓. TOD建成环境特征对居民活动与出行影响——以北京为例[J]. 城市发展研究,2016,23(6):45-51.
[89] 赵俊. 住区内外建成环境对老年人身体活动影响研究[D]. 大连:大连理工大学,2016.
[90] 朱雯,张涛,陈晓荣. 居民身体活动与建成环境相关性研究进展[J]. 中国运动医学杂志,2016,35(5):494-499.
[91] 周沛. 社区社会工作[M]. 北京:社会科学文献出版社,2002:6.
[92] 周热娜,傅华,罗剑锋,等. 中国城市社区居民步行环境量表信度及效度评价[J]. 中国公共卫生,2011,27(7):841-843.
[93] 周叶芹. 多层线性模型在管理学研究中的应用[J]. 江西社会科学,2006(10):180-182.
[94] Alfonzo M A. To walk or not to walk? The hierarchy of walking needs[J]. Environment and Behavior, 2005, 37(6): 808-836.
[95] Armstrong N, McManus A. Children's fitness and physical activity-a challenge for physical education[J]. British Journal of Physical Education, 1994, 25(1): 20-26.
[96] Armstrong N, Welsman J R. The physical activity patterns of European youth with reference to methods of assessment[J]. Sports Medicine, 2006, 36(12): 1067-1086.
[97] Australian Bureau of Statistics. Patient experiences in Australia: summary of findings, 2010-11[R]. Canberra: Australian Bureau of Statistics, 2012.

[98] Ball K, Bauman A, Leslie E, et al. Perceived environmental aesthetics and convenience and company are associated with walking for exercise among Australian adults[J]. Preventive medicine, 2001, 33(5): 434-440.

[99] Bauman A, Bull F, Chey T, et al. The international prevalence study on physical activity: results from 20 countries[J]. International Journal of Behavioral Nutrition and Physical Activity, 2009,6(1): 1-11.

[100] Berke E M, Koepsell T D, Moudon A V, et al. Association of the built environment with physical activity and obesity in older persons[J]. American journal of public health, 2007, 97(3): 486-492.

[101] Berrigan D, Pickle L W, Dill J. Associations between street connectivity and active transportation[J]. International journal of health geographics, 2010, 9(20): 20.

[102] Berrigan D, Troiano R P. The association between urban form and physical activity in US adults[J]. American journal of preventive medicine, 2002, 23(2): 74-79.

[103] Black C, Collins A, Snell M. Encouraging walking: the case of journey-to-school trips in compact urban areas[J]. Urban studies, 2001, 38(7): 1121-1141.

[104] Booth M L, Owen N, Bauman A, et al. Social - cognitive and perceived environment influences associated with physical activity in older Australians[J]. Preventive medicine, 2000, 31(1): 15-22.

[105] Boruff B J, Nathan A, Nijënstein S. Using GPS technology to(re)-examine operational definitions of 'neighbourhood' in place-based health research[J]. International journal of health geographics, 2012, 11(1): 22.

[106] Bringolf-Isler B, Mäder U, Dössegger A, et al. Regional differences of physical activity and sedentary behaviour in Swiss children are not explained by socio-demographics or the built environment[J]. International journal of public health, 2015, 60(3): 291-300.

[107] Bronfenbrenner U. The ecology of human development: experiments by nature and design [M]. Cambridge: Harvard University Press,1979:1-27.

[108] Brownson R C, Hoehner C M, Day K, et al. Measuring the built environment for physical activity: state of the science[J]. American journal of preventive medicine, 2009, 36(4): S99-S123. e12.

[109] Brownson R C,Hoehner C M, Brennan L, et al. Reliability of Two Instruments for Auditing the Environment for Physical Activity[J]. JPAH,2004,1(3):191-208.

[110] Brunn S D. Gated minds and gated lives as worlds of exclusion and fear[J]. GeoJournal, 2006, 66(1-2): 5-13.

[111] Cain K L, Millstein R A, Sallis J F, et al. Contribution of streetscape audits to explanation of physical activity in four age groups based on the Microscale Audit of Pedestrian Streetscapes(MAPS)[J]. Social Science & Medicine, 2014, 116: 82-92.

[112] Cao X, Mokhtarian P L, Handy S L. No particular place to go: an empirical analysis of

travel for the sake of travel[J]. Environment and Behavior, 2009, 41(2): 233 - 257.

[113] Carlson J A, Sallis J F, Conway T L, et al. Interactions between psychosocial and built environment factors in explaining older adults' physical activity[J]. Preventive medicine, 2012, 54(1): 68 - 73.

[114] Carr L J, Dunsiger S I, Marcus B H. Walk score™ as a global estimate of neighborhood walkability[J]. American journal of preventive medicine, 2010, 39(5): 460 - 463.

[115] Carver A, Timperio A F, Crawford D A. Neighborhood road environments and physical activity among youth: the CLAN study[J]. Journal of Urban Health, 2008, 85(4): 532.

[116] Carver A, Timperio A, Hesketh K, et al. Are safety-related features of the road environment associated with smaller declines in physical activity among youth? [J]. Journal of Urban Health, 2010, 87(1): 29 - 43.

[117] Caspersen C J, Powell E K, Christenson G M. Physical activity, exercise, and physical fitness: definitions and distinctions for health-related research[J]. Public Health Rep, 1985, 100(2): 126 - 131.

[118] Cerin E, Lee K, Barnett A, et al. Objectively-measured neighborhood environments and leisure-time physical activity in Chinese urban elders[J]. Preventive Medicine, 2013, 56 (1): 86 - 89.

[119] Cerin E, Sit C H P, Barnett A, et al. Walking for recreation and perceptions of the neighborhood environment in older Chinese urban dwellers[J]. Journal of urban health, 2013, 90(1): 56 - 66.

[120] Cervero R, Kockelman K. Travel demand and the 3Ds: density, diversity, and design[J]. Transportation Research Part D: Transport and Environment, 1997, 2(3): 199 - 219.

[121] Cervero R, Radisch C. Travel choices in pedestrian versus automobile oriented neighborhoods[J]. Transport Policy, 1996, 3(3): 127 - 141.

[122] Choi L, Liu Z, Matthews C E, et al. Validation of accelerometer wear and nonwear time classification algorithm [J]. Medicine and science in sports and exercise, 2011, 43 (2): 357.

[123] Coogan P F, White L F, Adler T J, et al. Prospective study of urban form and physical activity in the Black Women's Health Study[J]. American Journal of Epidemiology, 2009, 170(9):1105 - 1117.

[124] Corder K, Ekelund U, Steele R M, et al. Assessment of physical activity in youth[J]. Journal of applied physiology, 2008, 105(3): 977 - 987.

[125] Craig C L, Cameron C, Griffiths J M, et al. Descriptive epidemiology of youth pedometer-determined physical activity: CANPLAY[J]. Med Sci Sports Exerc, 2010, 42(9): 1639 - 1643.

[126] Dewulf B, Neutens T, Van Dyck D, et al. Associations between time spent in green areas and physical activity among late middle-aged adults[J]. Geospatial health, 2016, 11(3):

225-232.

[127] Dieleman F M, Dijst M, Burghouwt G. Urban form and travel behaviour: micro-level household attributes and residential context[J]. Urban Studies, 2002, 39(3): 507 - 527.

[128] Duncan D T, Aldstadt J, Whalen J, et al. Validation of Walk Score® for estimating neighborhood walkability: an analysis of four US metropolitan areas[J]. International journal of environmental research and public health, 2011, 8(11): 4160 - 4179.

[129] Sa E D, Ardern C I. Associations between the built environment, total, recreational, and transit-related physical activity[J]. BMC public health, 2014, 14(1): 693.

[130] Eichinger M, Titze S, Haditsch B, et al. How are physical activity behaviors and cardiovascular risk factors associated with characteristics of the built and social residential environment? [J]. PloS One, 2015, 10(6): e0126010.

[131] Ewing R, Brownson R C, Berrigan D. Relationship between urban sprawl and weight of United States youth [J]. American journal of preventive medicine, 2006, 31 (6): 464 - 474.

[132] Ewing R, Cervero R. Travel and the built environment: a meta-analysis[J]. Journal of the American planning association, 2010, 76(3): 265 - 294.

[133] Ewing R, Schmid T, Killingsworth R, et al. Relationship between urban sprawl and physical activity, obesity, and morbidity[J]. American Journal of Health Promotion, 2003, 18(1): 47 - 57.

[134] Ewing R. Can the physical environment determine physical activity levels? [J]. Exercise and sport sciences reviews, 2005, 33(2): 69 - 75.

[135] Frank L D, Andresen M A, Schmid T L. Obesity relationships with community design, physical activity, and time spent in cars[J]. American journal of preventive medicine, 2004, 27(2): 87 - 96.

[136] Frank L D, Pivo G. Impacts of mixed use and density on utilization of three modes of travel: single-occupant vehicle, transit, and walking[J]. Transportation research record, 1994, 1466: 44 - 52.

[137] Friedman B, Gordon S P, Peers J B. Effect of neotraditional neighborhood design on travel characteristics[J]. Transportation Research Record, 1994, 1466: 63-70.

[138] Gao J L, Fu H H, Li J, et al. Association between social and built environments and leisure-time physical activity among Chinese older adults-a multilevel analysis[J]. BMC Public Health, 2015, 15(1): 1-11.

[139] Giles-Corti B, Donovan R J. Socioeconomic status differences in recreational physical activity levels and real and perceived access to a supportive physical environment[J]. Preventive medicine, 2002, 35(6): 601 - 611.

[140] Giles-Corti B, Timperio A, Bull F, et al. Understanding physical activity environmental correlates: increased specificity for ecological models[J]. Exercise and sport sciences re-

views, 2005, 33(4): 175 - 181.

[141] Gómez L F, Parra D C, Buchner D, et al. Built environment attributes and walking patterns among the elderly population in Bogotá[J]. American journal of preventive medicine, 2010, 38(6): 592 - 599.

[142] Grant J. Planning responses to gated communities in Canada[J]. Housing Studies, 2005, 20(2):273-285.

[143] Grasser G, Van Dyck D, Titze S, et al. Objectively measured walkability and active transport and weight-related outcomes in adults: a systematic review[J]. International journal of public health, 2013, 58(4): 615 - 625.

[144] Hägerstrand T. What about people in regional science? [J]. Papers in Regional Science, 1970, 24(1):7-24.

[145] Handy S, Cao X Y, Mokhtarian P. Correlation or causality between the built environment and travel behavior? Evidence from Northern California[J]. Transportation Research Part D: Transport and Environment, 2005, 10(6): 427 - 444.

[146] Handy S, Cao X, Mokhtarian P L. The causal influence of neighborhood design on physical activity within the neighborhood: evidence from Northern California[J]. Am J Health Promot, 2008, 22(5):350 - 358.

[147] Handy S. Methodologies for exploring the link between urban form and travel behavior [J]. Transportation Research Part D: Transport and Environment, 1996, 1(2): 151 - 165.

[148] Hanibuchi T, Kawachi I, Nakaya T, et al. Neighborhood built environment and physical activity of Japanese older adults: results from the Aichi Gerontological Evaluation Study (AGES)[J]. BMC public health, 2011, 11(1): 657.

[149] Hawkesworth S, Silverwood R J, Armstrong B, et al. Investigating associations between the built environment and physical activity among older people in 20 UK towns[J]. J Epidemiol Community Health, 2018, 72(2): 121 - 131.

[150] He G. Neighborhood built environment and physical activity in primary schoolchildren in Hong Kong[D]. Hong Kong: The Chinese University of Hong Kong, 2013.

[151] Herbolsheimer F, Mosler S, Peter R, et al. Relationship between social isolation and indoor and outdoor physical activity in community-dwelling older adults in Germany: findings from the ActiFE study[J]. Journal of aging and physical activity, 2017, 25(3): 387 - 394.

[152] Hess P, Moudon A, Snyder M, et al. Site design and pedestrian travel[J]. Transportation Research Record: Journal of the Transportation Research Board, 1999(1674): 9-19.

[153] Hoehner C M, Ramirez L K B, Elliott M B, et al. Perceived and objective environmental measures and physical activity among urban adults[J]. American journal of preventive medicine, 2005, 28(2): 105 - 116.

[154] Hoehner C M, Ribeiro I C, Parra D C, et al. Physical activity interventions in Latin A-

merica: expanding and classifying the evidence[J]. American journal of preventive medicine, 2013, 44(3): e31 - e40.

[155] Huang N C, Kung S F, Hu S C. The relationship between urbanization, the built environment, and physical activity among older adults in Taiwan[J]. International journal of environmental research and public health, 2018, 15(5):836.

[156] Kerr J, Marshall S, Godbole S, et al. The relationship between outdoor activity and health in older adults using GPS[J]. International journal of environmental research and public health, 2012, 9(12): 4615 - 4625.

[157] Keysor J. Does late-life physical activity or exercise prevent or minimize disablement? A critical review of the scientific evidence[J]. Am J Prev Med,2003; 25(3 - 2):129 - 136.

[158] Kolbe-Alexander T L, Pacheco K, Tomaz S A, et al. The relationship between the built environment and habitual levels of physical activity in South African older adults: a pilot study[J]. BMC public health, 2015, 15(1): 518.

[159] Kramer D, Maas J, Wingen M, et al. Neighbourhood safety and leisure-time physical activity among Dutch adults: a multilevel perspective[J]. International journal of behavioral nutrition and physical activity, 2013, 10: 11.

[160] Kurka J M, Adams M A, Todd M, et al. Patterns of neighborhood environment attributes in relation to children's physical activity[J]. Health & place, 2015, 34: 164 - 170.

[161] Lahti J, Holstila A, Lahelma E, et al. Leisure-time physical activity and all-cause mortality[J]. PloS One, 2014, 9(7): e101548.

[162] Li Z, Wang W, Liu P, et al. Physical environments influencing bicyclists' perception of comfort on separated and on-street bicycle facilities[J]. Transportation Research Part D: Transport and Environment, 2012, 17(3): 256 - 261.

[163] Liu G C, Colbert J T, Wilson J S, et al. Examining urban environment correlates of childhood physical activity and walkability perception with GIS and remote sensing[M] //Geo - Spatial Technologies in Urban Environments. Berlin Heidelberg: Springer, 2007: 121 - 139.

[164] Loprinzi P D, Cardinal B J. Measuring children's physical activity and sedentary behaviors [J]. Journal of exercise science & fitness, 2011, 9(1): 15 - 23.

[165] Low S M. The edge and the center: Gated communities and the discourse of urban fear [J]. American anthropologist, 2001, 103(1): 45 - 58.

[166] Ma J, Shibata A, Muraoka I. Age differences in the relation of perceived neighborhood environment to walking among Chinese adult women dwelling in urban area[J]. Japanese Journal of Physical Fitness and Sports Medicine, 2013, 62(3): 215 - 221.

[167] Maddison R, Jiang Y, Hoorn S V, et al. Describing patterns of physical activity in adolescents using global positioning systems and accelerometry[J]. Pediatric exercise science, 2010, 22(3): 392 - 407.

[168] Maddison R, Vander Hoorn S, Jiang Y, et al. The environment and physical activity: the influence of psychosocial, perceived and built environmental factors[J]. International Journal of Behavioral Nutrition and Physical Activity, 2009, 6(1): 19.

[169] McCormack G R. Neighbourhood built environment characteristics associated with different types of physical activity in Canadian adults[J]. Health promotion and chronic disease prevention in Canada: research, policy and practice, 2017, 37(6): 175-185.

[170] McCrorie P R W, Fenton C, Ellaway A. Combining GPS, GIS, and accelerometry to explore the physical activity and environment relationship in children and young people-a review[J]. International Journal of Behavioral Nutrition and Physical Activity, 2014, 11(1): 93.

[171] McMorris O, Villeneuve P J, Su J, et al. Urban greenness and physical activity in a national survey of Canadians[J]. Environmental research, 2015, 137: 94-100.

[172] Melzer K, Lazzeri M, Armand S, et al. Validation of the Actiheart for estimating physical activity related energy expenditure in pregnancy[J]. e-SPEN Journal, 2012, 7(1): e5-e10.

[173] Meng S, Tan Y Y, Liu Q M, et al. Association between perceived urban built environment attributes and leisure-time physical activity among adults in Hangzhou, China[J]. Preventive Medicine, 2014, 66(9):60-64.

[174] Mineev K S, Panova S V, Bocharova O V, et al. The membrane mimetic affects the spatial structure and mobility of EGFR transmembrane and juxtamembrane domains[J]. Biochemistry, 2015, 54(41): 6295-6298.

[175] Meyer T, Georg T, Becker C, et al. Reliability of gas exchange measurements from two different spiroergometry systems[J]. International journal of sports medicine, 2001, 22(8): 593-597.

[176] Millward H, Spinney J, Scott D. Active-transport walking behavior: destinations, durations, distances[J]. Journal of Transport Geography, 2013, 28: 101-110.

[177] Moore G T. Environment and behavior research in North America: History, developments, and unresolved issues[M]//Stokols D, Altmani. Handbook of environmental psychology. New York: John Wiley and Sons, 1987: 1359-1410.

[178] Moudon A, Hess P, Snyder M, et al. Effects of site design on pedestrian travel in mixed-use, medium-density environments[J]. Transportation Research Record: Journal of the Transportation Research Board, 1997(1578): 48-55.

[179] Mujahid M S, Roux A V D, Morenoff J D, et al. Assessing the measurement properties of neighborhood scales: from psychometrics to ecometrics[J]. American journal of epidemiology, 2007, 165(8): 858-867.

[180] Nagel C L, Carlson N E, Bosworth M, et al. The relation between neighborhood built environment and walking activity among older adults[J]. American journal of epidemiology,

2008, 168(4): 461-468.

[181] National Physical Activity Plan Alliance. The 2014 united states report card on physical activity for children & youth [R]. Columbia: National Physical Activity Plan Alliance, 2014.

[182] Nelson M C, Gordon-Larsen P, Song Y, et al. Built and social environments: associations with adolescent overweight and activity[J]. American journal of preventive medicine, 2006, 31(2): 109-117.

[183] Nyunt M S Z, Shuvo F K, Eng J Y, et al. Objective and subjective measures of neighborhood environment(NE): relationships with transportation physical activity among older persons[J]. International journal of behavioral nutrition and physical activity, 2015, 12(1): 108.

[184] Oreskovic N M, Perrin J M, Robinson A I, et al. Adolescents' use of the built environment for physical activity[J]. BMC public health, 2015, 15(1): 251.

[185] Pikora T, Giles-Corti B, Bull F, et al. Developing a framework for assessment of the environmental determinants of walking and cycling[J]. Social science & medicine, 2003, 56(8): 1693-1703.

[186] Qin Z, Rui S U N, Gou L Y, et al. Total energy expenditure of 16 Chinese young men measured by the doubly labeled water method[J]. Biomedical and Environmental Sciences, 2013, 26(6): 413-420.

[187] Rainham D G, Bates C J, Blanchard C M, et al. Spatial classification of youth physical activity patterns[J]. American journal of preventive medicine, 2012, 42(5): e87-e96.

[188] Rapoport A. The meaning of the built environment: a nonverbal communication approach [M]. Tucson:University of Arizona Press, 1990.

[189] Ribeiro A I, Pires A, Carvalho M S, et al. Distance to parks and non-residential destinations influences physical activity of older people, but crime doesn't: a cross-sectional study in a southern European city[J]. BMC public health, 2015, 15(1): 593.

[190] Rowlands A V, Eston R G, Ingledew D K. Measurement of physical activity in children with particular reference to the use of heart rate and pedometry[J]. Sports Medicine, 1997, 24(4): 258-272.

[191] Rowlands A V. Accelerometer assessment of physical activity in children: an update[J]. Pediatric exercise science, 2007, 19(3): 252-266.

[192] Saelens B E, Sallis J F, Black J B, et al. Neighborhood-based differences in physical activity: an environment scale evaluation[J]. American journal of public health, 2003, 93(9): 1552-1558.

[193] Saito Y, Oguma Y, Inoue S, et al. Environmental and individual correlates of various types of physical activity among community-dwelling middle-aged and elderly Japanese[J]. International journal of environmental research and public health, 2013, 10(5): 2028-

2042.
[194] Sallis J F, Floyd M F, Rodríguez D A, et al. Role of built environments in physical activity, obesity, and cardiovascular disease[J]. Circulation, 2012, 125(5): 729 - 737.
[195] Sallis J F, Kerr J, Carlson J A, et al. Evaluating a brief self-report measure of neighborhood environments for physical activity research and surveillance: Physical Activity Neighborhood Environment Scale(PANES)[J]. Journal of physical activity and health, 2010, 7(4): 533 - 540.
[196] Sallis J F, Owen N. Physical activity and behavioral medicine[M]. Thousand Oaks, CA: Sage, 1999.
[197] Salvador E P, Reis R S, Florindo A A. A prática de caminhada como forma de deslocamento e sua associação com a percepção do ambiente em idosos[J]. Revista Brasileira de Atividade Física & Saúde, 2009, 14(3): 197-205.
[198] Salvador E P, Florindo A A, Reis R S, et al. Perception of the environment and leisure-time physical activity in the elderly[J]. Rev Saude Publica, 2009, 43(6):972 - 980.
[199] Schoeller D A, Webb P. Five-day comparison of the doubly labeled water method with respiratory gas exchange[J]. the American journal of clinical nutrition, 1984, 40(1): 153 - 158.
[200] Shigematsu R, Sallis J F, Conway T L, et al. Age differences in the relation of perceived neighborhood environment to walking[J]. Medicine & Science in Sports & Exercise, 2009, 41(2): 314 - 321.
[201] Sirard J R, Pate R R. Physical activity assessment in children and adolescents[J]. Sports medicine, 2001, 31(6): 439 - 454.
[202] Ståhl T, Rütten A, Nutbeam D, et al. The importance of the social environment for physically active lifestyle -results from an international study[J]. Social science & medicine, 2001, 52(1): 1 - 10.
[203] Su M, Tan Y Y, Liu Q M, et al. Association between perceived urban built environment attributes and leisure-time physical activity among adults in Hangzhou, China[J]. Preventive Medicine, 2014, 66: 60 - 64.
[204] Sugiyama T, Thompson C W. Associations between characteristics of neighbourhood open space and older people's walking[J]. Urban forestry & urban greening, 2008, 7(1): 41 - 51.
[205] Thuillier G. Gated communities in the metropolitan area of Buenos Aires, Argentina: A challenge for town planning[J]. Housing Studies, 2005, 20(2): 255 - 271.
[206] Timmermans E J, Schaap L A, Visser M, et al. The association of the neighbourhood built environment with objectively measured physical activity in older adults with and without lower limb osteoarthritis[J]. BMC public health, 2016, 16(1): 710.
[207] Tsunoda K, Tsuji T, Kitano N, et al. Associations of physical activity with neighborhood

environments and transportation modes in older Japanese adults[J]. Preventive medicine, 2012, 55(2): 113-118.

[208] Tudor-Locke C, Johnson W D, Katzmarzyk P T. Accelerometer-determined steps per day in US children and youth[J]. Medicine and science in sports and exercise, 2010, 42(12): 2244-2250.

[209] Van Cauwenberg J, Clarys P, De Bourdeaudhuij I, et al. Physical environmental factors related to walking and cycling in older adults: the Belgian aging studies[J]. BMC public health, 2012, 12(1): 142.

[210] Van Herzele A, Wiedemann T. A monitoring tool for the provision of accessible and attractive urban green spaces[J]. Landscape and urban planning, 2003, 63(2): 109-126.

[211] Van Holle V, Van Cauwenberg J, Van Dyck D, et al. Relationship between neighborhood walkability and older adults' physical activity: results from the Belgian Environmental Physical Activity Study in Seniors(BEPAS Seniors)[J]. International Journal of Behavioral Nutrition and Physical Activity, 2014, 11(1): 110.

[212] Villanueva K, Knuiman M, Nathan A, et al. The impact of neighborhood walkability on walking: does it differ across adult life stage and does neighborhood buffer size matter? [J]. Health & place, 2014, 25: 43-46.

[213] Wai J P M, Wen C P, Chan H T, et al. Assessing physical activity in an Asian country: low energy expenditure and exercise frequency among adults in Taiwan[J]. Asia Pacific journal of clinical nutrition, 2008, 17(2): 297-308.

[214] Wang Z, Lee C. Site and neighborhood environments for walking among older adults[J]. Health & Place, 2010, 16(6): 1268-1279.

[215] Webber S C, Porter M M, Menec V H. Mobility in older adults: a comprehensive framework[J]. The Gerontologist, 2010, 50(4): 443-450.

[216] Weber Corseuil M, Hallal P C, Xavier Corseuil H, et al. Safety from crime and physical activity among older adults: a population-based study in Brazil[J]. Journal of environmental and public health, 2012.

[217] Wells N M, Yang Y. Neighborhood design and walking: a quasi-experimental longitudinal study[J]. American journal of preventive medicine, 2008, 34(4): 313-319.

[218] Westerterp K R. Body composition, water turnover and energy turnover assessment with labelled water[J]. Proceedings of the nutrition society, 1999, 58(04): 945-951.

[219] World Health Organization. Global recommendations on physical activity for health[Z]. Geneva: World Health Organization, 2010.

[220] World Health Organization. The world health report 2002[R]. Geneva: World Health Organization, 2002: 61-62.

[221] Yang W, Spears K, Zhang F, et al. Evaluation of personal and built environment attributes to physical activity: a multilevel analysis on multiple population-based data sources

[J]. Journal of obesity, 2012(3).
[222] Zakeri I, Adolph A L, Puyau M R, et al. Multivariate adaptive regression splines (MARS) models for the prediction of energy expenditure in children and adolescents[J]. Journal of Applied Physiology, 2009,108(1):128-136.
[223] Zhou P, Grady S C, Chen G. How the built environment affects change in older people's physical activity: a mixed-methods approach using longitudinal health survey data in urban China[J]. Social Science & Medicine, 2017, 192: 74 - 84.
[224] Zimring C M, Joseph A, Harris-Kojetin L D, et al. Presence and visibility of outdoor and indoor physical activity features and participation in physical activity among older adults in retirement communities[J]. Journal of Housing for the Elderly,2006,19(3-4):141-165.
[225] Zijlema W L, Triguero-Mas M, Smith G, et al. The relationship between natural outdoor environments and cognitive functioning and its mediators[J]. Environmental research, 2017, 155: 268 - 275.